DER WERT DER OBERFLÄCHE

DER WERT DER OBERFLÄCHE

ESSAYS ZU ARCHITEKTUR, KUNST UND ÖKONOMIE

PHILIP URSPRUNG

gta VERLAG

INHALT

EINFÜHRUNG

«Der Wert der Oberfläche» lautete der Titel eines Forschungsprojekts, das ich 2001 bis 2005 mit einem kleinen Team an der ETH Zürich durchführte. Es folgte dem anspruchsvollen Ziel, eine Kunst- und Architekturgeschichte zu umreissen, die den Motor für künstlerische und architektonische Veränderung nicht innerhalb der Kunst und Architektur, sondern in der Ökonomie lokalisieren wollte. Der Begriff des Wertes evozierte die Zusammenhänge zwischen Wertvorstellungen in der Ökonomie und der Idee der Qualität in Kunst und Architektur. «Oberfläche» wies auf einen veränderten Umgang mit Räumlichkeit hin, so etwa auf die seit den ausgehenden 1980er Jahren zu beobachtende Fokussierung auf die Fassaden bei Architekten wie Herzog & de Meuron, auf das von Fredric Jameson definierte Paradigma der «Tiefenlosigkeit» sowie auf die Diskussion des Bildbegriffs, die sich im englischen und deutschen Sprachraum damals auf dem Höhepunkt befand. Das Forschungsprojekt resultierte in Christoph Kohlers Dissertation zum Verhältnis von Kino und Theater im frühen 20. Jahrhundert und Oliver Dufners Dissertation zum Verhältnis von Kunst und Architektur in den 1970er und 1980er Jahren. Meine eigenen Resultate schlugen sich in diversen Vorträgen und Aufsätzen, Seminaren und Vorlesungen sowie verwirklichten und gescheiterten Projekten für Tagungen nieder. Die freundliche Anregung von Jörg Gleiter, eine Reihe von Aufsätzen in einem Buch zusammenzufassen, war für mich ein willkommener Anlass, die teilweise lose herumliegenden Fäden zu bündeln.

Die in diesem Band versammelten Essays handeln von der Frage nach den Zusammenhängen zwischen der Geschichte der visuellen Kultur und der Geschichte der Ökonomie. Sie setzen architektonische und künstlerische Phänomene aus der Zeit des mittleren 19. Jahrhunderts bis in die Gegenwart in einen ökonomischen und politischen Kontext. Ziel ist es, eine Reihe von spezifischen Gegenständen der jüngeren Architekturgeschichte neu zu beleuchten und umgekehrt, mit Hilfe von Kunst und Architektur, historische Prozesse – und so letztlich unsere heutige politisch-ökonomische Situation und unsere Vorstellung von Geschichte und Gegenwart – besser zu verstehen.

Die Frage nach dem Zusammenhang zwischen Ökonomie und Kultur wäre ohne die marxistische Tradition undenkbar. Die Texte von Walter Benjamin, Henri Lefebvre, Fredric Jameson, Michael Hardt und Antonio Negri, Mieke Bal und anderen bilden wichtige Referenzen. Ich verwende sie allerdings eklektisch. Das heisst, ich ziehe sie zu Rate, wo sie in meinen Zusammenhang passen, verwende aber die Fallstudien nicht als Illustration für a priori bestehende theoretische Modelle. Das Geschichtsmodell, das ich mit den Essays entwerfen will, ist denn auch ein diskontinuierliches, skeptisches und eklektisches. Ich nehme die Frage nach dem Wert – und damit der Qualität, also eine Kernfrage jeder Kritik – ernst. Zugleich löse ich mich von den umfassenden Erklärungsmodellen wie der Hermeneutik, der Freud'schen Psychologie oder der Marx'schen Theorie, die auf der Vorstellung von räumlicher Tiefe beruhen und auf der Idee, dass unsichtbare Ursachen sich in sichtbaren Veränderungen niederschlagen, und fokussiere bewusst auf die Oberflächen. Ich will keine kausalen Beziehungen zwischen Ökonomie und Kultur definieren. Aber ich möchte Verschränkungen zwischen den beiden Bereichen aufzeigen – «deiktisch», also ganz spezifisch und detailliert anhand von konkreten Fallstudien. Ich will damit die Aufmerksamkeit auf Fragen wie diese lenken: Wie hängen, dargestellt an Crystal Palace und *Moby Dick*, die ästhetische Kategorie des Erhabenen und die Herausforderung der Menschen durch den Industriekapitalismus zusammen? Wie kommt es, betrachtet man das Beispiel der J. P. Morgan & Company Bank in Manhattan und ihrer fotografischen Darstellung durch Paul Strand, dass die Abstraktion über Jahrzehnte eine Art ästhetische Leitwährung bildete? Wie schlagen sich, am Beispiel von Gordon Matta-Clark, ökonomische Krisen in den Konventionen von Repräsentation nieder?

Die Methode, die ich verfolge, bezeichne ich als «performative Geschichtsschreibung». Es geht mir darum, die eigenen Motive und Bedingungen ins Spiel zu bringen und für die Leserschaft nachvollziehbar zu machen. Das Ich des Historiografen wird betont, nicht im Sinne eines Subjektivismus, sondern als Kritik der auktorialen Distanz. Dies soll den Leserinnen und Lesern, gerade auch den jüngeren, erlauben, die Haltung und Bedingungen des Historiografen zu lokalisieren und sich kritisch damit auseinanderzusetzen.

Die Essays entstanden anlässlich von Einladungen zu Vorträgen oder für Aufsätze in Katalogen, Tagungsbänden und Zeitschriften. Vielen Kolleginnen und Kollegen bin ich dafür dankbar, auch für ihr Feedback und die kritische Begleitung der Manuskripte. Meinen Studierenden danke ich für ihr Interesse und ihre Kommentare zu den Vorlesungen, in denen ich viele der Ideen getestet habe. Die meisten der Texte sind auf Deutsch oder Englisch publiziert. Ich habe versucht, sie soweit zu bearbeiten und zu kürzen, dass Wiederholungen vermieden werden, ohne dass die heterogene Natur der Aufsatzsammlung verloren geht. Die Übersetzungen vom Englischen ins Deutsche stammen, wenn nicht anders angegeben, von mir. Jörg Gleiter hat mich zuerst ermuntert, die lose verteilten Texte neu zusammenzufügen, ich bin ihm dafür sehr verbunden. Oona Lochner und Veronika Darius danke ich für die hervorragende Redaktion, Adeline Mollard und Marco Walser von Elektrosmog für die Buchgestaltung und die fruchtbaren Diskussionen während des Gestaltungsprozesses. Dem Schweizerischen Nationalfonds, der Universität Zürich und der ETH Zürich bin ich zu Dank verpflichtet für den institutionellen Rahmen und den Freiraum, ohne den diese Arbeit nicht möglich gewesen wäre.

Philip Ursprung
Singapur, Februar 2016

I

DAS KAPITAL-ISTISCH ERHABENE

CRYSTAL PALACE UND MOBY DICK

> «I know of nothing sublime which is not some modification of power.»
> *Edmund Burke* [1]

In ihrem *Manifest der Kommunistischen Partei* von 1848 geben Karl Marx und Friedrich Engels eine plastische Darstellung davon, wie Vorstellungen von Räumlichkeit im Zeitalter des Kapitalismus verunsichert wurden oder sich geradezu verflüchtigten:

> Die fortwährende Umwälzung der Produktion, die ununterbrochene Erschütterung aller gesellschaftlichen Zustände, die ewige Unsicherheit und Bewegung zeichnet die Bourgeois-Epoche vor allen früheren aus. Alle festen, eingerosteten Verhältnisse mit ihrem Gefolge von altehrwürdigen Vorstellungen und Anschauungen werden aufgelöst, alle neugebildeten veralten, ehe sie verknöchern können. Alles Ständische und Stehende verdampft, alles Heilige wird entweiht, und die Menschen sind endlich gezwungen, ihre Lebensstellung, ihre gegenseitigen Beziehungen mit nüchternen Augen zu sehen.[2]

Neben dem berühmten Beginn des Manifests, «Ein Gespenst geht um in Europa – das Gespenst des Kommunismus», und dem Schlusssatz, «Proletarier aller Länder, vereinigt Euch!», wird auch der Ausspruch, dass «alles Ständische und Stehende verdampft», gerne zitiert.[3] Mit der Metapher des Verdampfens machen die Autoren das noch junge Phänomen des Kapitalismus, der sich durch seine Komplexität der Vorstellungskraft entzieht und dem die Menschen mit einer Mischung aus Faszination und Angst gegenüberstehen, für ihre Leser anschaulich. Indem sie Dampf evozieren, bedienen sie sich eines Motivs, das um die Mitte des 19. Jahrhunderts in der Kunst und Literatur weit verbreitet war, und einer Stimmung, die buchstäblich in der Luft lag. Für John Ruskin beispielsweise waren Wolken gleichsam das Symbol für die damalige Zeit. Er schrieb in seiner mehrbändigen Malereigeschichte *Moderne Maler* ausgiebig über Wolken und Gewitterstürme und fertigte dazu eine Vielzahl von Skizzen und Aquarellen. Über die moderne Landschaft sagt er dort, «das erste, was uns hier auffallen wird oder uns auffallen sollte, ist ihre Umwölktheit».[4] Noch bekannter als die Werke Ruskins sind die Wolkenbilder des damals erfolgreichsten Malers in London, William Turner. Sein berühmtes Gemälde, *Rain, Steam and Speed – The Great Western Railway* (1844), bringt die Faszination für dieses Phänomen auf den Punkt. Auf dem Gemälde vermischen sich die Schwaden von natürlichem Nebel und Regenwolken mit dem artifiziellen Rauch und Dampf aus einer Lokomotive zu einer nie dagewesenen, diffusen Atmosphäre.

Die Motive der Wolke, des Dampfs, des Nebels und Rauchs als Symbol der Moderne zu sehen, berührt die ästhetische Kategorie des Erhabenen. Der Begriff «erhaben» oder «sublim» bezeichnet die Erfahrung von etwas potenziell Bedrohlichem, das die menschlichen Sinne überfordert und die Begriffe zu sprengen droht, während es zugleich, aus der Distanz, als ästhetisches Phänomen wahrgenommen wird. Als erhaben können somit religiöse Gehalte, Natureindrücke, aber auch Artefakte wie grosse Gebäude oder Maschinen empfunden werden. Viele Philosophen, vom griechischen Pseudo-Longinus, Autor der antiken Abhandlung *Vom Erhabenen*, über Aristoteles und Immanuel Kant bis hin zu Jean-François Lyotard, haben diesen Begriff bearbeitet.[5] Einen für die Architektur besonders fruchtbaren Zugang fand Edmund Burke. Sein Buch *Vom Erhabenen und Schönen*, publiziert zuerst auf Englisch 1757, wagt sich über eine rein formale Auffassung des Erhabenen hinaus und weitet sich aus auf die Bereiche der Politik, der Nationalökonomie und der Ethik, etwa wenn er feststellt, dass er «nichts Erhabenes [kenne], das nicht eine gewisse Modifikation von Macht wäre.»[6]

Burkes Buch ist Teil des für das 18. Jahrhundert charakteristischen Versuchs, die Gesetze der menschlichen Leidenschaften zu verstehen und zu kategorisieren und sie von nicht-menschlichen, tierischen Eigenschaften zu unterscheiden. Nicht nur für Burke ist das Erhabene so etwas wie der Grenzbereich zwischen dem Menschlichen und dem Nicht-Menschlichen. Und diese Grenze muss vermessen, kategorisiert und beschrieben werden so wie Flora, Fauna, die Gesteine, der Sternenhimmel und – man denke beispielsweise an Étienne-Louis Boullées Plan für eine Nationalbibliothek aus dem Jahre 1786 – der riesige Bereich des menschlichen Wissens. Boullées Entwürfe erscheinen uns bis heute zeitgemäss und relevant; nicht nur, weil sie so manche formale Konvention der Architektur der Moderne vorwegnehmen, etwa die

Vorliebe für geometrische Grundformen, die Abwesenheit von Ornamentik und die weisse Farbigkeit. Interessant ist auch, dass sie den Übergang von einer Erhabenheit der Landschaft oder der Natur hin zu einer Erhabenheit der Industrie präfigurieren, zu einem Zeitpunkt, als die Industrialisierung gerade erst einzusetzen beginnt.

«WESENLOSES WEISS»

Es ist das Industriell-Erhabene, das mich im Hinblick auf die Architekturdiskussion vornehmlich interessiert und das ich im Folgenden anhand von zwei Fällen erörtern will. Zwei zentrale Werke der Literatur- und der Architekturgeschichte, die beide 1851 fast gleichzeitig entstanden, kreisen, so meine Hypothese, beispielhaft um dieses Thema. Dies ist einerseits Herman Melvilles Roman *Moby Dick*, erschienen zuerst im Oktober 1851 in London unter dem Titel *The Whale*, dann im November in New York unter dem Titel *Moby Dick; or, The Whale*, und andererseits Joseph Paxtons Crystal Palace, errichtet für die erste Weltausstellung, die *Great Exhibition of the Works of Industry of All Nations*, vom 1. Mai bis zum 11. Oktober 1851 in London. ABB. S.12

Moby Dick, ein riesiger weisser Wal, hat Captain Ahab das Bein unter dem Knie abgerissen. Ahab hat es ersetzen lassen, doch nicht durch ein Holzbein, sondern durch eine Prothese aus Walknochen. Die zerstörerische Gewalt, welche die Entität des Subjekts zerreisst, ermöglicht also gleichzeitig dessen Funktionieren. Gestützt auf den «Knochen [...], ohne den ich gar nicht stehen könnte», wie Ahab an einer Stelle sagt, verfällt er der obsessiven Jagd nach dem Wal.[7] Interessant für die architektonische Diskussion sind vor allem die Beschreibungen von Räumen, Oberflächen und Farben, welche die Erzählung und ihre philosophischen und naturwissenschaftlichen Exkurse durchziehen. Der Ich-Erzähler, der Matrose Ishmael, berichtet von dem Wal als Verkörperung eines unbestimmten, namenlosen Grauens, unerklärlich, für die Beschreibung unfasslich. Doch das Schlimmste an ihm, so lässt er uns wissen, – das, was ihn mehr als alles andere entsetzte – war das Weiss.[7] In ihm lauerte «etwas schemenhaft Unfassbares im tiefsten

Sinne dieser Färbung, das die Seele mit panischem Schrecken überfällt, grausiger als die Röte des Blutes.»[9] Es erinnert an die Totenblässe, an «Auflösung und Nichts», an die «weißen Abgründe der Milchstraße».[10] Ishmael fragt, ob Weiss nicht weniger eine Farbe als vielmehr die sichtbare Abwesenheit von Farbe sei, und spekuliert, dass «die große Urkraft Licht, wirkte es ungebrochen auf die Materie, alle Gegenstände, Tulpen und Rosen nicht ausgenommen, in seinem eigenen wesenlosen Weiß malen würde» – so dass das «Weltall gelähmt und aussätzig» vor einem läge.[11] Diese Unfassbarkeit des Weiss korrespondiert mit den unfassbaren Grössenverhältnissen des Wals. So heisst es im Kapitel «Die Speckdecke»: «Was ist die eigentliche Haut des Wals, und wie tief erstreckt sie sich?»[12] Vom Körper des Wals kann man keine andere als die ihn dicht und zusammenhängend umhüllende Speckschicht abheben, so Ishmael, und doch ist diese Speckhaut umgeben von einer weiteren Haut, weich und schmiegsam wie Seide, die «Haut der Haut».[13]

Der Roman beschreibt eine Welt, die sich in Auflösung befindet, deren Konturen sich nicht fassen lassen, deren Ordnung zum Chaos wird. Zur selben Zeit wird in der theoretischen Physik der Begriff der Entropie geläufig, der den Übergang von Ordnung zu Unordnung definiert.[14] Im Gegensatz zum zerfliessenden Himmel, zur Formlosigkeit des Ozeans, der nicht fassbaren Anatomie des Weissen Wals, stellt Melville Ahabs Beinprothese als eine klar umrissene, exakt definierte Form dar.Seine Behinderung wird im Laufe des Romans wiederholt geschildert. Auf Deck und in den Booten lässt er spezielle Zapfenlöcher bohren, um mit der Prothese nicht abzurutschen, und hält – notorisch schlaflos – mit ihrem Klopfgeräusch auf dem Holz auch seine Mannschaft wach. Auf See wird die Prothese beschädigt und Ahab muss sie von einem Zimmermann an Bord ersetzen lassen. Als er sich dem arbeitenden Handwerker nähert, sieht er den Schraubstock und will an seiner Hand prüfen, wie fest er sich zudrehen lässt. Der Zimmermann warnt ihn, der Schraubstock könne Knochen brechen, doch Ahab entgegnet: «Sei unbesorgt, ich liebe eine feste Faust; ich liebe es, in dieser aalglatten Welt etwas zu fühlen, das festzuhalten weiß, Mann.»[15] Die Prothese in ihrem Schraubstock, die der Zimmermann feilt, schleift, vermisst, beschreibt, die er gerne, wenn er doch mehr Zeit hätte, glattpolieren möchte, steht im Kontrast zur Formlosigkeit, zur Unfassbarkeit, zur Abgründigkeit der Gestalt des Weissen Wals. In einem Nebensatz deutet der Zimmermann an, dass er noch das Plättchen auf der Prothese schleifen will, auf dem Ahab die Berechnungen über den Standort des Schiffes notiert.[16] Die Prothese dient also auch als Instrument der Kursbestimmung, als Fixpunkt innerhalb einer diskontinuierlichen Welt.

Wenn wir Melvilles Roman vor dem Hintergrund der Geschichte der Industrialisierung lesen und den Walfang als eine der Schlüsselindustrien des frühen 19. Jahrhunderts, vergleichbar der Ölindustrie im 20. Jahrhundert, dann können wir sowohl die Figur des Kapitän Ahab als auch den Weissen Wal allegorisch interpretieren. Ahab verstehe ich in diesem Zusammenhang als Personifikation des vorindustriellen, ja vorkapitalistischen Individuums, dessen Werte und Identität im Strudel des Industriekapitalismus auseinandergerissen werden. Das Seeungeheuer Moby Dick wiederum interpretiere ich als Verkörperung dieses modernen Industriekapitalismus, als Symbol für dessen ungeheure Dynamik sowie dessen Unkontrollierbarkeit, welche die Zeitgenossen damals wie heute fasziniert und abstösst zugleich. Der Autor Melville bezeichnet den Wal wiederholt als «Leviathan», setzt ihn also mit dem biblischen Seeungeheuer in eins und rekurriert zugleich auf das Bild der Allmacht, das Thomas Hobbes als Titel seines staatsphilosophischen Buches gewählt hatte. Ich interpretiere Melvilles Leviathan jedoch nicht als Allegorie für die Willkür der staatlichen Gewalt, sondern als Allegorie für den Kapitalismus. Er ist undarstellbar, unverständlich, unerhört aggressiv, dynamisch, von unermesslicher Stärke. In der Konfrontation der beiden Kräfte fällt auf, dass Ahab die Attribute seiner Identität nach und nach verliert. Es beginnt mit dem Verlust des Beins. Dann folgt während des Landurlaubs, so darf man vermuten, der Verlust seiner Männlichkeit, als die Prothese ihm beinahe die Leiste durchbohrt. Später wirft er seine Pfeife, die ihm immer Genuss verschafft hatte, ins Meer, bevor er zum Entsetzen seiner Offiziere den Quadranten zertrampelt und damit die Möglichkeit aufgibt, die Position des Schiffes zu lokalisieren. Er verliert die

Harpune, deren Spitze mit dem Blut seiner Mannschaft gehärtet worden war. Ein Vogel stiehlt seinen Hut, den er nie ausgezogen hatte. Schliesslich, am Ende des Romans, verliert er sein Leben, als sich die Fangleine um seinen Hals schlingt und er von Moby Dick in die Tiefe gezogen wird.

Ahabs Unternehmung ist, im Unterschied zu der seiner Mannschaft, nicht von der Aussicht auf Gewinn motiviert. Die lebenswichtige Kommunikation mit anderen Schiffen und auch so manchen guten Fang ordnet er seiner Jagd nach Moby Dick unter. Er weist die Gesetze des Kapitalismus zurück und überträgt seine Obsession auch auf die Mannschaft, die prozentual an dem Ertrag der mehrjährigen Walfangreise beteiligt ist, indem er ein Goldstück als Belohnung für denjenigen aussetzt, der den Wal zuerst erblickt. Die Gier nach der einen Münze lässt die Mannschaft vergessen, dass ihr im selben Moment ein viel grösserer Gewinn entgeht. Und dennoch, bei aller Kompromisslosigkeit scheint sich Ahab zugleich den Untergang zu wünschen, der seine Jagd endlich beenden würde. Im Gespräch mit dem Zimmermann klagt er über die Unentrinnbarkeit einerseits eines Gefühls von Verlust, wenn sein abgerissenes Bein im Phantomschmerz stets präsent bleibt, andererseits seiner Abhängigkeit von der Prothese und der Hilfe des Zimmermanns. «Beim Himmel!», klagt er, «Gebt mir einen Schmelztiegel – und hinein mit mir, dass ich mich auflöse und zusammenschmelze zu einem einzigen kleinen Wirbel.»[17] In derselben Widersprüchlichkeit ist Ahabs Hass auf Moby Dick gepaart mit einer Faszination für das Monstrum. Was Moby Dick ist, was ihn antreibt, wird er nie herausfinden. Auch der Ich-Erzähler Ishmael versucht, dem Geheimnis auf die Spur zu kommen, und so nimmt die eigentliche Handlung im Buch denn auch weniger Raum ein als die zahllosen enzyklopädischen Beschreibungen von Walen sowie die handbuchartige Darstellung jedes Handgriffs beim Walfang. Aber die historischen, mythologischen, poetischen, ökonomischen und naturwissenschaftlichen Definitionsversuche bleiben letztlich kontingent, widersprüchlich, lückenhaft. Auch Ishmael versteht Moby Dick nicht. Dessen Reiserouten sind rätselhaft. Der Wal entzieht sich der Kontrolle durch räumliche und zeitliche Messungen. In den Worten des Erzählers:

> Manche Waljäger [...] erklären Moby Dick nicht nur für allgegenwärtig, sondern auch für unsterblich (denn Unsterblichkeit ist nichts anderes als Allgegenwart in der Zeit) und meinen, man möge ganze Wälder von Speeren in seine Flanken stoßen, er schwämme doch unversehrt von dannen, und gelänge es wirklich, ihn so zu treffen, dass sein Strahl dickes Blut versprühte, dann wäre dieser Anblick nur eine grausige Täuschung; denn aus klaren Wogen, Hunderte von Meilen entfernt, würde man ihn wieder rein und durchsichtig aufschießen sehen.[18]

«HAT AUFGEHÖRT, EIN RAUM ZU SEIN»

Zur selben Zeit, als Herman Melville in New York nach jahrelangen Fahrten auf Walfangschiffen um die Welt innerhalb nur weniger Monate sein Buch schrieb, das die Literaturgeschichte prägen würde, entstand in London ebenfalls in rasantem Tempo, innerhalb von nur vier Monaten, ein Bauwerk, das die Architekturgeschichte verändern sollte: der Crystal Palace. Es war das Herzstück der ersten Weltausstellung, die fast auf den Tag genau zu Ende ging, als Melvilles Buch im Oktober 1851 in London erschien. Die monumentale Ausstellungshalle wurde vom Architekten, Botaniker und Eisenbahnunternehmer Joseph Paxton zusammen mit dem Ingenieur Charles Fox im Londoner Hyde Park errichtet. Für die sechs Millionen Ausstellungsbesucher war schon der über 500 Meter lange Bau aus Gusseisen, Holz und Glas ebenso attraktiv wie die nie dagewesene Fülle der darin ausgestellten Artefakte. Das spektakulärste Exponat war der Koh-i-Nor, der mit 108 Karat damals berühmteste Diamant der Welt, der als Kriegsbeute von den Briten konfisziert und 1850 von Duleep Singh, dem letzten Maharadscha des Reichs der Sikh, an Königin Victoria übergeben worden war. Aber selbst dieser Diamant stand im Schatten des Palasts, der zum Inbegriff der Weltausstellung werden sollte.

Nur unter der Bedingung, dass im Inneren des Baus drei alte Ulmen erhalten bleiben und die Halle nach der Ausstellung wieder abgebaut würde, durfte der Crystal Palace im Hyde Park errichtet werden. Dass die Anwohner sonst ihre Einwilligung verweigert hätten, gibt ein frühes Zeugnis davon, wie die Architektur den Konflikt zwischen Industrialisierung und Natur räumlich verhandelt. Das Natürliche, das durch die Industrialisierung zum Verschwinden gebracht wird – symbolisiert in den alten Bäumen –, wird durch die Architektur inkorporiert und zugleich als Bild gerahmt. Zwei zeitliche Regimes prallen aufeinander. Die Bäume sind da, lange bevor die Architektur auftritt, und werden sie überleben. Umgekehrt konsumiert der Bauprozess – beispielsweise in Form des Holzbodens – eine Vielzahl von Bäumen. Gerade der provisorische Charakter des Gebäudes und seine begrenzte Lebensdauer (der 1854 in Sydenham in veränderter Form errichtete Crystal Palace brannte 1936 ab) machen es für die Historiografie und Theorie zu einem attraktiven Gegenstand. Der Crystal Palace ist gleichzeitig ein Objekt und ein Prozess, eine Form und ein System. Er hat sich dem kollektiven Gedächtnis durch unzählige Reproduktionen und Erzählungen eingeprägt und bietet der Interpretation eine Fülle von Anhaltspunkten. Entsprechend viel ist über den Crystal Palace von der Zeit der Entstehung bis heute geschrieben worden: über die langwierige Vorbereitungsphase, die Konkurrenz zwischen London und Paris, den Wettbewerb, den Entwurf von Paxton, die Konstruktion, den Aufbauprozess, die Exponate und Publikationen und schliesslich über die kontroverse Rezeption während und nach der Ausstellung.

Ich will diese Erzählungen nicht noch ergänzen und weiterführen. Vielmehr will ich den Crystal Palace in Beziehung setzen zu Moby Dick, der für die Literatur eine ebenso eminente Wirkung entfaltet hat wie der Crystal Palace für die Architektur. Die Analogien zwischen dem Roman *Moby Dick* und dem Crystal Palace sind verblüffend. Beide sind charakterisiert durch eine Überfülle, ja Masslosigkeit – der Roman hat 135 Kapitel, der Bau enthält 100 000 Objekte –, beide sind additiv strukturiert und die Beschreibung beider erschöpft sich häufig in endlosen Reihen von Adjektiven, mit denen man ihnen doch nicht gerecht wird. Zu Recht betont der Architekturhistoriker John McKean angesichts des Crystal Palace, dass die Beschreibungen stets zu Listen werden: «As litanies of clerity and magnitude, descriptions of the building (and contents) quickly degenerate into lists, always ending ‹etcetera›.»[19] Wie der Roman *Moby Dick* ist auch der Crystal Palace charakterisiert von der Dualität zwischen Formlosigkeit, in diesem Fall der immensen Halle, und einer Halt gebenden, prothetischen Form in Gestalt der alten Bäume. Wie der riesige Körper des Weissen Wals waren auch die Dimensionen des Crystal Palace kaum fassbar – nie zuvor war so viel Volumen von so wenig und so zerbrechlicher Masse umschlossen gewesen – und auch die Glashaut des Palasts ist vergleichbar mit der hauchdünnen «Haut der Haut» von Moby Dick. Der Crystal Palace wirkte zwar nicht bedrohlich. Die Natur im Inneren war domestiziert – mit Ausnahme vielleicht der Spatzen, die weiterhin in den Bäumen hausten und von denen befürchtet wurde, sie könnten Queen Victoria mit Vogeldreck beschmutzen. Doch obwohl die Besucher, von der 31-jährigen Königin bis zum Bauern aus der Provinz, den Bau liebten, rief das Innere der Halle doch Eindrücke von Formlosigkeit und Orientierungslosigkeit hervor, wie wir sie auch in Melvilles Buch antreffen.

Die meisten Berichterstatter waren überwältigt von den Dimensionen der Halle. Ein Reporter von *The Times* schrieb anlässlich der Eröffnung, der Bau überfordere Sinne und Vorstellungskraft: «something more than the sense could scan or imagination attain».[20] Und der Publizist Lothar Bucher, damals im Londoner Exil Korrespondent der *National-Zeitung* und ein Freund von Gottfried Semper und Karl Marx, schrieb:

> Wir sehen ein feines Netzwerk symmetrischer Linien, aber ohne irgend einen Anhalt, um ein Urteil über die Entfernung desselben von dem Auge und über die wirkliche Größe seiner Maschen zu gewinnen. Die Seitenwände stehen zu weit ab, um sie mit demselben Blick erfassen zu können, und anstatt über eine gegenüberstehende Wand streift das Auge an einer unendlichen Perspektive hinauf, deren Ende in einem blauen Dunst verschwimmt. Wir wissen nicht, ob das Gewebe hundert oder tausend Fuß über uns schwebt, ob die Decke flach oder durch eine Menge kleiner paralleler Dächer gebildet ist; denn es fehlt ganz an dem Schattenwurf, der sonst der Seele den Eindruck des Sehnervs verstehen hilft. Lassen wir den Blick langsamer wieder hinabgleiten, so begegnet er den durchbrochenen, blaugemalten Trägern, anfangs in weiten Zwischenräumen, dann immer näherrückend, dann sich deckend, dann unterbrochen durch einen glänzenden Lichtstreif, endlich in einen fernen Hintergrund verfließend, in dem alles Körperhafte, selbst die Linie, verschwindet und nur noch die Farbe übrigbleibt.[21]

Paxton war sich bewusst, dass die Serialität der Halle einen monotonen Eindruck bewirken würde, und beauftragte den Künstler und Architekten Owen Jones damit, ein ordnendes Farbschema zu entwickeln. Die Bemalung von Metallteilen, Manschetten und Gelenken der Eisenkonstruktion in Rot, Gelb und Blau strukturierten den Raum und konterkarierten den diffusen Eindruck. Buchers Bericht zeugt davon, dass das Farbkonzept die Wirkung nicht verfehlte, denn er schreibt:

> Erst an den Seitenwänden orientieren wir uns, indem wir aus dem Gedränge von Teppichen, Geweben, Tierfellen, Spiegeln und Tausend anderen Draperien eine einzelne Säule heraussuchen – so schlank, als wäre sie nicht da, um zu tragen, sondern nur das Bedürfnis des Auges nach einem Träger zu befriedigen – ihre Höhe an einem Vorübergehenden zu messen und über ihr eine zweite und dritte zu verfolgen.[22]

Buchers Beschreibung der Säule erinnert unwillkürlich auch an die Walbeinprothese in *Moby Dick*. Und die Mischung aus Begeisterung und Furcht, mit der die Kritiker der scheinbar endlosen Addition von Elementen im Inneren des Crystal Palace begegnen, ruft die Emotionen des Erzählers angesichts der Dimensionen des Wals auf. Beides findet eine Parallele in Edmund Burkes Idee der «Unendlichkeit» als einer der Quellen des Erhabenen. In seinen Worten: «Unendlichkeit hat die Tendenz, den Geist mit derjenigen Art frohen Schreckens zu erfüllen, die die eigentümlichste Wirkung und das sicherste Merkmal des Erhabenen ist.»[23] Es fällt auf, dass in der Diskussion des Crystal Palace kaum je der Begriff des Erhabenen fällt. Hingegen sprechen viele Beobachter von «Atmosphäre», um diese neue Räumlichkeit zu definieren. So heisst es etwa im *Art Journal Catalogue* zur Ausstellung: «The effect of the interior of the building resembles that of the open air. It is perhaps the only building in the world in which *atmosphere* is perceptible.»[24] Auch der Architekt Richard Lucae, der den Glaspalast erst besuchte, nachdem er nach Sydenham versetzt worden war, vertrat diese Auffassung:

> Wie bei einem Krystall, so giebt es auch hier kein eigentliches Innen und Außen. Wir sind von der Natur getrennt, aber wir fühlen es kaum. Die Schranke, die sich zwischen uns und die Landschaft gestellt hat, ist eine fast wesenlose. Wenn wir uns denken, daß man die Luft gießen könnte wie eine Flüssigkeit, dann haben wir hier die Empfindung, als hätte die freie Luft eine feste Gestalt behalten, nachdem die Form, in die sie

> gegossen war, ihr wieder abgenommen wurde. Wir sind in einem Stück herausgeschnittener Atmosphäre. [...] Außerordentlich schwer ist es nach meiner Meinung, sich hier bei der Körperlosigkeit des Raumes den Einfluß der Form und des Maaßstabs zum klaren Bewußtsein zu bringen.[25]

Im Unterschied zu einer Bahnhofshalle, so Lucae, die «im strengsten Sinne der Kunst noch kein vollendeter Raum» sei – weil sie, so dürfen wir ergänzen, nicht geschlossen ist, sondern mindestens auf einer Seite offen bleibt –, bestehe der Zauber des Baus darin, «daß wir in einer künstlich geschaffenen Umgebung sind, die schon wieder aufgehört hat, ein Raum zu sein.»[26]

Ein Teil der besonderen Atmosphäre des Crystal Palace besteht in dem milchigen Weiss, mit dem das durch Leinwandbahnen gebrochene Tageslicht den Raum durchflutet – es erinnert an das schemenhafte Weiss von Moby Dick. Für den Literaturhistoriker Thomas Richards macht dieses Weiss die Spezifik des Crystal Palace aus.[27] In der Art und Weise, wie die Lichtführung die in ihm versammelten Objekte inszenierte, markiert die Räumlichkeit des Crystal Palace Richards zufolge den Beginn eines neuen, spezifisch kapitalistischen Repräsentationssystems, das er in Anlehnung an Guy Debord als «Spektakel» bezeichnet. Im Crystal Palace war, vom Rohstoff aus den Kolonien über die Maschine bis zum Kunstwerk, das gesamte Spektrum der Dinge unter einem Dach repräsentiert und zwar in Gestalt einer Fülle von Konsumgütern. Ihre Inszenierung im gleichmässigen und schattenlosen Schimmer der Leinwandbahnen suggerierte einen Zusammenhang aller Produkte miteinander, ihre Vergleichbarkeit und Verbundenheit. Im Prinzip war jedes Artefakt konsumierbar und käuflich. Allerdings durften die Produkte weder Preisschilder tragen noch berührt werden – sie waren ästhetisch distanziert. Trotzdem beruhte der Genuss beim Betrachten auch darauf, dass die Fülle an Produkten verfügbar schien und dass zwischen einem Brocken Erz, einer von Hand gefertigten Tischdekoration, einer Dampfmaschine und einer Skulptur zwar ein gradueller aber kein kategorialer Unterschied zu bestehen schien. Möglich machte diese Vergleichbarkeit die Architektur. Paxton schuf einen Bau, in dessen Innerem Konsumobjekte zu Kunstwerken erhöht waren. Er schuf ein räumliches

Dispositiv, das alle Gegenstände miteinander vergleichbar und austauschbar machte, eine Atmosphäre des Konsums, wenn man so will, die es vorher so nicht gegeben hatte. Mich interessiert die Analogie zwischen dieser neuartigen Atmosphäre und dem Bild des Verdampfens, das Marx und Engels in der eingangs zitierten Passage des *Kommunistischen Manifests* heraufbeschworen.

Manche Beobachter des Crystal Palace betonten den Unterschied zwischen dem Hauptschiff und dem Querschiff, das die Ulmen überwölbte. Im Unterschied zum Hauptschiff war dort die tektonische Struktur klar lesbar und knüpfte an vertraute «Greenhouse»-Architekturen an. Für Semper beispielsweise, der gehofft hatte, von Paxton mit der Innenausstattung beauftragt zu werden, war das Querschiff der am besten geglückte Teil des Baus, der ansonsten als «glasbedecktes Vakuum», wie er kritisierte, einer raumbildenden Hülle entbehrte.[28] Sempers Rede vom «Vakuum» wendet den allgemeinen Begriff der Atmosphäre ins Negative. Noch kritischer äusserten sich John Ruskin und Fjodor Dostojewski, die beide den Bau als Symbol der in ihren Augen zerstörerischen Kräfte der Moderne identifizierten. Für Dostojewski war er der Inbegriff einer Dominanz der Planung – auf Kosten des individuellen Willens der Menschen. So evoziert er in seinem Roman *Aufzeichnungen aus dem Kellerloch* (1864) eine Zukunft, in der die Subjektivität und Singularität einer durchgeplanten und kalkulierten Zukunft weichen wird:

> Selbstverständlich wird dann alles menschliche Handeln nach diesen Gesetzen errechnet werden, mathematisch, in einer Art Logarithmentafel [...], daß es auf der Welt hinfort weder Handeln noch Abenteuer geben wird. Dann [...] werden die neuen wirtschaftlichen Verhältnisse eintreten, fix und fertig und ebenfalls mit mathematischer Genauigkeit vorausberechnet, so daß im Handumdrehen alle möglichen Probleme verschwinden werden, nämlich deshalb, weil man alle möglichen Lösungen bereits besitzt. Dann wird man einen Kristallpalast errichten. [...] Selbstverständlich kann man auf keinen Fall garantieren [...], daß es dann zum Beispiel nicht furchtbar langweilig sein wird (denn was soll man noch tun, wenn alles schon nach der Tabelle verrechnet ist).[29]

Man meint, in Dostojewskis Text Captain Ahabs Stimme zu hören. So wie Ahab den Tabellen misstraut, seine Reise nicht vorausplant, sondern spontan, irrational und emotional handelt, so sieht auch der

Erzähler der *Aufzeichnungen aus dem Kellerloch* keinen Vorteil einer Welt, die das Risiko ausschaltet und ausschliesslich durch rationale Planung und logisches Kalkül verwaltet ist. Und tatsächlich haben die rückwärtsgewandten Subjekte im Sinne des tragischen Captain Ahab im Crystal Palace keinen Platz. Dessen Helden sind Joseph Paxton und sein Auftraggeber Prinz Albert: Männer der Tat, die mit der Zeit gehen und die veränderte Dynamik des Kapitalismus akzeptieren und zu lenken versuchen. Paxton etwa verkörpert nicht die traditionelle Vorstellung des gestaltenden Architekten, sondern er verbindet diese Kompetenz mit derjenigen des genuin kapitalistischen Entrepreneurs, der mit Systemen umgehen kann, sei es ein System der Fabrikation, der Finanzierung oder des politischen Lobbyings. Ebenso ist Prinz Albert eine neuartige Verbindung zwischen Monarch und Unternehmer. So sagte er anlässlich der Eröffnung: «The great principle of division of labour which may be called the moving power of civilisation is being extended to all branches of science, industry and art.»[30]

AHABS ERBEN

Im Grunde ist bis heute kaum ein Gebäude aus dem Lichtkegel des Crystal Palace herausgetreten. Sein innerer Widerspruch – verkörpert zwischen der Haupthalle und dem Querschiff, zwischen der Hülle und den alten Ulmen – ist nicht aufgelöst worden, sondern beschreibt noch immer den Horizont der Architektur. Die Spannung zwischen der Formlosigkeit des Systems einerseits und der klar umrissenen, aber auch prothetischen Form andererseits hat die Architektur seither geprägt. Sogar im Architektenberuf ist diese, wenn man so will, Dialektik enthalten und in der Brust der meisten Architekten wohnen die beiden Seelen Paxton und Ahab. Exemplarisch durchzieht diese Dualität eine des prägendsten Architektenfiguren des 20. Jahrhunderts, Ludwig Mies van der Rohe. Im Œuvre von Mies van der Rohe steht das Verschwimmen des architektonischen Körpers – in Gestalt des freien Grundrisses und der grossen Glasscheiben – im Kontrast zum prothetischen Raum der Rahmen, Kanten, Träger, Raster und einer fast übertriebenen Betonung der Tektonik. Manche Deckenstrukturen erinnern an antike

Kassettendecken, Marmorverkleidungen evozieren den Schmuck der spätantiken und frühmittelalterlichen Prunkbauten, Querschnitte von Pfeilern und Proportionen der Fassaden verweisen auf die Proportionen des Klassizismus. Mies versucht, der modernen Dienstleistungsindustrie mit ihrem Anspruch auf völlige Flexibilität, Tempo und Austauschbarkeit durch die Verankerung im Klassizismus Ordnung zu verleihen. Wie in der Figur des Ahab zieht durch die Figur von Mies die Spannung zweier Zeitalter.

Jeff Wall hat in seinem 1982 erschienenen Text «Dan Grahams Kammerspiel» die innere Widersprüchlichkeit und Tragik von Mies – und damit, wenn man so will, auch dessen Verwandtschaft mit Ahab – nuanciert dargelegt.[31] Wie Ahab ist auch die Entität von Mies durch die historischen Umwälzungen in Frage gestellt. Wall spricht davon, dass Mies' Glasgebäude eine «tiefe historische Traurigkeit und Negativität» erzeugen.[32]

> Mies reagierte auf die historische Katastrophe in der Zeit von 1920 bis 1950, indem er sich von der impliziten utopischen Stadtkritik der Moderne lossagte und die Stadt ihren Cäsaren, Spekulanten, Bürokraten und «Immobilienhaien» überließ. Sein Rückzug ist eine wohlüberlegte Geste, und seine Architektur drückt durch die perfekte Leere ihre Unterwerfung gegenüber den modernen Machtformen aus.[33]

Für Wall glimmt in Mies' Bauten noch immer die Erinnerung an die mögliche Autonomie der Architektur. Ihre «Reinheit» beschwöre «das Bewusstsein ihrer eigenen Bezwungenheit». Wall folgert, dass Mies' Architektur ihre Bedeutung als ein «negatives Symbol» behalte und so historisch gesehen «einige Merkmale des Antidenkmals» annehme.[34] Aber zugleich übergibt sie ihr Wissen, so Wall, «kampflos» den Repräsentanten des Kapitals, die daraus ihre Lehren über die Organisation von Raum, über Atomisierung und Gitterstrukturen ziehen können. Die Glaswände der Bürobauten und privaten Pavillons machen, weil sie die Blicke von aussen spiegeln, die Bewohner, wie Wall meint, «theoretisch unsichtbar».[35] Nur nachts, wenn die Natur schwarz ist und die Innenbeleuchtung die Scheiben für die Menschen im Inneren zu Spiegeln macht, werden sie sichtbar. Die Bewohner der Glashäuser vergleicht Wall deshalb mit dem Vampir, eines «der höchsten theoretischen

Wesen, das die gequälte bourgeoise Phantasie je hervorgebracht hat.»[36] Der Vampir steht für das Nicht-sterben-Wollen des alten Systems und für die Angst, die neue Ordnung habe etwas Böses von der alten geerbt: «Das Vorhandensein der Vampirlegende im Bewusstsein des modernen, liberalen Menschen zeigt deutlich die Existenz einer ungelösten Krise in der Erschaffung des modernen Zeitalters.»

Wall illustriert seinen Aufsatz mit einem Bild von Mies, der melancholisch auf die moderne Stadt blickt. Noch besser wird die Haltung charakterisiert durch eine Aufnahme, die Mies zusammen mit Gene Summers, seinem einstigen Studenten und engen Mitarbeiter, zeigt. Summers, Mies' «rechte Hand», wie Phyllis Lambert meint, ist gemeinsam mit Mies bei der Arbeit an einem 1:1 Modell der Fassade des Seagram Building in New York Mitte der 1950er Jahre zu sehen.[37] ABB. COVER Mich erinnert das Bild von Mies, der sich sorgfältig um Details, um Materialität, Oberflächen und Dimensionierung kümmert, an das nächtliche Gespräch zwischen Ahab und seinem Schiffszimmermann, wo es um die möglichst glatte Politur der Prothese geht. Summers, der entscheidend Anteil an der Bronzefassade von Mies' Hauptwerk, dem Seagram Building, hatte, verliess das Büro 1967 unter anderem deshalb, weil, wie er im Rückblick sagte, der über 80-jährige Mies die Teilnahme am Wettbewerb für das World Trade Center abgelehnt hatte.[38] Nach seiner Emeritierung als Dekan der Architekturschule des Illinois Institute of Technology in Chicago konzentrierte sich Summers auf die Malerei und die Herstellung von Bronzemöbeln.[39]

Ebenso wie es für die Architektur noch immer schwierig ist, gänzlich aus dem Lichtkegel des Crystal Palace zu treten, so steht auch das Berufsbild des Architekten bis heute im Banne der Figur von Mies van der Rohe. Die Spannung zwischen den Polen Ahab und Paxton, der Anachronismus einer Praxis, die vorindustrielle und industrielle Aspekte in sich vereint, lässt sich bis heute nicht gänzlich auflösen. Unter den vielen Architekten, die sich explizit auf Mies berufen, ist Rem Koolhaas der prominenteste. Und wenn wir der eingangs diskutierten Hypothese folgen, dass das Erhabene nicht nur zwischen dem Unmenschlichen der Natur und dem menschlichen Mass vermittelt, sondern auch die gewaltigen Kräfte des Kapitalismus und der Industrialisierung gleichsam naturalisiert, dann gehört Koolhaas zu denjenigen Architekten, der diese Vermittlung exemplarisch vornimmt.

Man könnte seine Karriere umschreiben als Kette von Versuchen, die neuralgischen Punkte im Prozess der Expansion des Kapitalismus zu lokalisieren. Er sucht und findet just jene Momente, in denen, um auf das eingangs erörterte Zitat zurückzukommen, das «Stehende verdampft». Dies gilt für Manhattan in seinem Buch *Delirious New York* (1978) ebenso wie für die Fülle an Fallstudien in der Textsammlung *S, M, L, XL* (1995) oder für die Betrachtung der boomenden Städte in China, die er 1997 auf der *Documenta X* vorstellte, sowie für die nach 2000 entstandenen Studien zu Lagos und der Golfregion. Koolhaas' zentrales Konzept der «Bigness» erinnert an das, was bereits Burke schrieb: Da die «Größe der Dimensionen erforderlich zu sein» scheint, wenn ein Gebäude erhaben sein soll, könne auch «keine Großartigkeit der Ausführung» in «ihrer Wirkung den Mangel geeigneter Dimensionen ausgleichen».[40]

Koolhaas naturalisiert die Dynamik des Kapitalismus, so wie um 1800 Künstler die Grandiosität der Alpen oder der Meere als Erhabenes beschrieben und diese als Ressourcen ästhetisch erschlossen haben. Bei Koolhaas finden sich diverse formale Referenzen, die an das Erbe des Crystal Palace anschliessen – von den Baumstämmen in der Rotterdam Kunsthal, die an die überdachten Ulmen erinnern, über die Inszenierung der Leere in der Seattle Library bis zur expliziten Hommage an den Crystal Palace (und, so möchte ich spekulieren, impliziten Referenz an den Weissen Wal) im Serpentine Pavilion, den Koolhaas' Architekturbüro OMA (Office for Metropolitan Architecture) 2006 gemeinsam mit dem Ingenieur Cecil Balmond errichtete – und zwar unweit des Ortes, wo anderthalb Jahrhunderte zuvor der Crystal Palace gestanden hatte. ABB. S. 31 Und schliesslich: Wenn es heute eine Architektur des Erhabenen gibt, so ist dies das 2012 vom OMA fertiggestellte «Hyperbuilding» des staatlichen Fernsehens CCTV in Beijing. Evozierte der Crystal Palace die Erhabenheit der Schwerindustrie, so ruft die Sendezentrale des CCTV die Erhabenheit der Informationsindustrie auf. Das Gebäude weckt – zumindest in den Augen der westlichen Betrachter – Furcht: vor der Macht der (politisch gesteuerten) Medien, dem ökonomischen Gewicht Chinas und der Dimension der Metropole oder Megacity. Es vermittelt zwischen den Passanten auf der Strasse und der unvorstellbaren Dimension des Cyberspace, der endlosen Repetition – ein weiterer Bestandteil von Burkes Konzept des Erhabenen – im binären Code des Computers und der Volatilität des elektronischen Bildes. Es scheint aus der virtuellen Welt digitaler Unterhaltung zu stammen, oszillierend zwischen Realität und Illusion. Die Macht dahinter liegt jenseits unserer Imagination und steht zugleich ganz im Dienst der Produktion von Bildern. Sie ist ästhetisch gerahmt und kontrolliert. Wir können sie ästhetisch geniessen, weil wir wissen, dass die Medien letztlich ein Spiegelbild dessen sind, was wir sehen und hören möchten.

WALL
STREET

> «Das Spektakel ist das Kapital in einem solchen Grad der Akkumulation, dass es zum Bild wird.» *Guy Debord*[41]

> «Das Finanzkapital ist eine riesige Abstraktionsmaschine, die das Gemeinsame gleichzeitig repräsentiert und mystifiziert, sie spiegelt es wider wie ein Zerrspiegel.» *Michael Hardt und Antonio Negri*[42]

Den Begriff des Bildes im Speziellen und das Thema der Repräsentation im Allgemeinen gänzlich losgelöst von Fragen der Ökonomie zu behandeln, ist ebenso schwierig, wie die konkreten Zusammenhänge zwischen den beiden Phänomenen tatsächlich zu lokalisieren. Einerseits finden sich Begriffe wie Abstraktion, Akkumulation, Reduktion, Spekulation, Wert, Essenz oder Qualität, die zum Vokabular der modernen Kunsttheorie gehören, auch in der Welt der Finanzen und den Theorien des Geldes. Andererseits scheint es kaum möglich zu sein, die Verbindungen zwischen den Wertvorstellungen der Ökonomie und denjenigen der visuellen Kultur anders darzustellen als im Rahmen der Institutionsgeschichte. So bewegen sich denn auch die meisten Studien zum Zusammenhang zwischen Kunst und Ökonomie im Bereich der Geschichte des Kunstmarkts, des Mäzenatentums oder der Kunstsammlungen. Es gibt allerdings durchaus auch Ansätze, die dabei helfen, die gemeinsamen Wurzeln von ökonomischen und ästhetischen Wertvorstellungen nachzuzeichnen. Grundlegend ist hier zum Beispiel Walter Benn Michaels' Buch *The Gold Standard and the Logic of Naturalism*, in dem der Autor den Zusammenhang zwischen der im ausgehenden 19. Jahrhundert beginnenden Diskussion um eine mögliche Aufhebung des Goldstandards und dem Wertekanon der modernistischen Kunst darstellt.[43] Neues Terrain erschliesst Anne Goldgar in ihrem Buch *Tulipmania*, in dem sie die Verbindung zwischen Spekulation, Selbstdarstellung und der frühen Geldwirtschaft beleuchtet.[44] Und auch David Harvey bietet in seinen klassischen Studien zum Postmodernismus hilfreiche Instrumente der Analyse, etwa wenn er argumentiert, dass mit der letztendlichen Aufhebung des Goldstandards Anfang der 1970er Jahre, also mit dem Kollaps der traditionellen Darstellung von Wert, auch eine grundsätzliche Krise der Repräsentation einsetzt.[45] Aber trotz dieser wertvollen Beiträge steht eine Theorie der künstlerischen Ökonomie bisher noch aus.

Wenn man den Triumph der Abstraktion in der visuellen Kultur der Moderne nicht als Folge einer kunstimmanenten Entwicklung interpretiert, sondern auch als Funktion des Kräftespiels des Kapitalismus, dann rücken zwangsläufig Zusammenhänge ins Blickfeld, die weit über den tradierten Kanon von Kunst- und Architekturgeschichte hinausreichen. Wenn es gelingen soll, den Begriff der Abstraktion im Sinne einer zentralen Kategorie der Moderne nicht als rein ästhetisches, absolutes Phänomen, sondern als Produkt historischer und ökonomischer Prozesse aufzufassen, dann ist es beispielsweise nötig, die Perspektive auf Gegenstände zu erweitern, die ausserhalb von Museumssammlungen liegen. Und es ist erforderlich, einen sehr elastischen Bildbegriff zu wählen, der – etwa im Sinne von Henri Bergson, Jean-Paul Sartre oder auch Guy Debord – das Bild als Kräfteverhältnis oder Handlung auffasst und nicht als Objekt. Für Sartre etwa ist das Bild weniger ein feststehendes Ding, das etwas anderes repräsentiert, als eine Handlung, die selbst etwas bewirkt und in Gang setzt: ein «Akt».[46]

Bereits Georg Simmel hat darauf hingewiesen: Ein Gegenstand, der sich für die Untersuchung der Beziehungen zwischen Kultur und Ökonomie besonders gut eignet, sind Grossstädte. Sie seien, so schreibt er 1903 in seinem klassischen Aufsatz «Die Großstädte und das Geistesleben», «seit jeher die Sitze der Geldwirtschaft, weil die Mannigfaltigkeit und Zusammendrängung des wirtschaftlichen Austausches dem Tauschmittel eine Wichtigkeit verschafft, zu der es bei der Spärlichkeit des ländlichen Tauschverkehrs nicht gekommen wäre».[47] Die Komplexität und innere Widersprüchlichkeit der Grossstadt bietet sich an, um über Fragen der Verortung der Subjekte innerhalb von Raum und Zeit zu reflektieren. Die verschiedenen Repräsentationsformen der Grossstadt rufen gleichsam danach, der Frage nachzugehen, wie Kunstgeschichte und Wirtschaftsgeschichte zusammenhängen. In ihnen zeigt sich, wie künstlerische, architektonische und urbanistische Räumlichkeit mit ökonomischen Veränderungen verwoben ist. Grossstädte sind der prominente Schauplatz von Wachstum und Verfall, Inflation und Depression, Konkurrenzkampf und Gemeinschaft, Freizeit und Ausbeutung. Hier schlagen sich manche Phänomene räumlich nieder, die sich sonst der Sichtbarkeit entziehen, wie der Rhythmus der menschlichen Arbeit, die Ströme des Kapitals, der Verlauf der Grenzen zwischen den ökonomischen Klassen. Und einer der stärksten Motoren der Entstehung und Veränderung der Grossstädte ist die Finanzindustrie.

Ein Emblem des Monopolkapitalismus ist der 1913 fertiggestellte Hauptsitz der J.P. Morgan & Company Bank in New York, entworfen von den Architekten Trowbridge & Livingston. Es handelt sich um einen fünfeckigen, neoklassizistischen Bau, verkleidet mit rosa Granit. Wegen des an der Ecke gelegenen Haupteingangs, der sich auf einen riesigen fünfeckigen Saal hin öffnet, war der Bau auch als «Corner» bekannt. Das Gebäude ist charakteristisch für die Situation in den USA im frühen 20. Jahrhundert, als Eisenbahntycoons wie Collis Potter Huntington, Stahlmagnaten wie Andrew Carnegie oder eben der Financier John Pierpont Morgan, der damals reichste Mann der Welt, der auch für seine umfangreichen Kunst- und Büchersammlungen berühmt war, unerhört grosse Vermögen akkumulierten. Warum Morgan diese Architekten mit dem Bau beauftragte, ist nicht bekannt. Sie hatten sich einen Namen mit Hotel- und Warenhausbauten in New York gemacht und 1912 das Bankers Trust Company Building unmittelbar gegenüber der Morgan Bank an der Wall Street errichtet. Der gediegene Stil ihrer Projekte wurzelt formal in der europäischen Beaux-Arts-Tradition und war zugleich auf der Höhe der amerikanischen Bautechnik.

Morgan starb 1913 und erlebte die Eröffnung seines Hauptsitzes nicht mehr. Aber so wie er selbst verkörperte auch seine Bank damals das Big Business schlechthin. Im Rückblick können wir nur darüber spekulieren, welches Bild er im Sinn hatte, als er den Bau in Auftrag gab. Unmittelbar gegenüber der New York Stock Exchange, auf dem wohl teuersten Boden der Welt, verzichtete er darauf, ein Hochhaus zu bauen, wie sie damals in Manhattan aus dem Boden schossen. Der Bau ist nur vier Stockwerke hoch, so als wollte Morgan demonstrieren, dass er auf die Rendite der restlichen Stockwerke nicht angewiesen war. Die Fundamente waren so ausgelegt, dass ein Hochhaus später durchaus darauf hätte errichtet werden können – wollte er deren potenziellen Wert gleichsam komprimiert darstellen? Welches Bild wollte er mit dem nüchternen, vergleichsweise niedrigen Bau vermitteln?

Architekturgeschichtlich wäre es ein Leichtes, diese Spekulationen mit einem Verweis auf die Typologie zu beenden. Die meisten Bankgebäude des ausgehenden 19. und des frühen 20. Jahrhunderts waren niedrig gebaut. Sie sollten monolithisch und massiv wirken wie ein steinerner Tresor und möglichst wenig Öffnungen aufweisen. Dennoch dürfen wir davon ausgehen, dass der Bau gerade im Kontrast zur unmittelbaren Umgebung seine Wirkung nicht verfehlte. Er wirkte, so darf man vermuten, in seiner kalten Glätte und Härte auf die Zeitgenossen imposanter als die Nachahmung einer griechischen Tempelfront, wie sie der New York Stock Exchange auf der gegenüberliegenden Strassenseite vorgeblendet ist. Und er erschien zweifellos viel solider als die neogotische, üppig verzierte «cathedral of commerce», das Woolworth-Hochhaus in unmittelbarer Nachbarschaft, das bis 1930 das höchste Gebäude der Welt war. Dass die Zeitgenossen in der Morgan Bank das Bild der Machtkonzentration sahen und es mit der Wall Street identifizierten, zeigt die folgende Episode: Am 16. September 1920 zündete ein Anarchist 50 Kilo Dynamit, die in einer Kutsche versteckt waren. Die erste «Autobombe» der Geschichte tötete über 30 Menschen und verletzte Hunderte, darunter auch J. P. Morgans Sohn Junius Spencer.[48] Obwohl der Handel der Börse in Folge der Explosion vorübergehend ausgesetzt wurde, ist es doch bezeichnend, dass sich dieser Akt des Ikonoklasmus gegen die Morgan Bank und nicht gegen die Börse selbst richtete. Das Innere der Büros wurde weitgehend zerstört. Aber die Fassade, und damit das Bild, das der Attentäter hatte vernichten wollen, blieb fast unbeschädigt. Im Bericht der *New York Times* hiess es: «Although the interior of the Morgan offices was wrecked, the substantial stone building, except for some slightly defacing scars, was not damaged.»[49]

Dass J. P. Morgans Bankgebäude bald nach seiner Eröffnung zu einem Synonym für die Wall Street wurde, wird deutlich in Paul Strands Fotografie *Wall Street* (1915). ABB. S. 32 Seit sie im Oktober 1916 in der Fotozeitschrift *Camera Work* zum ersten Mal erschien, wurde die Aufnahme unzählige Male vervielfältigt. Sie ist zu einer Ikone der Grossstadt geworden, zu einem Bild von Manhattan als «theatre of progress», wie Rem Koolhaas die Stadt in seinem Buch *Delirious New York* bezeichnet.[50]

Auch wenn die meisten Betrachter heute nicht wissen, dass die Aufnahme die Morgan Bank zeigt – der Bau war jahrelang nicht benutzt worden, bevor Philippe Starck ihn 2007 zu einem privaten Wohnturm umbaute –, wird sich kaum jemand der Wirkung der kleinen, ameisenartigen Figuren entziehen können, die zur morgendlichen Rushhour an den riesigen schwarzen Fassadenöffnungen vorbeieilen. Der Fotograf Paul Strand sagte im Rückblick:

> Well, I also was fascinated by all these little people walking by these great big sinister, almost threatening shapes [...] these black, repetitive, rectangular shapes – sort of blind shapes, because you can't see in, with people going by.»[51]

Strand spricht von «blind shapes»; in Wirklichkeit handelt es sich um Nischen, in die Fenster eingelassen sind, welche aber durch den Schattenwurf wie eine Reihe von blinden Öffnungen oder abstrakten, schwarzen Bildern wirken. Sie sind nicht wirklich fassbar, weil sie keinen Bezug zur menschlichen Grösse haben, sondern wirken wie ein Werk von Riesen, das die Menschen davor zu winzigen Zwergen erniedrigt. Indem Strand die Nischen am linken und rechten Bildrand anschneidet, suggeriert er, dass die Mauer endlos weitergeht – buchstäblich als «Mauer-Strasse». Die Perspektive ist so gewählt, dass die Strasse leicht anzusteigen scheint. Die Männer – nur eine Frau ist auszumachen – erwecken den Eindruck, auf einem endlosen Marsch zu sein, einer Lichtquelle entgegen. In ihren dunklen Mänteln und Hüten, ausgerüstet zum Teil mit Schirmen oder Spazierstöcken, wirken sie wie die ermüdeten Soldaten einer Armee. Sie scheinen einer Überwachung aus den Nischen heraus ausgeliefert zu sein, ohne dass sichtbar würde, was – oder wer – dahinter steckt. Die Nischen rahmen und ordnen die vorbeiziehenden Angestellten und zwingen ihnen ihren Rhythmus auf. Die Fensterreihe verkörpert gleichsam die Autorität der Finanzindustrie, die Segmentierung von Raum und Zeit, die Repetition und Akkumulation als Prinzipien der Industrialisierung und des modernen Kapitalismus. Die Fenster strukturieren die Fotografie wie Perforationslöcher einen Film und unterstreichen damit den Eindruck der Wiederholung; ja, sie erinnern an die industrielle Struktur nicht nur der Fliessbandarbeit, sondern auch der Arbeit der Angestellten in ihren Büros und Verwaltungen. Die Nischen lassen einen an die Hypothese denken, die Henri Lefebvre in seinem Buch *Die Revolution der Städte* (1972) verfolgte, dass nämlich die Produktionsform die Wahrnehmung des Alltags bestimmt, dass also der Takt der Maschinen das gesamte Leben durch Strukturen der Repetition und rhythmischer Sequenz beherrscht.[52] Indem die Nischen das Bild rhythmisieren und zugleich als Kommentar zu den Funktionsweisen der kapitalistischen Gesellschaft lesbar sind, gehen in Strands Aufnahme die Struktur der Fotografie und, umgekehrt, die Fotografie der architektonischen Struktur ineinander über und lassen sich nicht mehr klar voneinander trennen. Es scheint, als wäre die harte, glatte Oberfläche des Granits, dessen Textur durch das helle Morgenlicht hervorgehoben wird, in der fein gekörnten Oberfläche des quecksilberbeschichteten Platinabzugs enthalten, der ja ebenfalls durch den Abdruck von Licht auf einer lichtempfindlichen Emulsion zustande kommt. Die Architektur ist zum Bild transformiert, das sich seinerseits der kollektiven Imagination einprägt.

Der Erfolg von Strands Fotografie dürfte mit dazu beigetragen haben, dass er wenige Jahre später, Ende 1920, zusammen mit dem Maler und Fotografen Charles Sheeler den Film *Manhatta* drehte, einen knapp 10-minütigen Stummfilm, in dem die Fotografie von 1915 gleichsam in Bewegung gerät.[53] ABB. S. 45 Die diversen Bedeutungsebenen, die dort komprimiert zusammenlaufen, sind im Film narrativ aneinandergereiht. Er wurde am 24. Juli 1921 zum ersten Mal im Kino Rialto, einem kommerziellen Mainstream-Kino in Manhattan, aufgeführt. Danach zirkulierte er in Europa, unter anderem begleitet durch Musik von Erik Satie, um Mitte der 1920er Jahre wieder in New York gezeigt zu werden, nun vor allem in kleineren Kinos. Trotz des geringen kommerziellen Erfolgs nimmt der Film bis heute einen Platz in der Geschichte des Kinos ein. Es handelt sich zwar nicht um den ersten Film über das Leben in der Grossstadt – dieses Genre florierte bereits seit dem ausgehenden 19. Jahrhundert und hatte Filme wie Billy Bitzers *Interior New York Subway, 14th Street to 42nd Street* (1905) hervorgebracht. Aber *Manhatta* stand am Beginn einer ganzen Welle von Stadtfilmen oder «Sinfonien» über New York, ab Mitte der 1920er Jahre dann auch vieler Grossstadtfilme in Europa, wie Walter Ruttmanns *Berlin – Die Sinfonie der Großstadt* (1927).

Die Blicke, die Strands und Sheelers Fotografien und Gemälde bisher unabhängig voneinander auf die Stadt und ihre Industrieanlagen gerichtet hatten, verbanden sich im Film *Manhatta* zu einem beweglichen Panorama der Grossstadt. Der Titel bezieht sich auf den ursprünglichen Namen des Ortes und zugleich auf ein Gedicht von Walt Whitman, der die erhabene Schönheit von Manhattan immer wieder besungen hatte.[54] Der Film, der von Zwischentiteln mit Zeilen aus Whitmans Gedichten strukturiert wird, zeigt den Ablauf eines Tages vom frühen Morgen bis zum späten Nachmittag. Es ist ein Arbeitstag, der aber mit dem natürlichen Zyklus, also dem Verlauf des Tages von Sonnenaufgang bis Sonnenuntergang, gleichgesetzt wird. Er beginnt mit den Aufnahmen der Pendler, die mit der Fähre ankommen, und endet mit dem Blick über den Hudson bei Sonnenuntergang. Dazwischen zeigt er ein weites Spektrum verschiedener Tätigkeiten: von den Blue-Collar-Arbeitern, die mit Hämmern und schwerem Gerät beim Ausheben von Baugruben im felsigen Grund der Insel zu sehen sind, über die Bauarbeiter beim Errichten der Hochhäuser bis hin zu den White-Collar-Angestellten, die in Anzug und mit Hut auf dem Weg in die Banken und Versicherungen sind – so etwa in der Szene, die auch in der Fotografie *Wall Street* gezeigt wird. Strands Blick auf das Wirtschaftsleben ist dabei keineswegs kulturkritisch motiviert. Er will die Grossstadt nicht als Moloch darstellen oder die menschliche Arbeit als entfremdet präsentieren. Aber er will Arbeit auch nicht als quasi organische, natürlich gewachsene Vielfalt harmonisch ineinander verflochtener Tätigkeiten feiern. Vielmehr zeugen seine Aufnahmen von einer ambivalenten Haltung der Arbeit – und dem Kapitalismus – gegenüber.

Manhatta betrachtet den Kapitalismus von zweierlei Blickpunkten aus. Einerseits wird er als unbegreifliche, irrationale Gewalt dargestellt, dem die Menschen wie den Naturgewalten ausgeliefert sind, andererseits als Dynamik, die sie trägt, an der sie Anteil haben, die sie miteinander in Beziehung setzt und die sie durch ihre eigene Tätigkeit mitformen und prägen können. Die schwindelerregenden Blicke der Kamera in die Tiefe der Häuserschluchten, auf die Trassen der Hochbahn und der Strassenbahnen oder hinauf in die Höhen der Wolkenkratzer entsprechen der Faszination für die unermesslichen Dimensionen, die manche Beobachter und Theoretiker seit dem mittleren 19. Jahrhundert für den Kapitalismus hegten – vor allem in den «goldenen Zeiten des Marxismus, als man einen Kapitalisten noch erkannte, wenn man ihn antraf» (Reyner Banham).[55] Die Rohheit des Konkurrenzkampfes, die Dynamik des Einreissens und Errichtens von Bauten und die fortwährende Transformation spiegeln sich in den Aufnahmen von Dampfwolken, die aus Maschinen und Schornsteinen, aus Lokomotiven und dem Ozeandampfer Aquitania aufsteigen und sich mit den Wolken des Himmels vermischen. Wenn in einer Szene sogar die Kamera für einige Momente vernebelt wird, so dass sie nur eine weisse, unscharfe Fläche zeigt, lassen Strand und Sheeler offen, ob die Arbeiter und ihre Maschinen nun ein Teil der Natur sind oder ob nicht vielmehr die Natur eine riesige Fabrik ist. Gerade das Motiv der Dampfwolken, welche die Einstellungen durchdringen, erinnert an die Ikonografie des Erhabenen, wie sie für die Landschaftsmalerei im 19. Jahrhundert, aber auch für die Stadtansichten im 20. Jahrhundert prägend ist. Was die in der Fotografie *Wall Street* und im Film *Manhatta* eingenommene Perspektive allerdings von der Tradition des Sublimen unterscheidet, ist, dass Strand und Sheeler versuchen, die Subjekte und die Grossstadt auf einer gemeinsamen Ebene der Repräsentation zu verbinden. Die Subjekte haben einen Ort innerhalb der Stadt, sie sind nicht, wie etwa die Figuren auf den Gemälden von Caspar David Friedrich, von den Naturgewalten distanziert; sie sind nicht Beobachter, sondern als Akteure ein Teil der wirkenden Kräfte. Und wir, die wir als Betrachter der Fotografie oder des Films selbst eingebunden sind in kapitalistische Produktionszusammenhänge, werden zwangsläufig ebenfalls Teil des Szenarios, Mitspieler in jener Hymne auf die arbeitenden Subjekte, wie sie in den als Zwischentitel montierten Zitaten aus Whitmans Gedicht *Manhatta* formuliert ist:

> The down-town streets, the jobbers' houses of business—the houses of business of the ship-merchants and money-brokers—the river-streets;
> Immigrants arriving, fifteen or twenty thousand in a week; [...]

Im Gegensatz zu Whitmans in der Mitte des 19. Jahrhunderts entstandenem Gedicht, das die Grossstadt naturalisiert, blendet der Film die Schattenseiten des vom Kapitalismus getakteten Lebens keineswegs aus: Neben dem geschäftigen Strom des Verkehrs rückt mehrmals auch ein grosser Friedhof mit langen Reihen von parallel gesetzten Grabsteinen ins Bild. Noch im Tod sind die Menschen dem urbanen Raster und der rationalisierenden Kraft des Industriellen ausgesetzt. Die Repetition der Bürofenster ist gespiegelt in der seriellen Anordnung der Grabsteine. Der Rhythmus des Lebens und der Maschine gehen ineinander über und bestimmen auch die Zeit nach dem Tod. Allerdings sind die Maschinen ebenfalls nicht unsterblich. Angesichts des aus unzähligen korrodierten Stahlplatten zusammengenieteten Rumpfs der Aquitania sowie der dicken, schwarzen Rauchschwaden, die aus den Schornsteinen der Schlepper aufsteigen, wird deutlich, dass auch Maschinen altern. Somit unterscheidet sich Strands Perspektive deutlich von derjenigen, die zur selben Zeit in Fotografie und Film im deutschen Sprachraum vorherrscht, etwa in Ruttmanns *Berlin – Die Sinfonie der Großstadt* (1927) oder August Sanders *Antlitz der Zeit. Sechzig Aufnahmen deutscher Menschen des 20. Jahrhunderts* (1929). Beide Werke beklagen den Verlust einer früheren Ordnung unter dem Druck der Modernisierung. August Sander versucht, die klar definierten Berufsbilder, die den Menschen Identität und Würde verleihen, fotografisch festzuhalten, bevor sie durch den Triumph der Industrialisierung vollends zu «Jobs» innerhalb einer arbeitsteiligen Produktionskette werden. Analog dazu verschwinden die Subjekte in Ruttmanns Film in der Menge, lösen sich gleichsam darin auf. Beide orientieren sich an einer vormodernen, vorkapitalistischen Kohärenz und Kontinuität. Charakteristisch für diesen kulturpessimistischen, von der Wirtschaftskrise der 1920er Jahre beeinflussten Blick ist auch Siegfried Kracauers Aufsatz «Das Ornament der Masse» (1927). Darin beschreibt der Autor die Beine der tanzenden Tiller-Girls als Entsprechung der Hände in der Fabrik und kommt zu dem Schluss: «Das Massenornament ist der ästhetische Reflex der von dem herrschenden Wirtschaftssystem erstrebten Rationalität.»[56]

In der Perspektive von Sheeler und Strand hingegen – noch zu Beginn der «Roaring Twenties» – existiert keine Alternative mehr zum herrschenden Wirtschaftssystem, es gibt kein Aussen. Es gibt nichts, was sich nicht in der Sprache der Abstraktion sagen liesse, so dass die Kamera die Subjekte, ihre Produkte und Arbeitsorte auf ein und derselben Ebene der Repräsentation zusammenfügen kann. Doch auch in den USA verändert sich diese Sicht noch einmal grundlegend durch die Wirtschaftskrise. So wird etwa Charles Chaplin in seinem Film *Modern Times* (1936) das Schicksal des durch die Industrialisierung ausgebeuteten und aus seiner sozialen Stellung geworfenen Subjekts als Tramp darstellen, der am Ende wieder in die vormoderne Natur entlassen wird. Zu Beginn seines Films paraphrasiert Chaplin die Eingangssequenz aus *Manhatta*, indem er die zur Arbeit strömenden Menschen mit Aufnahmen von Schafherden gegenschneidet. *Modern Times* inszeniert die Massen, die zur Arbeit gehen, als Satire, so wie Fritz Langs *Metropolis* (1927) sie zuvor – indem er sie als Reservearmee von Sklaven darstellte – als Tragödie inszeniert hatte. Strand und Sheeler hingegen entfalten ein Panorama, das den Zusammenhang von Arbeitern, Angestellten und der Grossstadt als harmonisches Gleichgewicht darstellt.

Wall Street und *Manhatta* sind historisch kontingente Werke. Wenige Jahre später wären sie so nicht mehr denkbar. Sie zeigen Bilder einer Kohärenz vor dem Great Crash von 1929, der die Rohheit und die destruktiven Kräfte des deregulierten Kapitalismus plötzlich unleugbar machte. In der visuellen Kultur der kapitalistischen Gesellschaften lässt sich diese Verschiebung daran ablesen, dass einerseits die Subjekte und ihre Umgebung nun nicht mehr auf derselben Ebene darstellbar sind, also entweder die Subjekte oder die Stadt fokussiert werden, und dass anderseits die Arbeiter, ja menschliche Arbeit überhaupt, fast gänzlich aus dem Blickfeld verschwinden.[57] Der Versuch von Strand und Sheeler, die Perspektive auf das Subjekt und die Grossstadt zugleich zu richten und der Komplexität dieser Beziehung gerecht zu werden, konnte nach 1929 nicht mehr gelingen. Auch die Kategorie das Erhabenen war ab den 1940er Jahren als Mittel der Darstellung über Jahrzehnte verdrängt, bis sie in den 1980er Jahren, etwa mit Godfrey Reggios Experimentalfilm *Koyaanisqatsi: Life Out of Balance* (1982), wieder auftaucht. Doch zunächst gab es keine plausible Möglichkeit mehr, die Dynamik des Kapitalismus und der Grossstadt zu naturalisieren. Nach dem Crash, nach den Zerstörungen des Zweiten Weltkriegs und gleichsam als Ankündigung der

Deindustrialisierung der 1950er Jahre wurde die Grossstadt zur «naked city» (Edward Dimendberg)[58]: Sie wurde zum Bild einer Moderne in Ruinen, zur Kulisse des Film Noir, zum Phantom einer früheren Entität und damit zum Indikator dafür, dass der Kapitalismus sich abermals der Darstellbarkeit entzogen hatte. So zeugt das fortwährende Ringen um die adäquate Repräsentation der Grossstadt davon, dass sich die Geschichte der Bilder nicht unabhängig von der Geschichte der Ökonomie erzählen lässt.

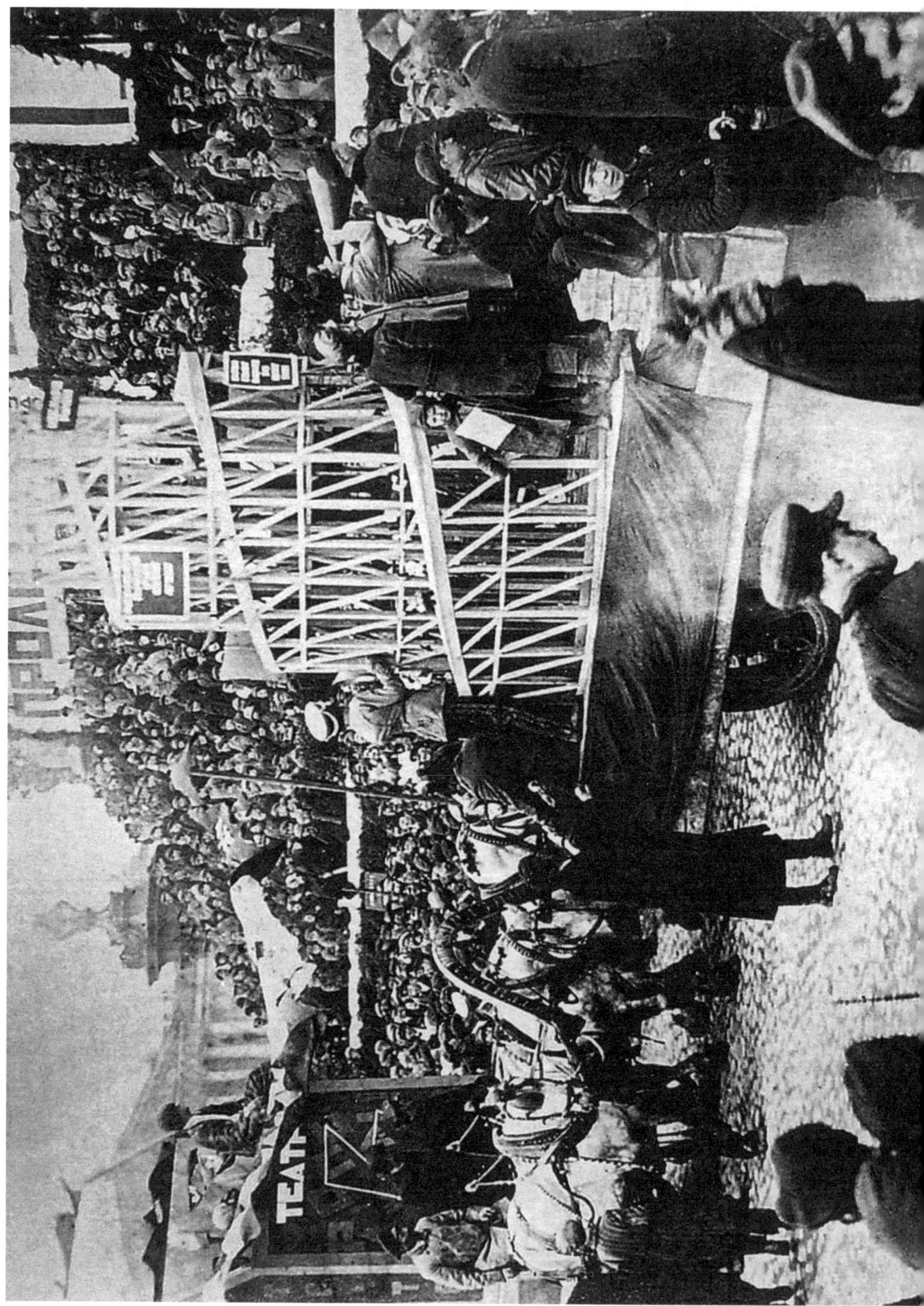

TATLINS TURM UND DIE DARSTELLUNG DER ARBEIT

(bis 1924 Petrograd und ab 1991 St. Petersburg)

In ihrem Essay «Sculpture in the Expanded Field» stellte die amerikanische Kunsthistorikerin Rosalind Krauss 1979 fest, dass der Begriff der Skulptur sich im Laufe der 1970er Jahre grundlegend verändert habe.[59] Skulptur sei nur noch ein Begriff unter vielen am Rande eines Feldes, auf dem sich verschiedene Möglichkeiten eröffnen und dessen Ausdehnung durch Kategorien wie «Landschaft» und «Architektur», «Nicht-Landschaft» und «Nicht-Architektur» definiert sei. Statt als spezifisches Medium mit einer eigenen Geschichte sei die Skulptur, so Krauss, nur noch in Bezug auf andere, benachbarte Kunstgattungen zu denken, namentlich: auf Architektur und Landschaft. Die ersten Anzeichen dieser Veränderung, welche die Skulptur von ihrer Funktion als identitätsstiftendes, ortsgebundenes Monument löst, sieht Krauss in Auguste Rodins «heimatlosen» Skulpturen im späten 19. Jahrhundert, zuerst bei seinem *Balzac* (1898). Sie argumentiert, dass die mit Rodin einsetzende Ortlosigkeit der Skulptur für die modernistische Kunst charakteristisch geworden sei, was dann in den 1960er und 1970er Jahren vor allem in den Werken der Minimal Art und der Earth Art reflektiert werden sollte. Die von Krauss geprägten Begriffe wie «marked site» oder «axiomatic structures», die den Skulpturbegriff ergänzen sollten, haben sich allerdings nie durchsetzen können. Und obwohl ihrem Aufsatz das Verdienst zukommt, die Diskussion über die Beziehung zwischen Skulptur und Architektur in Gang gesetzt zu haben, trug er zur Lösung der aufgeworfenen Fragen dann doch wenig bei.

Einer der Gründe dafür ist wohl, dass Krauss das Element des Performativen in ihrem Essay ausblendet und auf die Diskussion von Problemen des Raums und des Ortes, aber nicht von Problemen der Zeit fokussiert. Zwar hatte sie bereits 1977 in *Passages in Modern Sculpture* eine Veränderung des Skulpturbegriffs anhand der Verzeitlichung dargelegt. Schon dort setzte sie mit den Skulpturen von Rodin, diesmal mit dessen *Höllentor* (1880–1917) ein, streifte auch Bezüge zur Architektur, verfolgte aber die Zusammenhänge von Skulptur und Architektur nicht konsequent weiter. Wäre es möglich, so könnte man in Fortsetzung von Krauss' Narration fragen, eine Geschichte der Beziehung zwischen Skulptur und Architektur nicht aus der Perspektive der Räumlichkeit, sondern der Zeitlichkeit darzustellen? Könnte man eine solche Geschichte statt unter dem Aspekt der Massstäblichkeit und der Funktion, also der Feststellung, wie gross die Objekte sind und wie sie benutzt werden können, unter dem Aspekt des Performativen erzählen, also der Frage, wie sie im zeitlichen Verlauf erfahren werden? Wie könnte eine Geschichte der Beziehung zwischen Skulptur und Architektur aussehen, wenn sie unter der Prämisse des Begriffs der Handlung, der Leistung, ja der Arbeit betrachtet würde?

Eine solche Geschichte, die das Dreieck von Architektur, Skulptur und Performance beschreibt, würde nicht wie diejenige von Rosalind Krauss mit Rodins *Balzac* oder *Höllentor* beginnen. Sie könnte stattdessen mit einem anderen, ebenso ambitionierten Projekt Rodins anheben, nämlich seinem nicht realisierten *Denkmal der Arbeit*.[60] Dieses Monument hätte die zentrale Attraktion der Pariser Weltausstellung 1900 und die Krönung von Rodins Œuvre werden sollen. Es ist, wenn man so will, ein utopisches Projekt. Anders als die Skulptur *Balzac*, die im Grunde irgendwo stehen kann, steht es nirgendwo. Seine Wirkung hat es als virtuelles Projekt entfaltet – in Gestalt eines Gipsmodells, einer Handvoll von Fotografien und dem Bericht von Rainer Maria Rilke, der für eine Weile als Rodins Sekretär arbeitete.[61] Entlang einer spiralförmigen Rampe hätten die Besucher den diversen Reliefs zum Thema Arbeit folgen können, von den Bergleuten im Dunkel der fensterlosen Krypta bis hin zum *Denker* an der Spitze des Turms, als Symbol der geistigen Arbeit. Die Form erinnert an die Trajanssäule in Rom, an die Säule auf der Place Vendôme in Paris und den schiefen Turm von Pisa. Und natürlich hätte sich das Monument auch mit dem Eiffelturm gemessen, der für die Weltausstellung von 1889 errichtet worden war.

Rodins begehbares Monument der Arbeit wäre nicht nur Träger eines komplexen ikonografischen Programms gewesen, sondern auch die Grundlage einer gänzlich neuartigen künstlerischen Gattung zwischen Skulptur und Architektur, Statik und Bewegung. Das Projekt hätte erlaubt, die Kunst in räumlicher und zeitlicher Dimension nicht nur zu betrachten, sondern, wie wir heute sagen würden, performativ oder partizipatorisch, also durch eigene Mitwirkung, zu erfahren. Fünf Jahre nach der Präsentation des ersten Films der Geschichte, *Arbeiter verlassen die Fabrik* der Brüder Lumière im Jahre 1895, hätte Rodins Werk es den Besuchern ermöglicht, eine Abfolge von Bildern über die menschliche Arbeit im Raum zu erfahren, sich schreitend durch die Bilder hindurchzubewegen. Neben Rodin versuchten auch die Bildhauer Henri Bouchard und Constantin Meunier vergeblich, für die Weltausstellung 1900 ein Monument der Arbeit zu schaffen. Lediglich Meuniers Projekt wurde nach seinem Tod und nach langen Auseinandersetzungen 1930 in Brüssel erbaut.

Was auch immer die Gründe waren, dass Rodins Projekt nicht verwirklicht wurde, für die Troisième République wird die Vorstellung unerträglich gewesen sein, dass die Arbeit, und noch mehr, dass die Arbeiter im Zentrum der Weltausstellung stehen sollten. Der Klassenkampf befand sich auf seinem Höhepunkt, und die europäischen Regimes fürchteten nichts mehr als eine Revolution der Arbeiterklasse. Der Schock des Aufstands der Pariser Kommune von 1871 sass tief, und die herrschenden Klassen erinnerten sich zweifellos an die von den Kommunarden gestürzte Säule auf der Place Vendôme. Die Säule war 1810 nach dem Vorbild der Trajanssäule in Rom errichtet worden und verherrlichte die Siege der Napoleonischen Armee. Aussen von einem spiralförmigen Bronzerelief umgeben, konnte sie im Inneren bestiegen werden. Rodins Entwurf transformiert die Heroisierung der Armee in eine Heroisierung der Arbeit. In den Augen seiner Kritiker, so könnte man spekulieren, hätte dies als Erinnerung an den Ikonoklasmus durch die Kommunarden interpretiert werden können, quasi als retrospektives Monument für die Kommune. Die Repräsentation von Arbeit hing hier also untrennbar mit der Frage nach der politischen und ökonomischen Situation der Arbeiterklasse zusammen. Und auch über Rodins ambitioniertes, aber nicht realisiertes Projekt hinaus, so meine Hypothese, gab es in der Moderne so etwas wie ein implizites Bilderverbot für die Darstellung von Arbeit. Gerade die Weltausstellungen – prinzipiell ein Ort, wo neue Formen der Repräsentation getestet werden konnten – zeugen davon, dass die Darstellung oder auch nur die Sichtbarkeit von Arbeit anscheinend problematisch war. Joseph Paxtons Crystal Palace ist dafür charakteristisch. Obwohl Paxton die Öffentlichkeit über jeden Schritt der

Planung und der Aufbauarbeiten informierte, liess er als erstes einen Bretterzaun um die Baustelle errichten, damit niemand den Arbeitern tatsächlich zusehen konnte.

Mit der russischen Oktoberrevolution im Herbst 1917 und der Gründung der Sowjetunion 1922 rückte die Arbeit eigentlich ins Zentrum des ikonografischen Programms des neuen Staates. Der Sozialistische Realismus bot ein reiches Spektrum von Möglichkeiten, die menschliche Arbeit künstlerisch darzustellen. Trotzdem blieb, wie Rodins Monument der Arbeit, auch das ehrgeizigste Projekt der Revolutionszeit unrealisiert: Wladimir Tatlins *Monument der III. Internationale* in Petrograd, entworfen zwischen 1919 und 1920. ABB. S. 46 Auch dieses Projekt mass sich mit dem Eiffelturm und war als urbanes Wahrzeichen konzipiert. Tatlin hatte eine Spiralstruktur geplant, durch welche die Besucher sich hätten bewegen können. Innerhalb der Tragstruktur hätte ein Kubus, der sich während eines Jahres um die eigene Achse dreht, als Versammlungssaal funktionieren sollen. Darüber sollte ein Zylinder, der einmal pro Tag um die eigene Achse rotiert, als Informationszentrum dienen, von dem aus Nachrichten über Radio, Lichtprojektion und Lautsprecher ausgesendet worden wären. Tatlin präsentierte das Modell anlässlich der Revolutionsfeier in Petrograd im November 1920, danach in Moskau und 1925 in der *Exposition Internationale des Arts décoratifs et industriels* in Paris.

Tatlins *Monument der III. Internationale* steht somit wie Rodins Monument der Arbeit auf dem Feld zwischen Architektur, Skulptur und Performance. Wenn wir die Hypothese vom Abbildverbot der Arbeit in der Moderne akzeptieren, dann könnten wir spekulieren, dass dieses Feld gerade deshalb im Industriezeitalter unbesetzt blieb, weil Arbeit darauf darstellbar geworden wäre. Die Projekte von Rodin und Tatlin, so liesse sich dann sagen, konnten nicht vollendet werden, weil sie dieses Feld erschlossen und verfügbar gemacht hätten. Beide wären performativ im doppelten Sinne gewesen: einerseits buchstäblich als Artefakte, die das Thema Arbeit mithilfe der Bewegung der Betrachter im Raum repräsentierten, andererseits aber auch konkret als Schauplätze von Handlungen, ja als Instrumente der Veränderung. Rodins Monument wäre von aussen betrachtet und von innen durchschritten worden, das Publikum hätte sich die Erkenntnisse Schritt für Schritt erarbeiten und das Gesehene und Erlebte zu anderen spektakulären Exponaten der Weltausstellung in Bezug setzen müssen. Tatlins Monument wäre Arbeitsplatz und Drehscheibe für die Propaganda gewesen, eine Struktur, die sich permanent in Bewegung befindet. Es hätte, wären diese beiden Projekte realisiert worden, für Kunst und Architektur kein Zurück mehr gegeben zu einer Auffassung von Monumenten als statische Darstellung von Prozessen. Kann es sein, dass sowohl die kapitalistischen als auch die kommunistischen Gesellschaftsordnungen Arbeit unsichtbar machten – in der Arbeiterrepublik, indem man sie heroisch verklärte –, weil beide ihre Fundierung in der Funktionalisierung und damit in der Ausbeutung von Individuen nicht zeigen wollten? Auch einige Fälle aus den 1920er Jahren werfen ähnliche Fragen auf, wie etwa die *Architektone* (ab 1923) von Kasimir Malewitsch, Walter Gropius' *Märzgefallenen-Denkmal* in Weimar (1922) oder Ludwig Mies van der Rohes *Monument für Rosa Luxemburg und Karl Liebknecht* in Berlin (1926). Auch diese Artefakte bewegen sich in der schwer definierbaren Zone zwischen den Gattungen, und auch sie bemühen sich, ohne ihr Ziel zu erreichen, um eine adäquate Darstellung von Arbeit jenseits einer Heroisierung oder Pathologisierung.

Nach dem Zweiten Weltkrieg versiegte diese Tradition der auf die Arbeit bezogenen Entwürfe zwischen Skulptur, Architektur und Performance dann nahezu. Im Westen zerstob mit der Schwächung der Gewerkschaften in der Ära der europäischen Wohlfahrtsstaaten auch die Identität der Arbeiterklasse. Im Osten war der von Stalin diktierte Sozialistische Realismus ganz auf eine figürliche Darstellungsweise fokussiert, die Arbeit ausschliesslich heroisiert darstellte. Eine wichtige, bisher wenig beachtete Ausnahme bilden allerdings die Spomeniks: Monumente, die zwischen den 1960er und 1980er Jahren an diversen Orten der Sozialistischen Föderativen Republik Jugoslawien errichtet wurden.[62] An der Schnittstelle zwischen Kommunismus und Kapitalismus war das blockfreie Jugoslawien im Grunde ein künstlerisches Testgelände in der Zeit nach dem Kalten Krieg. Bei den Spomeniks handelt es sich um Monumente aus Beton, Stahl und Glas, die unter der Präsidentschaft von Josip Broz Tito errichtet wurden, um an Schlachten und Konzentrationslager des Zweiten Weltkriegs zu erinnern und Embleme der nationalen Identität zu schaffen. Sie stammen von jugoslawischen Bildhauern und Architekten und schaffen eine Verbindung zwischen der Ikonografie des Sozialistischen Realismus und der modernistischen Tradition der nicht-figürlichen Plastik. Sie verbinden eine durch und durch zeitgenössische Haltung – die Affinität zur metabolistischen Formensprache und zur Nutzung aktuellster technischer Möglichkeiten – mit einem Rückbezug auf lokale und nationale Identität. Es handelt sich nicht um explizite Darstellungen von Arbeit oder Arbeitern. Aber die Bildsprache bleibt durchdrungen von den Konventionen des Sozialistischen Realismus, etwa dem Anspruch, leicht verständlich zu sein, den Menschen ins Zentrum zu rücken und identitätsstiftend zu wirken. Weil sie im Gelände stehen und spezifische Orte markieren, fungierten sie ausserdem als Versammlungsplätze, sind also bereits von weit her sichtbar und für Feiern grösserer Menschenmengen nutzbar.

Viele dieser Monumente, ursprünglich waren es mehrere hundert, wurden in den 1990er Jahren zerstört oder dem Verfall preisgegeben. Andere, wie das *Makedonium* in Krusevo von Jordan und Iskra Grabulovski (1974) ABB. S. 55 oder das *Blumenmonument für die Opfer des Konzentrationslagers* in Jasenovac (1966) von Bogdan Bogdanović, sind restauriert und bleiben bis heute ein Anziehungspunkt für Besucher. Was zuvor ein Jahrhundert lang nicht gelang, schafften die Spomeniks. Sie überbrückten tatsächlich die Kluft zwischen Skulptur, Architektur und dem Performativen; im Unterschied zu Earth Art oder Minimal Art in den USA jedoch innerhalb eines Bezugssystems zwischen Arbeit, Sozialismus und nationaler Identität. Was seit dem ausgehenden 19. Jahrhundert auf Papier oder als Modell existiert hatte, fand seinen Ort. Und zugleich haben die Spomeniks mit dem Ende Jugoslawiens ihre ursprüngliche Funktion verloren. Sie knüpfen an utopische Projekte wie Tatlins Turm an, ohne sie formal zu imitieren. Weil sie zeigen, dass jede Utopie, die Wirklichkeit wird, eines Tages wieder zerfällt, verweisen sie sowohl in die Vergangenheit als auch in die Zukunft.

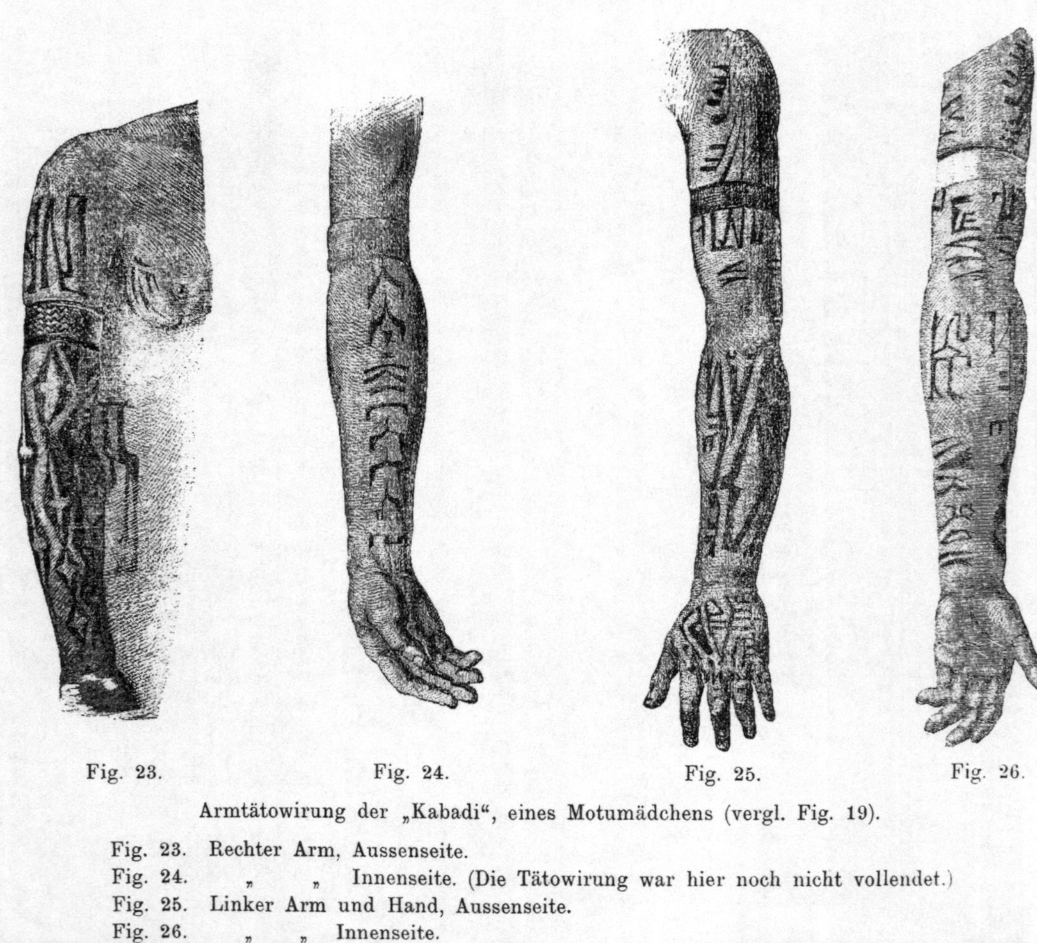

Fig. 23. Fig. 24. Fig. 25. Fig. 26.

Armtätowirung der „Kabadi“, eines Motumädchens (vergl. Fig. 19).

Fig. 23. Rechter Arm, Aussenseite.
Fig. 24. „ „ Innenseite. (Die Tätowirung war hier noch nicht vollendet.)
Fig. 25. Linker Arm und Hand, Aussenseite.
Fig. 26. „ „ Innenseite.

ARBEITEN MIT «ORNAMENT UND VERBRECHEN»

Beim Begriff «Ornament» denken wir unweigerlich an den Aufsatz «Ornament und Verbrechen» von Adolf Loos, einen der am häufigsten zitierten Titel im architektonischen Diskurs.[63] Allerdings vergessen wir gerne, wann der Text publiziert wurde. Der Essay, der aus mehreren unpublizierten Vorträgen aus der Zeit um 1910 hervorgegangen war, erschien im Juni 1913 zuerst auf Französisch als «Ornement et Crime» in *Les Cahiers d'Aujourd'hui*.[64] Le Corbusier publizierte ihn erneut 1920 in seiner Zeitschrift *L'Esprit Nouveau*. Auf Deutsch erschien der Text erst mit einiger Verspätung, am 24. Oktober 1929, in der Abendausgabe der *Frankfurter Zeitung* und dann noch einmal 1931, zwei Jahre vor Loos' Tod, in der Anthologie *Trotzdem*, dem zweiten Band seiner gesammelten Schriften. Damals setzte auch die Rezeption im deutschen und später im englischen Sprachraum ein, die bis heute ungebrochen ist. Zugleich fiel der Moment der ersten Veröffentlichung auf Deutsch just mit dem «Schwarzen Donnerstag» des Wall Street Crash zusammen, dem dunkelsten Moment in der Geschichte des Kapitalismus. In derselben Ausgabe der *Frankfurter Zeitung*, in der Loos' Text erschien, erfuhren die deutschen Leser unter der Schlagzeile «Aufregung in New York» zum ersten Mal vom drohenden Unheil.[65]

Schon das historisch bedeutsame Datum der ersten deutschsprachigen Publikation ist Anlass genug, den Essay im Zusammenhang mit der Wirtschaftsgeschichte zu lesen. Vordergründig handelt es sich bei dem Text um eine scharfe Polemik gegen die damals in Wien dominierende visuelle Kultur der Secession und der Wiener Werkstätte. Die Kritik richtet sich nicht gegen einzelne Kollegen, auch nicht gegen spezifische Kunstwerke, Bauten oder kunsthandwerkliche Produkte, sondern gegen eine Haltung, die zwar behauptet, sich von der Kunst des Historismus der Gründerzeit radikal zu unterscheiden und modern zu sein, die aber, zumindest aus der Perspektive von Loos, in Wirklichkeit die Konventionen dieser früheren Kunst fortsetzt. Loos zielt mit seiner Kritik vor allem auf die Verwendung von Ornamenten, also auf eine charakteristische Eigenschaft der Kunst der Secession, die aus seiner Sicht ein Zeichen für eine anachronistische Auffassung von Kultur war und der modernen Idee der Freiheit von allem Überflüssigen widersprach. Die Ornamentierung setzt er mit der Tätowierung von Körpern gleich, in seinen Augen eine abnormale Praxis. So beginnt der Text mit der ironischen Bemerkung des Autors, dass es Gefängnisse gebe, «in denen achtzig prozent der häftlinge tätowierungen aufweisen. Die tätowierten, die nicht in haft sind, sind latente verbrecher oder degenerierte aristokraten. Wenn ein tätowierter in freiheit stirbt, so ist er eben einige jahre, bevor er einen mord verübt hat, gestorben.»[66] Dabei wendet sich Loos nicht gegen Tätowierungen an sich, denn aus den damaligen Sammlungen der Völkerkundemuseen und aus Publikationen etwa zu Neu-Guinea waren Kenntnisse über Tätowierungen in aussereuropäischen Kulturen verbreitet.[67]ABB. S. 56 So schreibt Loos: «Der papua schlachtet seine feinde ab und verzehrt sie: Er ist kein verbrecher. Der papua tätowiert seine haut, sein boot, sein ruder, kurz alles, was ihm erreichbar ist. Er ist kein verbrecher.»[68] Doch mit Blick auf sein eigenes kulturelles Umfeld stellt er fest: «Evolution der kultur ist gleichbedeutend mit dem entfernen des ornaments aus dem gebrauchsgegenstande.»[69] Loos diagnostiziert der staatlich subventionierten Herstellung der Wiener angewandten Kunst eine «ornament-seuche»[70] und erklärt: «Mir und mit mir allen kultivierten menschen erhöht das ornament die lebensfreude nicht.»[71] Im Gegenteil, es graut ihm, wenn er an die «schaugerichte vergangener jahrhunderte» denkt, «die alle ornamente aufweisen, um die pfauen, fasane und hummern schmackhafter erscheinen zu lassen» und bekennt: «Ich esse roastbeef.»[72]

Obwohl Loos das Ornament als in seiner Zeit überflüssig und anachronistisch verwirft, attestiert er ihm auch eine fundamentale Rolle. Er interpretiert es als ein anthropologisches Phänomen, als etwas, das am Ursprung der schöpferischen Äusserung steht:

> Der drang, sein gesicht und alles, was einem erreichbar ist, zu ornamentieren, ist der uranfang der bildenden kunst. Es ist das lallen der malerei. Alle kunst ist erotisch. Das erste ornament, das geboren wurde, das kreuz, war erotischen ursprungs. Das erste kunstwerk, die erste künstlerische tat, die der erste künstler, um seine überschüssigkeiten los zu werden, an die wand schmierte. Ein horizontaler strich: das liegende weib. Ein vertikaler strich: der sie durchbohrende mann. Der mann, der es schuf, empfand denselben drang wie Beethoven, er war in demselben himmel, in dem Beethoven die neunte schuf.[73]

Obgleich also im Text sowohl für als auch gegen das Ornament argumentiert wird, ziehen die meisten Interpreten «Ornament und Verbrechen» heran, um Loos als Herold für eine der zentralen ästhetischen Kategorien des 20. Jahrhunderts, die Abstraktion, zu vereinnahmen. Stillschweigend wird der Text in Zusammenhang gebracht mit dem Ludwig Mies van der Rohe angedichteten Ausspruch «Weniger ist mehr» und wird derart auf seinen Titel reduziert, dass die Bedeutung zu «Ornament als Verbrechen» verzerrt wird. Der Widerspruch zwischen der angeblichen Kritik am Ornament im Text und der architektonischen Praxis von Loos, die – etwa im Sockelgeschoss seines Hauses am Wiener Michaelerplatz – reich an Ornamentik ist, blieb kaum einem Beobachter verborgen, aber auflösen lässt sich die Diskrepanz nicht. Nach wie vor polarisiert der Text die Diskussion um die Auffassung des Ornaments und dessen Rolle in der Architektur. Wenn ein Text uns zwingt, Position zu beziehen und ihn wieder und wieder zu lesen – oder vielleicht auch nicht zu lesen, aber doch den Titel wieder und wieder zu zitieren –, muss er für einen Fall stehen, der noch nicht geschlossen ist. «Ornament und Verbrechen» verfolgt uns nach wie vor wie ein Geist aus der Vergangenheit, der keine Ruhe findet. Aber was ist das ungelöste Problem, für das er steht? Was ist das Thema, dessen Umrisse wir dank des Textes wahrnehmen und das nicht aufhört, uns zu irritieren? Und warum können wir immer noch «wir» sagen angesichts des rassistischen, sexistischen und kolonialistischen Tonfalls des Aufsatzes aus der Zeit vor dem Ersten Weltkrieg?

Das Problem, das der Essay aufwirft und das bis heute ungelöst bleibt, ist, so meine These, die komplexe Beziehung zwischen Architektur und menschlicher Arbeit. Ich halte diese Überlegung für viel interessanter als die Indienstnahme des Textes für die Debatte um die Rolle des Ornaments, die in der Architektur bereits früher stattfand und zu der Loos im Grunde wenig Neues beiträgt. In meiner Sicht interessiert sich Loos weniger für das Ornament als formalen Schmuck als für seine Funktion als eine Art Chiffre oder Symbol der menschlichen Arbeit und deren Transformation im Industriezeitalter. So schreibt er: «Die arbeit leidet, weil niemand gewillt ist, ihren wahren wert zu bezahlen».[74] Um diesen Satz besser zu verstehen, können wir einen Blick auf die Wirtschaftsgeschichte werfen. Im Unterschied zur Schwer- und Leichtindustrie, deren Produktivität während des 19. Jahrhunderts rasch anstieg, konnte die Produktivität der Architektur nicht gesteigert werden. Architektur war – und ist noch immer – arbeitsintensiv, so wie auch das Theater, die Oper oder das Konzert. Man kann eine Wagneroper nicht in zehn Minuten und mit einem Sänger aufführen. Ebenso kann die Bauindustrie mit der Temposteigerung der Autoindustrie nicht mithalten.

Aus der Perspektive der Rationalisierung gesehen, ist Architektur somit ein Anachronismus. Sie ist ein Relikt aus einer früheren Epoche, die auf weitgehend handwerklichen Techniken beruht. Architektur bleibt eine vorindustrielle, vormoderne, möglicherweise auch vor-demokratische Praxis. Man denke an das Wort «Architekt», das vom griechischen «Haupt-Handwerker» herrührt. Das Kapital, das in Architektur investiert wird, ist vernachlässigbar. Selbst ein Wolkenkratzer kostet kaum mehr als ein Flugzeug, ein Hollywood-Film oder die Tournee einer internationalen Band. Was Gebäude für das Kapital anziehend macht, sind vor allem die Mieteinnahmen beziehungsweise der Gewinn, den der teure Grund und Boden abwirft, auf dem sie stehen. Attraktiv ist Architektur als Immobilie, und zwar in ihrem Verhältnis zu den Materialien und Maschinen, die für den Bau, den Unterhalt und später den Abbruch erforderlich sind. Die Opulenz der Interieurs von Gründerzeitvillen, wie Loos sie kritisiert, ist symptomatisch dafür, dass mit Immobilien und Baumaterialien bereits um 1900 unerhörte Vermögen angehäuft werden konnten.

Im Vergleich zu den Bodenpreisen und den Kosten für Ausrüstung und Material fallen die Arbeitskosten bei der Architektur wenig ins Gewicht. Von der Warte des Kapitalisten aus betrachtet, wäre es deshalb kaum sinnvoll, in eine Beschleunigung des Produktionsprozesses zu investieren, also beispielsweise in schnellere und bessere Maschinen. Die «verbrecherisch niedrigen preise, die den stickerinnen und den spitzenklöpplerinnen bezahlt werden», wie sie Loos in seinem Essay anprangert, galten auch – und gelten noch immer – für Architekten, Zeichner und Bauarbeiter.[75] Loos imitiert ironisch die Perspektive des

Unternehmers, wenn er schreibt: «Ornament ist vergeudete arbeitskraft und dadurch vergeudete gesundheit. So war es immer. Heute bedeutet es aber auch vergeudetes material und beides bedeutet vergeudetes kapital.»[76] In dieser Argumentation liesse sich der Begriff «Ornament» jedoch auch ohne weiteres durch «Architektur» ersetzen, denn vom Standpunkt des Kapitals aus ist deren Praxis ebenfalls eine der vergeudeten Ressourcen.

Folgt man dieser kapitalistischen Logik, so kann Architektur nie wirklich modern oder der Industrialisierung angepasst sein, sondern sie kann das Moderne oder den Industriekapitalismus nur durch eine spezifische Räumlichkeit, Materialität und Form symbolisieren. Viele der Architekten, die sich seit der zweiten Hälfte des 20. Jahrhunderts auf Loos beziehen – wie etwa Carlo Scarpa, Aldo Rossi, Hans Hollein, Álvaro Siza, Herman Czech, Herzog & de Meuron und Caruso St John – sind zugleich vehemente Kritiker der modernistischen Wertkriterien. Sobald die Architektur radikal modern sein und sich gänzlich den rohen Gesetzmässigkeiten von Produktivität und Profitabilität unterwerfen möchte, spielt sie mit ihrer eigenen Obsoleszenz. Darüber waren sich auch Architekten, die mit ihren Bauten ganz klar eine Modernität anstrebten, stets im Klaren – so etwa Joseph Paxton, der den Crystal Palace der ersten Weltausstellung 1851 entworfen hatte. Er wusste, dass sich die Besucher in der enormen, modulartigen Halle verloren fühlen würden. Er bat daher den Künstler Owen Jones um ein Farbkonzept, das eine visuelle Strukturierung und damit Orientierung und Halt in dem weiten Raum bieten sollte, den etwa Gottfried Semper als «glasbedecktes Vakuum» kritisierte hatte.[77]

Mehr als ein Jahrhundert nach der Einweihung des Crystal Palace plante ein anderer Londoner Architekt, Cedric Price, gemeinsam mit der Theaterdirektorin Joan Littlewood in den frühen 1960er Jahren den Fun Palace, eine Verbindung aus Freizeit und Arbeit, Kultur und Lernen, auf den Brachen des von der Deindustrialisierung gebeutelten Nordostens der Metropole. Das Projekt wurde nie verwirklicht. Aber auch Price war sich der ambivalenten Rolle des Architekten zwischen Modernität und dem Obsoletwerden der eigenen Arbeit bewusst und lokalisierte diese stets im Kontext der kapitalistischen Dynamik. So soll er seine Auftraggeber nicht gefragt haben, «Was für ein Haus möchten Sie?», sondern vielmehr «Brauchen Sie wirklich ein Haus?»[78] Und auch der heute zweifellos einflussreichste Architekt, Rem Koolhaas, der ebenfalls seinen Sitz in London hat, ist sich über diese Zusammenhänge im Klaren. Auch für die Architekten, so stellt er fest, sei die Dynamik des Kapitalismus unkontrollierbar. Planung und Nicht-Planung führten oft zu denselben Resultaten – was «im Extremfall nichts anderes heißt, als dass Architekten keine Daseinsberechtigung haben.»[79] Aus der Wiener Perspektive eines Adolf Loos, der die Vereinigten Staaten und London bereist hatte, wären die Haltungen von Paxton, Price und Koolhaas vermutlich typisch für den Triumph des Industriekapitalismus oder eben die Moderne. Mit den Worten von «Ornament und Verbrechen», die ich wie den ganzen Essay als ein ironisches Pamphlet lese: «Wehe, wenn ein volk in der kulturellen entwicklung zurückbleibt. Die engländer werden reicher und wir ärmer ...»[80]

Ich interpretiere die Haltung von Loos als kritische Reflexion, ja Prognose der Rolle der Architekten im Kontext der Industrialisierung. Natürlich kann es als Hymne auf die Modernisierung gelesen werden, wenn der Autor behauptet: «Die nachzügler verlangsamen die kulturelle entwicklung der völker und der menschheit, denn das ornament wird nicht nur von verbrechern erzeugt, es begeht ein verbrechen dadurch, dass es den menschen schwer an der gesundheit, am nationalvermögen und also in seiner kulturellen entwicklung schädigt.» Aber sollte man diese Passage nicht vielmehr als Persiflage einer Haltung lesen, die einseitig das Primat der Ökonomie predigt und alles, was den Triumph der Industrialisierung bremst, rücksichtslos zur Seite schiebt? Gehört zu den «Nachzüglern» neben dem «Bauern», dem «Holzbildhauer und Drechsler», den «Stickerinnen und Spitzenklöpplerinnen» nicht auch der Architekt? Ich interpretiere diese und andere Passagen im Text als Hinweis darauf, dass sich Loos der Logik des Industriekapitalismus und dessen Wirkung auf die Architektur sehr wohl bewusst ist, sich als Architekt aber doch auf ihn einlassen muss. Er weiss, wie abhängig die Architektur von dieser Dynamik ist, ja, welche Möglichkeiten sie ihr verdankt, aber er plädiert zugleich für die Autonomie der Architektur. Er spricht im Text nicht explizit vom Architekten und von dessen Rolle, projiziert sie aber auf verschiedene soziale Klassen.

In diesem Zusammenhang sehe ich auch sein Lob des Aristokraten, das scheinbar im Widerspruch zur eingangs erwähnten Kritik des degenerierten Aristokraten steht: «Ich predige den aristokraten, ich meine die menschen, die an der spitze der menschheit stehen und doch das tiefste verständnis für das drängen und die not der untenstehenden haben.»[81] Loos folgt damit einem Topos des Bildungsbürgertums um die Jahrhundertwende, sich als geistige Elite darzustellen. Viele Akademiker, Künstler, Schriftsteller und Journalisten im späten 19. und frühen 20. Jahrhundert versuchten die Tatsache, dass sie als die Intelligenz der Mittelschicht auf der Ebene der Politik und Wirtschaft nicht adäquat repräsentiert waren, durch guten Geschmack und Bildung zu kompensieren. Sie artikulierten ihre Identität als Klasse, indem sie sich sowohl vom Proletariat als auch von der Aristokratie unterschieden. Die proletarische Klasse war in ihren Augen potenziell gewaltbereit und in den Anschauungen nihilistisch – bereit, die Gesellschaft als Ganzes zu zerstören. Die feudale Klasse der Landbesitzer hingegen galt als zynisch und dekadent. Sie stand dem Fortschritt im Weg und war nur daran interessiert, ihre Privilegien abzusichern. Beide Klassen sind im Text von Loos in Gestalt der Tätowierten personifiziert, entweder als «latente verbrecher» oder als «degenerierte aristokraten».[82] Den Architekten sieht Loos hingegen im Zentrum der Gesellschaft beziehungsweise als jene Figur, die an der Spitze steht und doch «das tiefste verständnis für das drängen und die not der untenstehenden» hat.[83]

Loos löst die Figur des Architekten aus der Geldökonomie heraus und platziert ihn im Bereich der symbolischen Ökonomie als die Verkörperung der schöpferischen Autonomie – einem Ort, an dem sich die Architekten bis heute gerne sehen. Aber im gleichen Atemzug kritisiert er die quasi-künstlerische Maskerade seiner Architektenkollegen bei der Wiener Secession. Loos selbst wählte das Gewand des englischen Businessman der oberen Mittelklasse. ABB. S. 67 «Der moderne mensch braucht sein kleid als maske. So ungeheuer stark ist seine individualität, dass sie sich nicht mehr in kleidungsstücken ausdrücken lässt.»[84] Des Autors Schuhe sind «über und über mit ornamenten bedeckt, die von zacken und löchern herrühren»,[85] seine Kleidung und seine Weltgewandtheit – manifest in seiner Verehrung für Amerika und England – gehören zu seinen Statussymbolen. Indem er sich kleidet wie ein Geschäftsmann, der, wenn man so will, mit seinen ornamentierten Schuhen in der Vorindustrialisierung fusst, plädiert Loos für den Architekten als Figur im Zentrum der Gesellschaft. Er präfiguriert damit Haltungen wie diejenigen von Aldo Rossi oder Jacques Herzog. Er imitiert nicht den kapitalistischen Unternehmer wie beispielsweise Ludwig Mies van der Rohe, der den Grossbürger mit Zigarre und Kunstsammlung darstellte, oder später Rem Koolhaas, der gerne die legere Pose der globalen Unternehmer der Informationsindustrie, etwa eines Steve Jobs, imitiert.

Obwohl Loos den österreichischen Staat scharf kritisiert, hat er nicht vor, den Status quo radikal zu verändern. Er ist kein Revolutionär. Er ist tolerant, aber dient sich dem Modernismus nicht an wie die meisten seiner Berufskollegen, seien es Mies van der Rohe, Le Corbusier oder die Stararchitekten des Millenniums. Stattdessen versucht er, die bestehende Ungleichheit zwischen den Klassen aufzufangen, indem er sich, wie es in «Ornament und Verbrechen» heisst, bereit erklärt, mehr zu bezahlen, als sein Schuhmacher verlangt. Mit der Figur des liberalen Bürgers der oberen Mittelklasse, dessen Ideale in die vormoderne Welt zurückreichen – etwa zu dem von ihm verehrten Dichter und Universalgelehrten Johann Wolfgang von Goethe –, will Loos die internen Widersprüche zwischen der vormodernen Praxis der Architektur und deren Anspruch, modern zu sein, sowohl aufzeigen als auch überwinden. Er ist realistisch, ohne die Widersprüche der damaligen Wirtschaftsordnung auflösen zu können. Immerhin schliesst er die Kolonialherrschaft der europäischen Monarchien, welche die Basis für die ökonomische Blüte des Bürgertums um 1900 bildet, in seine Schilderung mit ein. Denn natürlich ist es einerseits die wachsende Produktivität der Industrie, andererseits aber auch die koloniale Ausbeutung des «papua» und des «afrikaners», die den quasi-aristokratischen Lebensstil der Bourgeoisie ermöglichen. Diese Klasse hat freie Zeit für den Konsum von Kultur. Und die «verbrecherisch niedrigen löhne», die für landwirtschaftliche

Produkte damals wie heute bezahlt werden, ermöglichen es ihr, sich mit aufwendig produzierten Lebensmitteln zu ernähren und gesund zu halten – in den Worten des Autors: «Ich esse roastbeef.»[86]

Wenn wir den Text als Satire und Persiflage lesen, als ein Manifest, das mit Zweideutigkeit, Ironie und Übertreibung operiert, dann sollten wir es eher als Hommage an das Ornament denn als dessen Dämonisierung interpretieren. Das Ornament hängt mit der Architektur insofern zusammen, als beide aus der Perspektive des Kapitals gesehen überflüssig sind. Loos ist sich, so dürfen wir annehmen, dieses Problems bewusst und sollte deshalb dem Ornament gegenüber eine gewisse Sympathie empfinden. Wenn das Ornament aus Sicht der Industrialisierung, des Fortschritts, der Gewinnmaximierung nicht gerechtfertigt ist, dann ist es auch die Architektur nicht. Tatsächlich, so würde ich behaupten, kritisiert Loos nicht das Ornament als solches, sondern die Art und Weise, wie es durch Zeitgenossen wie Henry van de Velde, Joseph Maria Olbrich und Josepf Hoffmann formalistisch eingesetzt wird.

Aus meiner Sicht ist der Subtext von «Ornament und Verbrechen» daher nicht die Feier der Abstraktion an sich, sondern vielmehr eine radikale Kritik der Rolle, in welche die Architektur durch den Industriekapitalismus gezwungen wurde. «Ornament» ist im Text, wie oben erwähnt, durchaus auch positiv konnotiert, und zwar als eine Markierung des Körpers und damit als Schutz des Subjektes davor, austauschbar und in Gestalt seiner Arbeitskraft restlos verfügbar gemacht zu werden. Unausgesprochen identifiziert sich der Autor mit dem «papua» ebenso wie mit der «slovakischen bäuerin», denn er sympathisiert als Geistesaristokrat im Zentrum der Gesellschaft mit denjenigen, die in Not sind. Die wirklichen Verbrechen, so dürfen wir den Text auslegen, werden im Namen der Abstraktion begangen, also jener Haltung, welche die Nachzügler abhängt, die Vergangenheit negiert und die menschliche Arbeitskraft ausbeutet oder geringschätzt. Das Ornament ist ein Schutz. Es schützt die Autonomie sowohl des individuellen Körpers als auch, im übertragenen Sinne, der Architektur. Nicht die Behauptung der Unvereinbarkeit, sondern die implizite Parallelsetzung von Ornament und Architektur ist der Grund dafür, dass Loos' Essay bis heute nachhallt.

geschrieben von Adolf Loos, Wien, 15. Oktober 1903

Nr. 2 WIEN, 15. OKTOBER 1903 Preis 20 h

DAS ANDERE

EIN BLATT ZUR EINFUEHRUNG ABENDLAENDISCHER KULTUR IN OESTERREICH: GESCHRIEBEN VON ADOLF LOOS 1. JAHR

TAILORS AND OUTFITTERS

GOLDMAN & SALATSCH

K. U. K. HOF-
LIEFERANTEN
K. BAYER. HOF-
LIEFERANTEN

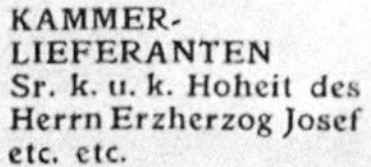

KAMMER-
LIEFERANTEN
Sr. k. u. k. Hoheit des
Herrn Erzherzog Josef
etc. etc.

WIEN, I. GRABEN 20.

Société Franco-Autrichienne

pour les arts industriels

MÖBELSTOFFE

LYONER SEIDEN- UND SAMT-BROKATE

ECHTE UND IMITIERTE GOBELINS

ENGLISCHE UND FRANZÖSISCHE TEPPICHE

STICKEREIEN UND APPLIKATIONEN

SPITZENVORHÄNGE

WIEN, I. Kärntnerstrasse 55, I. Stock

Société Franco-Autrichienne

KUNST ALS LEBENSSTIL: THEODORE LUX FEININGERS FOTOGRAFIEN DER BAUHÄUSLER

Im Jahr 1926, während einer kurzen Periode ökonomischer Stabilität nach mehreren Jahren der Inflation und noch vor dem Great Crash von 1929, immatrikulierte sich Theodore Lux Feininger am Bauhaus. Er war gerade sechzehn Jahre alt, der jüngste Student, der je an der Schule zugelassen wurde. Es war sicher hilfreich für seine Aufnahme, dass er der Sohn des Malers Lyonel Feininger, eines der Gründungsprofessoren des Bauhauses, war. Lux war, wie er später sagte, «mit und im Bauhaus aufgewachsen».[87] Als er zu studieren begann, war das Bauhaus gerade gezwungen worden, die behäbige Residenzstadt Weimar zu verlassen. Es war vom «viel urbaneren» Dessau empfangen worden, und der Umzug «bedeutete für das Bauhaus eine deutliche Steigerung seines Ansehens in der Außenwelt», wie Lux Feininger später in seiner Autobiografie schrieb.[88] Das spektakuläre Wahrzeichen des Neuanfangs waren die Gebäude, die Walter Gropius für die Schule und die Professoren entworfen hatte. Gemeinsam mit ihren Familien residierten sie in sogenannten Meisterhäusern, die Feiningers im Meisterhaus Nummer 1, das sie sich mit der Familie Moholy-Nagy teilten. Lux, der Teenager im Hause Feininger, war stolz, ein eigenes Zimmer zu erhalten. Sogar den Farbton, in dem es ausgemalt wurde, konnte er selbst auswählen. Beeindruckt war Lux Feininger auch, so erinnerte er sich später, dass eine «Jazz Band in Smokings» aus Berlin nach Dessau kam, um bei der Eröffnungszeremonie im Dezember 1926 zu spielen.[89] Das Bauhaus war eindeutig im gesellschaftlichen Leben angekommen.

Nach Abschluss des Vorkurses schrieb sich Lux Feininger für die experimentelle Theaterwerkstatt ein, die von Oskar Schlemmer geleitet wurde. Er fühlte sich angezogen von den Aufführungen der Gruppen, den Masken und Kostümen, den Bühnenbildern, von der Bewegung der Körper durch die dunklen Räume. Es war, wie er meinte, in erster Linie ein Theater und dadurch sich selbst genug, während es zugleich auch «ein Schulzimmer, ein Ort des Lernens» war.[90] Neben der Theaterwerkstatt war es wiederum die Musik, genauer gesagt die Jazzband der Bauhaus-Kapelle, die den jungen Studenten faszinierte. «Das Leben am Bauhaus wäre undenkbar gewesen ohne die musikalische Untermalung seiner zahlreichen Feste – einige davon improvisiert, andere sorgfältig und wunderschön inszeniert.»[91] Obwohl er kein Instrument spielte, war er entschlossen, der Band beizutreten und kaufte sich sogar ein Banjo. Trotzdem musste er noch eine Weile warten und zunächst Klarinette spielen lernen, bevor er schliesslich aufgenommen wurde. Erst dann, so kam es ihm später vor, war er «tatsächlich Teil des Lebens auf Bauhaus geworden.»[92]

Lux Feininger war zunächst unentschlossen, wie seine künstlerische Zukunft genau aussehen sollte, doch er entdeckte bald die Fotografie als seine «Nische».[93] Sein älterer Bruder Andreas, ursprünglich als Architekt ausgebildet, aber ebenfalls sehr an Fotografie interessiert, half ihm beim Einrichten einer Dunkelkammer im Keller des Elternhauses. Der erste Kurs in Fotografie am Bauhaus sollte erst 1929 von Walter Peterhans angeboten werden.[94] Zunächst porträtierte Lux Feininger seine Kommilitonen bei den Aufführungen der Theaterwerkstatt. Dann begann er, das Alltagsleben im Bauhaus zu fotografieren – ein Thema, für das sich, wie er sich im Nachhinein erinnert, sonst niemand interessierte. Die Fotografien von László Moholy-Nagy und seiner Frau Lucia Moholy waren damals zweifellos tonangebend in ihrer dynamischen Interpretation der neuen Architektur. Herbert Bayer und Josef Albers folgten in dieser Richtung. Und auch Lyonel Feininger begann, angeregt durch seine Söhne, das Medium Fotografie für atmosphärische Darstellungen der Bauten und ihrer Umgebung zu nutzen. Es ist offensichtlich, dass diese Aufnahmen den jungen Studenten beeinflussten, doch mehr als an den Gemeinsamkeiten bin ich an den methodischen Unterschieden interessiert. Die Fotografien des Vaters, oft Nachtaufnahmen, zeigen nie Menschen. Sie entstanden offensichtlich mit Hilfe eines Stativs, mit einer langen Belichtungszeit, während die Aufnahmen von Lux Feininger ohne Stativ und mit einer Glasplattenkamera im Format von 9 × 12 cm gemacht wurden, die er ständig mit sich trug.[95] Wenn Moholy-Nagy je Menschen abbildete, dann meistens in Gestalt von Staffagefiguren, beispielsweise auf Balkonen platziert, um die architektonische Qualität der Bauten zu unterstreichen. Der junge Feininger hingegen tat genau das Gegenteil. In seinen Aufnahmen ist die Architektur nicht das zentrale Motiv, sondern der Hintergrund für die in ihr lebenden Menschen. Für ihn war die moderne Architektur kein spektakuläres Artefakt, das den Fotografen buchstäblich in die Knie zwang, und sie war auch keine Quelle für reizvolle Muster oder formale Kontraste. Vielmehr war sie seine vertraute Umgebung, die er als selbstverständlich betrachtete.

Wenn Feininger beispielsweise zwei Mitglieder der Bauhaus-Jazzband, den tanzenden Xanti Schawinsky und den Banjo spielenden Clemens Röseler, an einem Wintertag auf dem Dach fotografiert, scheint das ganze Gebäude zu tanzen. Die Kamera ist seitlich geneigt und führt zu einer schiefen Aufnahme, die an die Formensprache des Expressionismus erinnert. Doch die Intention dieser Rahmung ist nicht, die Eigenschaften des neuen Mediums zu spiegeln, sondern die Illusion zu vermitteln, der Fotograf sei seinerseits von der Musik ergriffen und die Kamera beginne mitzutanzen. Im Unterschied zu den Fotografien von Moholy-Nagy und anderen, die – wie etwa auch Marianne Brandt – mit der Spezifik der Fotografie als neues künstlerisches Medium umgehen und den experimentellen Charakter ihrer Arbeit hervorheben, hat Lux Feininger eine entspannte und spielerischere Auffassung von der Arbeit mit der Kamera. Und im Kontrast zu den Fotografien seines Vaters, welche die Autorität und Aura der «Institution Bauhaus» zelebrieren, etwa in Form eines hell erleuchteten Atelierfensters vor dunklem Nachthimmel, fängt der Sohn die Schönheit und Vitalität der Studierenden ein, die die Institution beleben. Wenn er während eines Fussballspiels fotografiert, dann treten die sonst so prominent inszenierten Bauten hinter den Menschen zurück. ABB. S. 68 In seinen Fotografien verwandelt sich das Bauhaus von einem Raum der Ausbildung zur Bühne eines Lebensstils. Es erscheint weniger als Ort, an dem Kunst und Handwerk unterrichtet werden, denn als Ort, an dem eine Art zu leben entworfen wird. Die Fotografien erinnern an das Ideal einer autonomen, beschützten und freien Gemeinschaft. Aber sie präfigurieren auch den universellen Lifestyle der Nachkriegszeit mit seiner Betonung von Freizeit und Konsumkultur.

Ihr Fokus auf Freizeit und Momente sozialen Lebens ist sicherlich ein Grund, warum Feiningers frühe Fotografien gerade heute für die Betrachter so anziehend sind. Im Vergleich zu den lange zuvor kanonisierten Fotografien eines Moholy-Nagy wurden sie erst spät, gegen

Ende des 20. Jahrhunderts wirklich wahrgenommen. Seit den 1980er Jahren tauchen sie in Ausstellungen auf, aber erst durch die Retrospektive *Dancing on the Roof. Photography and the Bauhaus (1923 – 1929)*, die 2001 am Metropolitan Museum in New York stattfand, rückten sie ins Rampenlicht. Über Jahrzehnte hatten diese Fotografien im Schatten der Heroisierung – und des Marktwerts – des Bauhaus-Designs gestanden, das assoziiert wurde mit exklusivem Mobiliar, didaktischen Prinzipien und dem problematischen Erbe des aus ihm hervorgegangenen International Style. Gordon Matta-Clark sprach für viele Künstler seiner Generation, als er den unentrinnbaren Einfluss der «German design machine» kritisierte.[96] Eine breite Leserschaft erreichte diese Kritik durch den Schriftsteller Tom Wolfe und seine Satire *Mit dem Bauhaus leben. Die Diktatur des Rechtecks*. Darin charakterisiert er den Barcelona-Chair von Ludwig Mies van der Rohe als «dieses heilige Objekt», ein Symbol, das jeden Besucher daran erinnere, dass er sich in einem Haushalt befindet, «in dem ein eben flügge gewordener Architekt und seine junge Frau alles geopfert hatten, um das Symbol der göttlichen Mission in ihrem Heim aufstellen zu können.»[97] Überspitzt gesagt: Weil das Vermächtnis des Bauhauses ideologisch aufgeladen war und die Idee der Moderne schlechthin auf den Schultern der Meister lastete, schien weder den Bauhäuslern noch ihren Nacheiferern Zeit für Spass zu bleiben.

Es ist bezeichnend für seine Gegenhaltung, dass der junge Feininger sich weigerte, die berühmten Meister zu porträtieren, obwohl die Agentur Deutscher Photodienst (Dephot), für die er gelegentlich arbeitete, derartiges Material gewünscht hätte. Als er doch einmal den Leiter der Theaterwerkstatt Oskar Schlemmer fotografierte, zeigte die Aufnahme lediglich dessen Hinterkopf – eine Perspektive, die «seinen Lippen einen Schmerzensschrei entriss: Ha-na! Sehe ich *so* aus?»[98] Ein anderes Foto zeigt Schlemmer wie ein Requisit seiner eigenen Bühnenbildnerei, so als sei er selbst eine Maske oder Maschine. Dennoch rühren uns heute diese lebenslustigen Bilder anders an als die kontrollierte Selbstreferenzialität der klassischen Bauhaus-Fotografie, gerade weil sie uns einen anderen Blick auf diese Zeit ermöglichen. Sie bieten sozusagen eine Nahaufnahme. Mitten in der epischen Auseinandersetzung um das Schicksal der Kultur der Moderne, während die Direktoren des Bauhauses, Walter Gropius, Hannes Meyer und Ludwig Mies van der Rohe, um das Überleben der Institution – und auch gegeneinander – kämpften, lässt uns Feininger eine Gruppe junger Studierender sehen, die das Leben geniesst.

Es wäre allerdings zu kurz gegriffen, diese Bilder als Symptom des Eskapismus zu interpretieren, der für die Goldenen Zwanziger Jahre typisch ist. Obwohl die Kamera die institutionelle Ebene des Bauhauses ebenso ausblendet wie seine städtische Umgebung, obwohl sie weder die Junkers-Werke zeigt, die durch den Bau von Flugzeugen und Motoren die wirtschaftliche Basis der Stadt Dessau verkörperten, noch die vielen Arbeitslosen oder die Zeichen der politischen Konflikte, ist die Perspektive keineswegs naiv. Feiningers Fotografien machen deutlich, dass für Künstler seiner Generation, die im frühen 20. Jahrhundert geboren und rasch erwachsen wurden, Studium und Arbeit, Freizeit und Selbstvermarktung, Spass und Professionalität nahtlos miteinander verschmolzen. Die Bilder zeigen, dass die Studierenden gerne feierten, ob mit oder ohne Kostüm. Aber jede noch so heitere Aktivität, sogar ein Fussballspiel in der Mittagspause, wird zugleich inszeniert und dokumentiert, als gelte es, keine Energie zu vergeuden, sondern auch die Freizeit noch in die künstlerische Arbeit einzubinden. Die Fotografien scheinen den Druck zur ständigen Performance, den immaterielle Arbeit und «Kreativindustrie» ein halbes Jahrhundert später ausüben sollten, schon zu erahnen. Das Leben als solches, erzählen uns die Bilder, ist prekär und wird zum Gegenstand der Kunst – ein Rohstoff, bereit gestaltet, vermarktet und konsumiert zu werden.

Ein paar Monate später versiegten die Kredite, die in den 1920er Jahren aus den Vereinigten Staaten nach Deutschland geflossen waren, als die USA nun auch selbst von der wirtschaftlichen Depression getroffen wurde. Die Jazzbands würden bald verstummen. ABB. S.77 Zwar kamen noch immer Architekturstudierende aus den USA ans Bauhaus, angezogen nun vor allem durch Mies van der Rohe als neuen Direktor. Aber Mies – «als Verwalter gab er sich mit einer Law-and-Order-Rolle zufrieden»,[99] wie Feininger schrieb – gelang es nicht, das

Bauhaus zusammenzuhalten. Viele Professoren verliessen Dessau, und das Bauhaus begann zu zerbrechen. Der politische Druck in Deutschland wuchs, die Nationalsozialistische Partei gewann an Macht und zwang das Bauhaus 1932 zu schliessen. Zu dieser Zeit war Lux Feininger bereits nach Paris gezogen, um Maler zu werden und die Fotografie aufzugeben. Die Party war vorbei.

26.I.1929.
3½ p/m.

II

REZESSION UND DISKONTINUITÄT

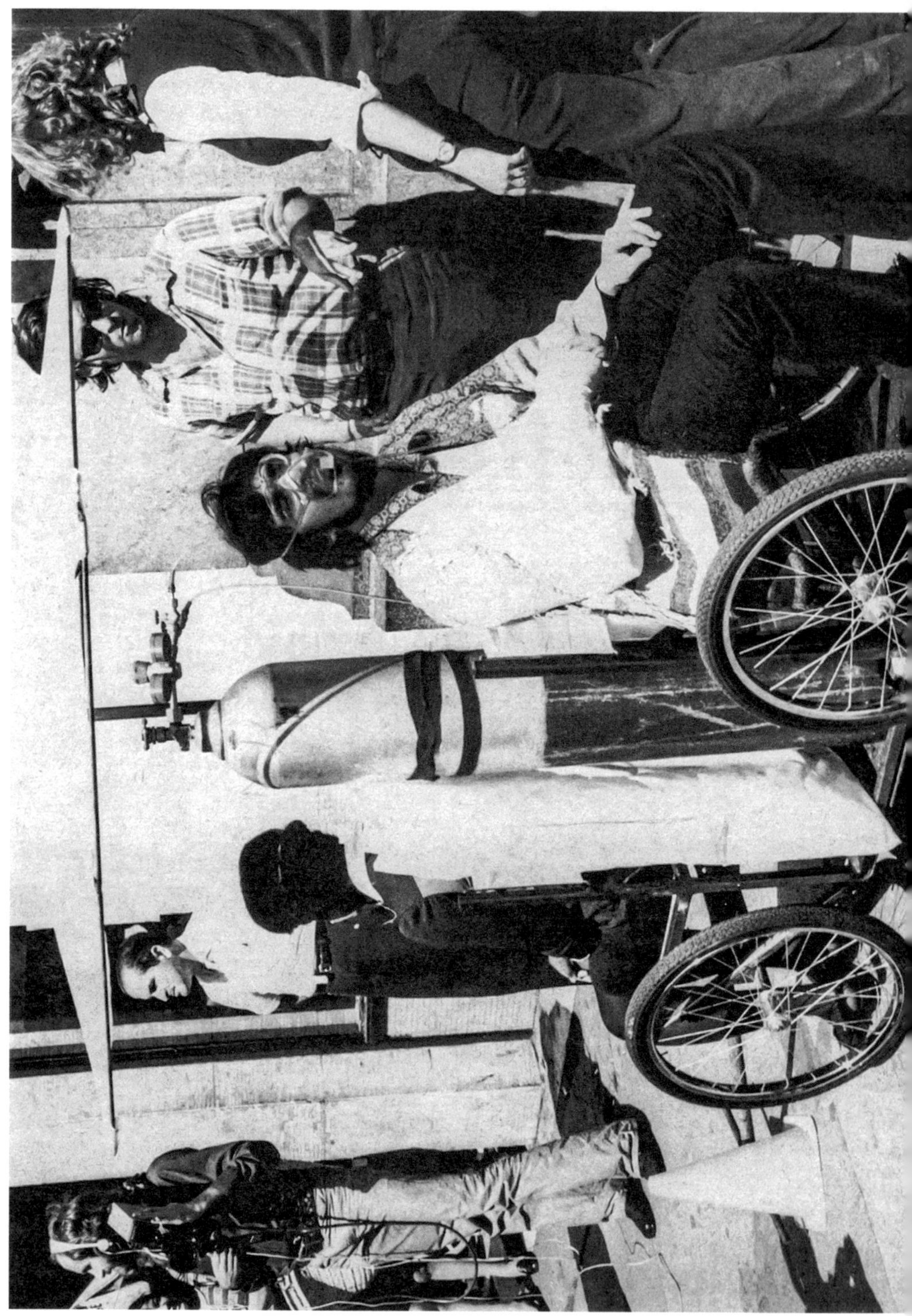

GORDON MATTA-CLARK UND DIE GRENZEN DER ARCHITEKTUR

New York, 9. September 1972

Gordon Matta-Clark, geboren 1943 und in den 1960er Jahren an der Cornell University in Ithaca, New York, zum Architekten ausgebildet, hat in der kurzen Zeitspanne von 1968 bis zu seinem frühen Tod 1978 im Alter von nur 35 Jahren ein Œuvre geschaffen, das ihn zu einer Kultfigur für Architekten, Künstler und Historiker gemacht hat. International bekannt wurde er durch seine Eingriffe in bestehende Gebäude. Das wohl berühmteste ist *Splitting*, ein Vororthaus aus den 1930er Jahren in Englewood, New Jersey, das er 1974 mit einer Motorsäge mittig zerteilte. Er schlug ein keilförmiges Stück der Sockelzone des Hauses weg und senkte eine Haushälfte mittels eines Wagenhebers um einige Grad ab, bis in der Mitte des Gebäudes eine Öffnung klaffte. So liess er das Haus, wie er es in einem Zwischentitel des Super-8-Films *Splitting* (1974) formulierte, «vom Licht spalten». Ein weiteres Hauptwerk ist *Conical Intersect*, ein konischer Schnitt durch zwei Häuser des Quartier du Marais in Paris, die 1975 dem Centre George Pompidou weichen mussten. Matta-Clark schnitt eine Öffnung in sie hinein, so dass, wie er sagte, «Licht und Luft in Räume gelangen, die nicht genug davon haben»,[100] und zugleich die Passanten von der Strasse aus eine Art Teleskopblick auf das herannahende Centre Beaubourg erhalten.

In den letzten Jahren sind mehrere Monografien über Matta-Clark erschienen, und er ist in diversen Ausstellungen präsentiert worden, zuletzt in einer vom Whitney Museum of American Art in New York ausgehenden Retrospektive.[101] Während sie ihn, nicht anders als Jackson Pollock, Andy Warhol oder Robert Smithson, vom historischen Kontext isoliert darstellte und als Autor von spektakulären Werken dem kunsthistorischen Kanon einverleibte, interessiert mich ein Matta-Clark, der lieber Prozesse in Gang setzt als Objekte zu hinterlassen, der zwischen architektonischer und künstlerischer Praxis pendelt und der kollektive, urbane Performances durchführt, deren Werkcharakter und deren Autorschaft offen bleiben. Es ist der Matta-Clark, der Lofts umbaut, mit Film und Video experimentiert, der Sprachspiele spielt, die sich in hunderten von Karteikarten niederschlagen, der spontan handelt und gleichzeitig das eigene Tun reflektiert und sorgfältig dokumentiert. Es ist der Matta-Clark, wie er im Archiv seines Nachlasses lokalisiert werden kann, den seine Witwe Jane Crawford

2002 im Canadian Center for Architecture in Montreal deponiert und damit allgemein zugänglich gemacht hat. Die Platzierung des Archivs in einer architekturhistorischen Institution hat die Rezeption aus architektonischer Perspektive begünstigt. Die schiere Nachbarschaft zu Archiven von Architekten wie Aldo Rossi, Peter Eisenman oder Cedric Price beeinflusst den Blickwinkel der Herangehensweise. Es rückt Fragen wie diejenigen des Urbanismus, der Konstruktion, der kollektiven Autorschaft und des Verhältnisses von Entwurf und Realisierung in den Vordergrund.[102] Matta-Clark selbst sagte einmal, dass er und «professionelle Architekten auf den entgegengesetzten Enden desselben Mastes» sässen.[103] Ich will hier nicht auf die essentialistische Frage eingehen, ob er Künstler oder Architekt war, sondern fragen, welche Rolle er, gerade dank dieser Ambivalenz, innerhalb der Architekturgeschichte spielt und warum er als Figur seit den 1970er Jahren im Gespräch geblieben ist.

Meine Hypothese ist, dass die Rolle Matta-Clarks für die jüngere Architekturgeschichte darin besteht, wie ein Spiegel der Architektur zu funktionieren. Matta-Clark wirkte zwar nicht schulbildend. Es gibt nur sehr wenige Architekten, beispielsweise James Wines, die sich explizit auf sein Werk beziehen. Aber zugleich gibt es seit den 1980er und 1990er Jahren kaum Architekten, die sich nicht für Matta-Clark interessieren. Besonders die Studierenden der Architektur und jüngere Architekten betrachten sein Œuvre als eine Referenz und als eine Art Ersatz einer abwesenden Theorie. Der Grund dafür ist, so meine Behauptung, dass er ihnen die Grenzen ihrer Möglichkeiten – aber damit auch ihren Spielraum – vor Augen führt, indem er diese Grenzen performativ abschreitet und so sichtbar macht und zur Diskussion stellt. Dieses Muster, die Performance des architektonischen Spielfelds, wenn man so will, zieht sich wie ein roter Faden durch sein Œuvre. Die erste Intervention, die er als eigenständiges Kunstwerk betrachtete, entstand 1968, noch während des Architekturstudiums in Cornell. *Rope Bridge*, eine Seilkonstruktion, die er wie eine Brücke über einen der berühmten «gorges», der Wasserfälle in der Nähe des Campus, spannte, war buchstäblich ein Balanceakt über dem Abgrund – kaum eine Arbeit, wie man sie von einem Architekturstudenten erwarten würde.

Und auch als Matta-Clark, nach einem Abstecher in ein Büro für Städtebau, 1970 wieder nach New York zog, verfolgte er das Spiel mit den Rändern der Architektur weiter. In der kollektiven Performance *Tree Dance* (1970) lebte er zusammen mit anderen Performern einen Tag lang in den denkmalgeschützten Bäumen auf dem Campus des Vassar College in Poughkeepsie, New York.

Auch indem er als Baustoff das verwendete, was gerade zur Hand war – oder was eigentlich vom Bauen und Wohnen zurückblieb –, lotete Matta-Clark die Grenzen des Metiers aus. Im Sog der beginnenden Umweltschutzbewegung baute er beispielsweise verschiedene *Garbage Walls*, Recycling-Architekturen aus Müll und Gips, die er mit Performances verband.[104] Auch anlässlich des Brooklyn-Bridge-Events im Mai 1971, bei dem es um die Reaktivierung von vernachlässigten Gebieten in Manhattan ging, errichtete er eine *Garbage Wall* sowie eine Konstruktion aus Autoteilen als eine Art symbolischen Unterstand für Obdachlose. Am letzten Abend des Events bezog er alle Anwesenden mit ein, briet ein Spanferkel und offerierte 500 Sandwiches für Obdachlose und Ausstellungsbesucher gleichermassen. Im September 1971 lancierte er zusammen mit vier Freunden – und dank der Erbschaft, die seine damalige Freundin Carol Goodden gemacht hatte – das Restaurant Food, in dem Künstler kochen und essen konnten. Und im September 1972, kurz nach dem Labor Day, schob er für seine Performance *Fresh Air* zusammen mit Kollegen einen Wagen vor das Treasury Building der Wall Street in New York: ein Hybrid aus Mondmobil, Rollstuhl und Ice-Cream-Wagen. Die Passanten waren eingeladen, Rücken an Rücken auf dem Gefährt Platz zu nehmen, eine Assistentin setzte ihnen eine Atemmaske auf und bot ihnen zur Stärkung nach der Börsenarbeit frische Luft an. ABB. S.80 All diese Performances muten auf den ersten Blick wie spontane Einfälle von Umweltschutzaktivisten an, dabei waren sie genau geplant und sorgfältig durch Film, Video und Fotografien dokumentiert. Im Archiv finden sich Skizzen für die Konstruktion der *Garbage Wall* ebenso wie für den Wagen von *Fresh Air*. Auch der Brief eines Arztes, den Matta-Clark um Rat gefragt hatte, ist erhalten. Dieser riet ihm davon ab, reinen Sauerstoff auszugeben, weil er dadurch «medizinisch tätig» würde und dafür belangt werden könnte. Der Mediziner warnte ihn ausserdem vor übertragbaren Krankheiten und empfahl: «Better forget this project and try to clean the air around us».[105]

Diese frühen, von Matta-Clark oft gar nicht oder nur nachträglich und häufig widersprüchlich betitelten Performances münden in die kollektive, nicht dokumentierte Ausstellung *Anarchitecture*. Es existiert nur eine gedruckte Einladungskarte, die sie für den März 1974 in den Räumen der Künstlerkooperative 112 Greene Street ankündigt, sowie eine Fotostrecke im Magazin *Flash Art*. Auch die mysteriösen Treffen der gleichnamigen Gruppe Anarchitecture, zu der Künstler, Tänzer und Musiker gehörten, darunter Laurie Anderson und Richard Nonas sowie mit Bernard Kirschenbaum auch ein Architekt, sind nur bruchstückhaft dokumentiert. Die Gruppe interessierte sich für eine alternative Auffassung von Architektur, die sich sowohl vom International Style und von der in den USA dominierenden spätmodernistischen Formensprache als auch von der an die klassische Moderne anschliessenden, formalistischen Architektur von Protagonisten wie der New York Five unterschied. Die Gruppenmitglieder interessierten sich für Fragen des kollektiven Wohnens, für die Problematik der anhebenden Gentrifizierung sowie für Möglichkeiten der Wiederverwertung von Material und Raum. Sie fassten architektonischen Raum weniger als Frage von neuen Bauten auf denn als Produkt von fortwährenden Transformationen. Ihre Vorstellung einer «Anarchitecture» war untrennbar mit der Situation von Lower Manhattan verwoben, also jenem Stadtteil, der wie sonst wenige Orte der Veränderung ausgesetzt war.

Im Nachlass Matta-Clarks sind Fotografien archiviert, die bei der Ausstellung der Gruppe 1974 vermutlich ausgestellt waren, dazu hunderte Karteikarten mit Begriffen, Sätzen und Wortspielen, die sich auf die Idee einer Anarchitecture beziehen lassen, sowie einige Briefe von Matta-Clark mit Plänen zum Inhalt. Gemeinsam mit Wendy Owens und Mark Wigley habe ich 2006 in der Ausstellung *Gordon Matta-Clark and Anarchitecture. A Detective Story* an der Columbia University versucht, die Texte und Fotografien zusammenzubringen und das Rätsel dieser legendären Ausstellung zu lösen.[106] Wir konnten die Beziehungen zwischen einzelnen Texten und Bildern rekonstruieren und zeigen, dass die Fotos teils von Matta-Clark selbst aufgenommen und teils von ihm in Pressearchiven gefunden worden waren. Wir konnten nicht eruieren, ob die von ihm ausgewählten Fotos Anlass zu Notizen gewesen oder ob umgekehrt die sprachlichen Überlegungen vorangegangen waren. Aber es scheint, dass er sich besonders für Bilder von dysfunktionaler Architektur, beispielsweise kollabierten Bauten, interessierte. Er wählte Fotos, die das Aufeinanderprallen von Zeitlichkeiten darstellen. Dies ist vergleichbar der Methode, die Walter Benjamin Mitte der 1930er Jahren im Cabinet des Estampes der Pariser Bibliothèque Nationale für die Notizen- und Excerpte-Sammlung zu seinem *Passagen-Werk* anwandte.[107] Benjamin fand dort beispielsweise, wie Steffen Haug nachweisen konnte, eine Fotografie, die zeigt, wie die Bauarbeiter der Métro auf die Fundamente der Bastille stossen. So wie Benjamin den Blick für Anachronismen schärfte, so interessierte sich auch Matta-Clark für die Verschränkung von historischen Epochen, die an der Bausubstanz sichtbar wird.

Matta-Clark hätte die Ausstellung *Anarchitecture*, so legen es seine Aufzeichnungen nahe, gerne erweitert und unter anderem in den eben fertiggestellten Türmen des World Trade Center präsentiert. Aber die Gruppe löste sich bald auf. Wir befragten im Verlauf unserer Ausstellung viele der damaligen Mitglieder in einem Oral-History-Projekt und zeigten ihre Antworten auf Bildschirmen. Ihre Auskünfte waren widersprüchlich, einig waren sie sich nur in der Überzeugung, die Ausstellung sei derart misslungen, dass sie nicht dokumentiert werden sollte. Mit der Zeit wurde uns klar, dass sie uns als Historiker in ihr Spiel einbezogen und uns mit immer neuen Geschichten verwirrten. Bis heute lässt sich nicht eindeutig nachweisen, ob die Ausstellung überhaupt stattgefunden hat.[108]

Ob es die Ausstellung aber nun gab oder nicht, die Verschmelzung von «Anarchie» und «Architektur» und zu «Anarchitecture» bleibt seither wie ein Emblem bestehen, untrennbar verwoben mit dem Werk und Leben von Gordon Matta-Clark. Das Wortspiel ist Teil seiner fast obsessiven Auseinandersetzung mit dem Wort «Architektur». Auf einem seiner Notizblätter beispielsweise verwandelt sich «AntArco Tecture» in «An Arco Tecture», in «Narco Tecture».[109] ABB. S.95 Er transponierte das abstrakte Substantiv in zahllose konkrete Verben, zerlegte das Konzept in Handlungen, die ineinander übergehen. Er hantierte also mit Sprache genau so, wie er in seinen Performances die Idee des Hauses in verschiedene Episoden des Zuhause-Seins zerlegte – vom Kochen und Spülen (*Homesteading. An Exercise in Curbside Survival*, 1970), gemeinsam Zubereiten und Essen (*Food*, 1971–1973), Haareschneiden (*Hair*, 1972) und Zähneputzen (*Clockshower*, 1974) über Ausruhen, jemandem einen Besuch abstatten, Türen öffnen und schliessen (*Open House*, 1972) bis hin zum Kaufen von Grundstücken (*Reality Properties. Fake Estates*, 1973) und dem Umbauen und Abreissen von Gebäuden (*Bingo*, 1974).

Matta-Clarks Sprachspiele sind eines von zahlreichen Indizien dafür, dass der Begriff «Architektur» um 1970 seine Selbstverständlichkeit verloren hatte, was sich auch in der lebhaften Auseinandersetzung zeigt, die um das Wesen der Architektur, um ihren Ort innerhalb der Gesellschaft sowie um die Frage, wie sie zu lehren sei, stattfand. In verschiedenen Architekturschulen, besonders an der University of Texas in Austin und an der Cornell University, veränderte sich ab Ende der 1950er Jahre die in der Beaux-Arts-Tradition des 19. Jahrhunderts wurzelnde Architekturausbildung radikal. Die einflussreichste Figur in diesem Prozess war der aus England stammende Architekt Colin Rowe, der an beiden Universitäten lehrte. Dort prägte er in den 1950er und 1960er Jahren eine Auffassung der Architektur als autonomes, selbstreferenzielles Zeichensystem, das eher durch Form und Struktur als durch historische Prozesse und Typologien zusammenhing. Sein gemeinsam mit dem Maler und Architekturtheoretiker Robert Slutzky geschriebener Essay «Transparency. Literal and Phenomenal», der in zwei Teilen 1963 und 1971 erschien, wurde zum theoretischen Bezugspunkt einer ganzen Generation von jüngeren Architekten. Die Autoren formulierten mit diesem Text eine überzeitliche, strukturelle Grundlage des architektonischen Entwurfs, die es erlaubte, Figuren wie Andrea Palladio und Le Corbusier zu verbinden, um daraus Normen abzuleiten, wie etwa die Idee, dass die innere Funktion von Bauten in ihrem äusseren

Erscheinungsbild sichtbar wird. Der Einfluss von Rowe war in den 1960er Jahren nicht nur in Cornell, sondern auch an der ETH Zürich spürbar, wo er 1967, in der Figur von Bernhard Hoesli, mit zur Gründung des Instituts für Geschichte und Theorie der Architektur führte.[110]

Mit dem von Peter Eisenman im selben Jahr in New York gegründeten Institute for Architecture and Urban Studies entstand eine besonders fruchtbare Konstellation von Architekten und Theoretikern – manifest in der Zeitschrift *Oppositions. A Journal for Ideas and Criticism in Architecture* und in Rem Koolhaas' 1978 erschienenem Buch *Delirious New York. A Retroactive Manifesto for Manhattan*. Motiviert war die Arbeit im Institut von der Überzeugung, dass die teils noch in der Beaux-Arts-Tradition stehenden Architekturschulen den Herausforderungen der Zeit nicht mehr genügten. Die Mitglieder stellten fest, dass die stilgeschichtlich fundierten Theorien, welche die aktuelle Architektur nur aus einer architekturgeschichtlichen Tradition herleiteten, nicht mehr zeitgemäss waren und dass Bedarf bestand, neue zu entwickeln. In der Sprache sahen die Protagonisten gleichsam das Vehikel der Veränderung, indem sich die Erneuerung also über die Linguistik und die Theorien des Poststrukturalismus – über die Auffassung der Welt als System von Zeichen – verwirklichen sollte. Exemplarisch hierfür ist Charles Jencks' Buch *The Language of Post-Modern Architecture*, das 1977 den Begriff der Postmoderne in die Architekturdiskussion einführte.[111] In dieser Zeit, während die modernistischen Theorien allmählich zerfielen, errichteten Eisenman und Koolhaas die Fundamente für ihre eigenen architektonischen Schulen, die sich ab Mitte der 1990er Jahre konsolidierten und bis heute den Diskurs weitgehend dominieren. Aus meiner Perspektive geht es bei diesen beiden Schulen, die weniger an akademische Institutionen als an die Personen der beiden Architekten gebunden sind, allerdings eher um Rhetorik in eigener Sache als um universell anwendbare Theorien der Architektur. Es handelt sich quasi um zwei Diskurs-Monopole, die sich parallel zum wirtschaftsgeschichtlichen Prozess der Globalisierung herausgebildet haben. Sie hängen direkt mit dem ab circa 1995 zu beobachtenden Phänomen der Stararchitektur zusammen, also mit der Aufladung der Architektur durch die Prominenz ihrer Erbauer und mit der Personalisierung von Fragen der Architektur und des Städtebaus im

Zuge eines wachsenden öffentlichen Interesses. Die kontroverse Debatte der Architekturtheorie, die in den 1970er und 1980er Jahren um Begriffe wie «Postmodernismus», «Dekonstruktion», «kritischer Realismus», «Collage» oder «Neo-Marxismus» kreiste, wurde von Theoretikern wie Manfredo Tafuri, Reyner Banham, Charles Jencks, Aldo Rossi, Robert Venturi, Heinrich Klotz, Colin Rowe, Bernard Tschumi, Georges Teyssot, Kenneth Frampton, Henri Lefebvre, Fredric Jameson und Oswald Mathias Ungers getragen. Ab den 1990er Jahren, so möchte ich behaupten, wurde dieser Diskurs vereinfacht und lag in der Hand weniger Protagonisten. Im Sog einer nie dagewesenen Popularität von Architektur absorbierten eine Handvoll Stararchitekten die in Fragmente zerstobene Theorie und verwandelten den kritischen Diskurs zu normativen «Statements».

In diesem Prozess, der den Zeitraum von den frühen 1970er Jahren bis heute umfasst, spielt Gordon Matta-Clark eine Schlüsselrolle, weil er die Brüche und Mängel der damaligen Diskussion spiegelt und jene Bereiche berührt, die jenseits der Grenzen der Architektur liegen. Er verkörpert die Möglichkeit einer «unitary theory» im Sinne Henri Lefebvres, also das Potenzial einer Synthese der disparaten theoretischen Ansätze, die der architektonischen Praxis eine Kohärenz verleihen und ihre Konturen umreissen könnte.[112] Es wäre schön, wenn Peter Eisenman in Cornell sein Lehrer gewesen wäre. Die Geschichte tut uns diesen Gefallen nicht. Aber er hat vor ihm dort studiert, und beide, Matta-Clark und Eisenman, können in einem gewissen Sinne als Produkte von Cornell und Colin Rowes Architekturauffassung begriffen werden. Es erstaunt deshalb nicht, dass Eisenman Matta-Clark einlud, an der Ausstellung *Idea as Model* teilzunehmen, die 1976 in seinem Institut stattfinden sollte. Möglicherweise hatte er sich eine weitere spielerische Referenz an Rowes Idee der «Transparenz»[113] erhofft, wie sie etwa in Matta-Clarks *Window Wash* (1973) und *Bingo* (1974) gelesen werden konnte. Stattdessen sprengte der Ausstellungsbeitrag, eine abermals undokumentierte Performance, die nach seinem Tod als *Window Blow-Out* legendär wurde, wieder alle Grenzen.[114] Matta-Clark montierte Fotografien von Gebäuden mit zerbrochenen Fenstern an die Wände, spielte damit auf die heruntergekommenen Stadtquartiere der Nachbarschaft an, und schoss dann, so wird es kolportiert, mit einem Luftgewehr auf die realen Fensterscheiben des Ausstellungsraums. Für Eisenman war das zu viel der Subversion, und er schloss den Künstler kurzfristig wieder aus der Ausstellung aus. Es wäre das einzige Mal gewesen, dass Matta-Clark zu Lebzeiten in einer Architekturinstitution ausgestellt worden wäre. Er war nun endgültig behaftet mit dem Image des «verlorenen Sohns der Architektur». Als er in einem Interview gefragt wurde, «What about the prodigal son's return?», antwortete er: «I feel far removed from that possibility.»[115]

Auch wenn er die Rolle des verlorenen Sohns gerne spielte – nicht zuletzt, weil er damit die Karriere seines Vaters, des berühmten Surrealisten Roberto Matta noch einmal aufrufen konnte, der zunächst als Architekt bei Le Corbusier gearbeitet hatte, bevor er sich in den 1940er Jahren der Kunst zuwandte –, ging es ihm dabei doch nie um den architektonischen Vatermord.[116] Auf die Frage «Would you cut into or displace sections of a Corbusier Building?» antwortete er: «No. What would be the point. He did the same thing as I am doing now. He took a box and broke it up in ways that were inherently valid, then.»[117] Ohnehin trat damals der Generationenkonflikt, also die Idee, dass die Bedeutung von Architektur in einem kritischen Verhältnis zu ihrer Geschichte fusst, hinter der Konkurrenz zwischen den Zeitgenossen zurück – analog zur Feststellung von Fredric Jameson und anderen Theoretikern, dass das zeitliche Nacheinander an Bedeutung verlor gegenüber dem räumlichen Nebeneinander. Matta-Clarks Sprengkraft beruhte auf seinem Bezug auf die Gegenwart. Er nutzte die künstlerische Freiheit, um die Prozesse der Deindustrialisierung und Deregulierung performativ durchzuspielen, die in Metropolen wie New York vor sich gingen und die letztlich die Ursache für das Auseinanderbrechen der tradierten Architekturtheorien waren. Das, was Anfang der 1970er Jahre einsetzte und erst 25 Jahre später als Beginn der Globalisierung benannt werden sollte, kündigte sich in der städtischen Misere New Yorks an. Indem er die Gewaltsamkeit der Gentrifizierung artikulierte, legte Matta-Clark seinen Finger auf einen Punkt, der Architekten wie Eisenman zutiefst verunsichert haben muss. Er hielt ihnen den Spiegel vor und machte ihnen schmerzhaft bewusst, dass sie unvorbereitet waren, mit der Veränderung der Stadt in der Rezession umzugehen – mit dem Wohnungsproblem, den Problemen der Ökologie, dem «urban blight». Sie waren machtlose Beobachter eines Prozesses, der die Welt veränderte. Sie waren zwar autonom, aber ohne wirklichen Einfluss, verglich man sie mit Immobilienspekulanten wie Donald Trump, der 1975 die Bühne betrat. Mit seinem Entschluss, ein verlassenes Gleisfeld in ein Wohnprojekt zu verwandeln, legte Trump den Grundstein eines Imperiums, in dem die Architektur als autonome Disziplin keine Rolle mehr spielen sollte.[118]

Um 1970 geriet die bestehende Vorstellung von räumlicher und zeitlicher Kontinuität aus den Fugen. Der Glaube an den stetigen ökonomischen und sozialen Fortschritt erlosch ebenso wie der Traum einer fortwährenden räumlichen Expansion, der in den USA mit dem Start des New-Frontiers-Programms der NASA Anfang der 1960er Jahre noch einmal Auftrieb bekommen hatte. Auf dem Feld der Kultur manifestierte sich die Veränderung der räumlichen und zeitlichen Konzepte besonders früh und deutlich. Während Anfang der 1960er Jahre der New Yorker Kunstkritiker Harold Rosenberg die Idee des seit Mitte des 19. Jahrhunderts scheinbar unaufhaltsamen Fortschritts der Kunst noch mit dem Begriff der «Tradition des Neuen» bezeichnet hatte, verlor das Neue am Ende des Jahrzehnts seine Geltung. Robert Smithson brachte die Skepsis gegenüber der Fortschrittsidee durch seine Kunstwerke und Texte auf den Punkt, beispielsweise mittels des Begriffs der Entropie, mit der er die als diskontinuierlich und chaotisch empfundene Gegenwart beschrieb. Die Idee der linearen Entwicklung wurde verdrängt von Motiven des Recyclings und der kristallinen Erstarrung. Für Regisseure wie Jean-Luc Godard wich die kohärente Erzählung der Montage von diskontinuierlichen Momenten, welche die räumliche und zeitliche Ordnung unterwanderten. Thomas Pynchon schilderte in seinem 1973 erschienenen Roman *Gravity's Rainbow* das Szenario einer Zeitlichkeit jenseits der Geschichte. Jean-François Lyotard entwarf in seinem Buch *Économie libidinale* den Ansatz einer topologischen Räumlichkeit, welche die traditionellen Unterscheidungen von Innen und Aussen ebenso negierte wie die zeitlichen Vorstellungen eines Vorher und Nachher.[119] Henri Lefebvre schliesslich suchte in seinem Buch *La Production de l'espace* nach einer Möglichkeit, diese Diskontinuität mithilfe der Marx'schen Theorien theoretisch zu fassen.[120] In den Projekten Eisenmans, vor allem in seiner Auseinandersetzung mit dem Diagramm, sowie in den Entwürfen mancher seiner Zeitgenossen (etwa Richard Meier) war diese Diskontinuität sehr wohl artikuliert. Aber sie spielte sich entweder als Konzept auf dem weissen Papier ab oder wurde in wenigen, sehr exklusiven Einfamilienhäusern weit entfernt von den urbanen Zentren verwirklicht. Solche Bauten – in den 1980er Jahren wurden sie als «dekonstruktivistische Architektur» bezeichnet – blieben ohne Bezug auf die sich verändernde städtische Umgebung. Sie mutierten, wie Dan Graham 1978 über Frank Gehrys Haus in Santa Monica polemisch schrieb, zum Formalismus, zum «modischen, ökologischen Look im Stil von Matta-Clark».[121]

Matta-Clark hingegen griff buchstäblich ins Papier ein, so etwa in seinen Zeichnungen, die aus ganzen Papierstapeln bestanden, aus denen er geometrische Formen herausschnitt. Für ihn war die kategoriale Trennung von Plan und Realisierung, Idee und Wirklichkeit, von Konzept und Ereignis oder Individuum und Umwelt mitverantwortlich für das, was er als Aporie der Architektur empfand. Er wollte die durch die Ökonomie der Repräsentation bedingte Distanzierung aufheben und das Disparate verbinden. Mehr als eine historizistische Architekturgeschichte interessierte ihn das Aufeinanderprallen von historischen Ebenen im Sinne von Anachronismen: Darstellungsformen etwa, die zeigen, wie sich in Gebäuden die Spuren der Bewohnerbiografien mit der Gegenwart verkeilen – man denke nur an seine Gebäudeschnitte *Bronx Floors* (1973) oder *Conical Intersect* (1975). Raum war für ihn kein abstraktes, leeres Medium, sondern ein Produkt von zahllosen konkreten Momenten. «Moment to Moment – Space» notierte er auf einem Karteikärtchen.[122] Und in einem Interview bezeichnete er seine Methode, die vom Kleinsten zum Grössten führt und den sozialen Kontext stets mit einbezieht, in Anlehnung an Benjamin als «Marxistische Hermeneutik».[123] Die pragmatischen, tätigen Individuen waren ihm wichtiger als die abstrakte Kategorie. Emblematisch für seine Kritik an der Abstraktion als solche ist eine weitere Karteikarte, auf der er notierte: «Not the Work – The Worker».[124]

Die Rezeption von Matta-Clarks Kunst geschah lange unter Aspekten der Gewalt, der Dekonstruktion und der Zerstörung.[125] Mittlerweile ist sein Beitrag zum Aufbau und zur Synthese ins Zentrum der Betrachtung gerückt. Destruktion und Konstruktion bedingen sich in seinem Œuvre gegenseitig. Matta-Clark trägt manche der Züge, die Walter Benjamin in seiner Textsammlung «Denkbilder» als «destruktiven Charakter» beschrieb:

> Der destruktive Charakter kennt nur eine Parole: Platz schaffen; nur eine Tätigkeit: räumen. Sein Bedürfnis nach frischer Luft und freiem Raum ist stärker als jeder Hass. [...] Dem destruktiven Charakter schwebt kein Bild vor. [...] Der destruktive Charakter tut seine Arbeit, er vermeidet nur schöpferische. So wie der Schöpfer Einsamkeit sich sucht, muss der Zerstörende fortwährend sich mit Leuten, mit Zeugen seiner Wirksamkeit umgeben. [...] Der destruktive Charakter steht in der Front der Traditionalisten. [...] Der destruktive Charakter hat das Bewusstsein des historischen Menschen, dessen Grundaffekt ein unbezwingliches Misstrauen in den Gang der Dinge und die Bereitwilligkeit ist, mit der er jederzeit davon Notiz nimmt, dass alles schief gehen kann.[126]

Platz zu schaffen war in der Tat ein Leitmotiv von Matta-Clarks Projekten – nicht, um eine Tabula rasa für seine Kunst bereitzustellen, nicht für einen radikalen Neubeginn im Sinne der modernen Avantgardebewegungen, sondern um sich selbst und den Menschen seiner Umgebung mehr Spielraum zu verschaffen. So wie Benjamins «destruktiver Charakter» im Kontext des politischen Drucks der frühen 1930er Jahre gesehen werden muss, vor dem Hintergrund einer sich anbahnenden radikalen Zerstörung, so kann Matta-Clarks Œuvre im Kontext der beginnenden Globalisierung verstanden werden und damit vor dem Hintergrund der Kräfte, die mit der Deregulierung der 1970er Jahre freigesetzt wurden. Sein Vorgehen ist konstruktiv in dem Sinne, dass es sich nie mit der Analyse und Beschreibung der Phänomene begnügt, sondern unmittelbar zur Tat schreitet. Und so wie Benjamins Plädoyer für Geschichte davon motiviert ist, dass diese das Potenzial einer kritischen Revision der Gegenwart enthält, so fusst auch Matta-Clarks Interesse für die materiellen Zeugen der Alltagsgeschichte des Wohnens und Arbeitens in der Sorge um die Entwicklungen seiner unmittelbaren Umgebung und gleichzeitig in der Überzeugung, diese beeinflussen zu können.

ANT ARCO TECTURE
AN " "
A - " '
"
NARCO TECTURE

AN - CŌ - TECTURE
ANT CO - TECT - OR
A - CHE - O - TECT - CHURE

ARC O TECTURE
NARC " "
PARK " "
MOC " "
HACK " "
LARK " "
BARC " "
TOTOC " — =
L'ANC " "
L'INX ' '
ROC " "
EPI — TECTURE
END " "
ENDIM " "
ENZIMA — TECXTURÉ
INC A TECTURE

NTIFIC
ABLES.

(*) SOMEWHERE OUTSIDE THE LAW

II YOU ARE THE MEASURE

III A ROCKING CHAIR ESTATE

VERWERFUNGS-
LINIEN:
PETER
EISENMAN
UND
DIE RÄUME
DER
GLOBALISIERUNG

Luftansicht von Nordosten

Zwei Jahrzehnte lang hatte Peter Eisenman als führender Theoretiker der dekonstruktivistischen Architektur gegolten, der nur sporadisch und dann im Massstab von kleinen, experimentellen Einfamilienhäusern baute. Erst im Jahr 1989 erhielt er mit dem Greater Columbus Convention Center in Columbus, Ohio, seinen ersten Grossauftrag. ABB. S.96 Der Zeitpunkt war nicht zufällig. Bereits mit dem Sozialwohnungsprojekt am Checkpoint Charlie im Rahmen der *Internationalen Bauausstellung (IBA)* 1987 in Berlin und dem Wexner Center for the Visual Arts and Fine Arts Library (1989) auf dem Campus der Ohio State University in Columbus hatte Eisenman bewiesen, dass er in der Lage war, auch grössere Projekte zu bewältigen. Zugleich wuchs bei Kommunen und privaten Auftraggebern das Bewusstsein, dass sie «Signature Buildings» berühmter Architekten für ihr Marketing nutzen konnten. Auch den Behörden von Columbus ging es darum, ihre ökonomisch ins Hintertreffen geratene Stadt – die nächsten Drehkreuze grosser Fluggesellschaften sind in Cleveland und Cincinnati – wieder auf die Landkarte zu bringen. Zum 500. Jubiläum der Entdeckung Amerikas durch Kolumbus planten sie neben der ersten internationalen Blumen- und Gartenausstellung in den USA, der *Ameriflora* (1992), auch eine Erneuerung des Stadtbildes, darunter als ehrgeizigstes Projekt die Errichtung eines Kongresszentrums für 400 Millionen Dollar. Eisenmans Projekt erfüllte seinen Zweck. Es erzeugte eine stetig zunehmende Nachfrage, wurde bereits Ende der 1990er Jahre erweitert und renoviert und gilt heute als eines der Wahrzeichen der Stadt.

Das Convention Center, das Eisenman in enger Zusammenarbeit mit Dan Graveline, dem Direktor des Georgia World Congress Center in Atlanta, sowie dem lokalen Architekten Richard Trott geplant hatte, wurde sehr zügig realisiert. Schon 1993 war es fertiggestellt und übertrumpfte in seiner Wirkung auch das erste Grossprojekt von Frank Gehry, die zur selben Zeit geplante, aber erst 2003 eröffnete Disney Hall in Los Angeles. Das Convention Center in Columbus markierte Eisenmans endgültigen Durchbruch als internationaler Stararchitekt und eröffnete ein neues Kapitel in seinem Werk. Stärker als bei seinen frühen Projekten, beispielsweise dem House I in Princeton (1968), stärker auch als in den Projekten der 1980er Jahre, die einer autonomen, formalistischen Logik gehorchten, berücksichtigte Eisenman für das Convention Center äussere Bedingungen. Die Form ist nicht aus einem strukturellen Konzept oder aus einer Lektüre der Architekturgeschichte als Zeichensystem heraus generiert, sondern sie ist in erster Linie eine Reaktion auf die konkrete, gebaute Umgebung. Das Kongresszentrum reagiert auf den Fluss der nahen Autobahn wie auf die Richtung der Eisenbahnlinie. Das grosse Volumen mit Konferenzsälen und Messeflächen wird nicht als starre Box gestaltet, sondern als biegsame Hülle, die in Bewegung zu sein scheint. Es ist ein Bündel von gekurvten Linien, in denen das Tempo und die Dimensionen urbaner Infrastrukturen spürbar bleiben. Obwohl sie nichts direkt abbilden, evozieren die Formen doch die Ströme von Menschen und Waren, deren Transport und Vertrieb. Sie sind gestaucht, gebogen, verschachtelt, gefaltet, zerschnitten und wieder verschmolzen. Die zur Strasse gewandten Fronten – wenn dieser Begriff hier überhaupt trägt – sind in eine Reihe von kleineren, blinden Fassaden aufgebrochen, die auf die kleinteiligen Stirnseiten der gegenüberliegenden Geschäfte und Lagerhäuser reagieren. Zusätzlich unterstrichen wird diese Strukturierung durch die unterschiedlichen Farben der Bauteile: Rosa, Blau und Gelb.

Seine ikonische Wirkung entfaltet das Convention Center vor allem in Aufnahmen aus der Vogelperspektive. Sie zeigen die «fünfte Fassade»:[127] eine in verschiedenen Farben gehaltene Dachlandschaft, die sich als eigentliche Hauptansicht des Baus vom kleinteiligen Grund der Umgebung als Figur abhebt. Dieser Perspektive verdankt das Projekt auch seine Stellung in der Geschichte innerhalb einer Entwicklungslinie, die gelegentlich als «topologische Architektur» bezeichnet wird. Geprägt wurde der Begriff unter anderem von Greg Lynn, lange Zeit ein enger Mitarbeiter Eisenmans. Zwei von Lynns bekanntesten utopischen Projekten, der Stranded Sears Tower (1992) und das Embryological House (ab 1997), stützen sich auf die Geometrie des Convention Center. Noch in den 1970er Jahren drehte sich Lynn zufolge der architekturtheoretische Diskurs um die Darstellung von Diskontinuität, Fragmentierung und Heterogenität, wofür Architekten wie Eisenman, Gehry, Daniel Libeskind und Rem Koolhaas ein Formenvokabular der Inkongruenz und Gegensätzlichkeit geschaffen hatten. In den frühen 1990er Jahren hingegen sieht Lynn diese Komplexität in eine glattere Formensprache verwandelt: Die dekonstruktivistische Architektur der 1970er und 1980er Jahre mündete in die Faltungen und Kurven dessen, was er als topologische Architektur bezeichnet. Dabei ginge es nicht um die Darstellung von Einheitlichkeit, wie er sie reaktionären und neoklassischen Ansätzen zurechnet. Anstatt sie zu verschleiern, artikuliere die topologische Architektur bestehende Widersprüche:

> Smoothing does not eradicate differences but incorporates free intensities through fluid tactics of mixing and blending. Smooth mixtures are not homogeneous and therefore cannot be reduced. [...] For the first time perhaps, complexity might be aligned with neither unity nor contradiction but with smooth, pliant mixture.[128]

Für Lynn verkörpert Eisenmans Convention Center diese glatte und dadurch irreduzible Mischung der Formen. Er betont, dass diejenigen Projekte, die diese «Biegsamkeit» (pliancy) am überzeugendsten vorführen, von Architekten stammen, die in den 1970er und 1980er Jahren mit dem Konzept der Dekonstruktion gearbeitet hatten.

> Deconstructivism theorised the world as a site of differences in order that architecture could represent these contradictions in form. This contradictory logic is beginning to soften in order to exploit more fully the particularities of urban and cultural contexts. This is a reasonable transition, as the Deconstructivists originate their projects with the internal discontinuities they uncovered within buildings and sites. These same architects are beginning to employ urban strategies which exploit discontinuities, not by representing them in formal collisions, but by affiliating them with one another through continuous flexible systems.[129]

Lynn beschreibt, wie Eisenmans Convention Center, in dem sich die Linien der Verkehrsflüsse mit der orthogonalen Struktur der Säle überlagern, in der Umgebung zu verschwinden und so gleichsam in seinen Kontext einzutauchen scheint. Er vergleicht den Bau mit den Diagrammen des Katastrophentheoretikers René Thom – extrem verformbaren Geometrien, die sich den Gegebenheiten elastisch anpassen. In Lynns Worten: «These geometries bend and stabilize with viscosity under pressure. Where one would expect that an architect looking at catastrophes would be interested in conflicts, ironically, architects are finding new forms of dynamic stability in these diagrams.»[130]

ÖKONOMISCHER DRUCK

Die Biegsamkeit, die schmiegsame Anpassungsfähigkeit dieser Geometrien interessiert mich aus heutiger Perspektive weniger unter dem Aspekt der Katastrophen- oder Chaostheorie als unter dem Aspekt der Globalisierung. Dieser Begriff war Anfang der 1990er Jahren noch nicht geläufig, und der damals verwendete Terminus «Spätkapitalismus» meint nicht dasselbe. Im Rückblick interessiert es mich zu fragen, wie die Architektur auf neuartige ökonomische und soziale Kräfte reagierte, wie sie die Ströme von Kapital, Waren und Informationen, die Migration von Arbeitern und die fortwährende Umwälzung von ökonomischen und politischen Institutionen räumlich artikulierte. Es interessiert mich zu fragen, wie sich ökonomische Veränderung mittels architektonischer Räumlichkeit wahrnehmen lassen, bevor diese durch Begriffe theoretisch erfasst wurden. Mich interessiert, wie ihre veränderte Räumlichkeit zusammenhängt mit der Wandlung der Produktionsbedingungen – und damit meine ich nicht Computer Aided Design und computergesteuerte Werkzeuge, die es Mitte der 1990er Jahre ermöglichten, tatsächlich nahezu nahtlose Oberflächen zu produzieren, wie sie zuerst in Gehrys Guggenheim Museum in Bilbao zu sehen waren. Vielmehr interessiert mich, wie die Gestaltung von Räumlichkeit mit tiefgreifenden Veränderungen der Weltwirtschaft zusammenhängt, so etwa mit der Standardisierung des internationalen Frachtverkehrs durch Container und Computer ab den späten 1960er Jahren – eine logistische Innovation, die Transportkosten vernachlässigbar machte und es so internationalen Konzernen ermöglichte, die Produktion von Konsumgütern in Länder mit weit niedrigeren Lohnkosten zu verlagern.[131]

Die meisten Theoretiker setzen der Beginn der Globalisierung in der Zeit der frühen 1970er Jahre an. Der Kapitalismus stand bereits «in voller Blüte», schreiben Luc Boltanski und Ève Chiapello in ihrem Buch *Der neue Geist des Kapitalismus* und zeigen, dass nun Investitionen mit besonders hohen Profitraten möglich waren, während Finanzdienstleister eine fast uneingeschränkte Handlungsfreiheit genossen, multinationale Unternehmen expandierten, die Regulierung durch die Staaten zurückging und die Arbeit flexibilisiert wurde.[132] Ausgangspunkt der Untersuchung von Boltanski und Chiapello ist ihre Feststellung, dass die Kritik, die 1968 in ihrem Zenit stand, «Ende der 70er Jahre plötzlich von der Bildfläche verschwand und einem Kapitalismus, der sich neu formierte, fast zwei Jahrzehnte lang das Feld überlassen [...] hat.»[133]

In der Welt der Architektur gibt es eine vergleichbare Entwicklung. Während der wirtschaftlichen Rezession der 1970er Jahre musste die avancierte Architektur in den USA das Feld Immobilienentwicklern vom Schlage eines John Portman oder Donald Trump überlassen, die über die Mittel verfügten, im grossen Massstab Neubauten zu realisieren und so von der Deindustrialisierung zu profitieren. Die Protagonisten der Architektur zogen sich zumindest vorübergehend auf das Feld der Theorie zurück. Als sie in den 1990er Jahren im Sog der Globalisierung als Stararchitekten neu geboren wurden, führten sie nun ihr theoretisches Engagement weiter und verdrängten dabei die autonome Architekturkritik: Statements von Stararchitekten haben den Diskurs inzwischen weitgehend absorbiert, übergreifende Theorien sind der Beschäftigung mit einzelnen Gegenständen gewichen. Die globalwirtschaftliche Entwicklung, die Corporate Architecture (d. h. die formal konventionelle, international austauschbare Architektur, wie sie von grossen Firmen, Hotelketten und Immobilienunternehmen favorisiert wird) und die Stararchitektur (die sich durch Singularität, ikonische Wirkung und wiederkennbare Autorschaft auszeichnet) sind, wie es scheint, nicht gemeinsam verhandelbar. So untersucht beispielsweise Keller Easterling in ihrem Buch *Enduring Innocence. Global Architecture and Its Political Masquerades* zwar sehr präzise den Wandel der räumlichen Logik, der die Globalisierungsprozesse seit den 1990er Jahren begleitet hat.[134] Sie zeigt eindrücklich, dass die dynamischsten Veränderungen in unsichtbaren Bereichen – Freihandelszonen, Inseln, Containeranlagen etc. – vor sich gehen. Sie umreisst die Eigenschaften der globalisierten Räume anhand von Begriffen wie Weichheit, Flachheit, Elastizität und legt den Grund für die Auseinandersetzung mit Fragen der Infrastruktur. Und doch bringt sie diese Phänomene nicht in Zusammenhang mit der Corporate Architecture oder der Stararchitektur. Der Name Eisenman fällt in ihrem Buch ebenso wenig, wie er umgekehrt die Dynamik der globalisierten Wirtschaft erwähnt. Was die topologische Räumlichkeit formal impliziert – nämlich das Wegfallen der Unterteilungen und das Verweben der Bereiche –, gilt, wie es scheint, für den architektonischen Diskurs nicht.

Robert Somol gehört zu den wenigen Theoretikern, die Koolhaas und Eisenman vergleichend betrachten, und interpretiert das diagrammatische Arbeiten der beiden als generelle Möglichkeit, gesellschaftliche mit rein architektonischen Anliegen zu verbinden.[135] Mich interessiert dieser Vergleich vor allem im Hinblick darauf, wie die Projekte der beiden Architekten in den 1990er Jahren das Phänomen der Globalisierung artikulierten. Denn wie für Eisenman begründete auch für Koolhaas ein Grossauftrag ein neues Kapitel seiner Laufbahn – ein Projekt, das in seinem Fall allerdings nie realisiert werden sollte. Der Erbe des Seagram-Imperiums, Edgar Bronfman, Jr., beauftragte ihn 1995 damit, ein Konzept für das Hauptquartier der Filmstudios und Themenparks von Universal in Los Angeles zu entwickeln. Bronfman hatte gerade den Spirituosenkonzern Seagram mit dem Unterhaltungskonzern Universal verbunden und damit eine jener spektakulären Fusionen vollzogen, wie sie für die globalisierte Wirtschaft charakteristisch sind. Im Laufe der Bauplanung allerdings veränderte der Konzern fortwährend sein Gesicht, seine Struktur und seine Ressourcen; die Realisierung wurde immer wieder aufgeschoben. Im Jahre 2000 schliesslich wurde Seagram/Universal, finanziell angeschlagen, von dem französischen Konsortium Vivendi gekauft, welches seinerseits nach kurzer Zeit umstrukturiert und zu Vivendi Universal umbenannt wurde. Seither ist das Projekt, wie es in Koolhaas' Buch *Content* lapidar heisst, «on hold, indefinitely».[136] Aber gerade diese Schwierigkeit der Realisierung war für Koolhaas das erste Anzeichen einer grundlegenden Veränderung der Architektur:

> Universal became the first warning of a fundamental change in architecture, a progressive evaporation of a project's feasibility simply because the company was mutating as fast as a virus, at a pace that no architecture could hope to maintain. There was a conflict between the slowness of architecture and the volatility of the market.[137]

Ganz ähnlich äusserte sich 1993 auch Eisenman und betonte ebenfalls den engen Zusammenhang zwischen der Architektur und den Bedingungen, die sie vorfindet:

> I think that the convention centre will be the monument of today. Every city is going to have one. It's the way people are going to meet, the way business is going to be done and we had better find a way to solve the problem of monuments and the need for them today. I think it's very different from the need in the 19th century or the 15th century for a monument.[138]

In einem Interview machte er deutlich, dass es mit dem Columbus Convention Center zwar darum ging, ein Gebäude mit grossem symbolischen Gehalt zu errichten, nicht aber mit der traditionellen monumentalen Struktur:

> We didn't want a single, unified, classically-proportioned building that would stand apart from its surroundings. [...] Instead we wanted to create a new kind of monumental building, one which was broken down into parts, that tried to be like the very fabric of the city, that would integrate itself with the town but that would also, at the same time, be different. We tried to devise a new iconography, one which looks to movement and dynamism rather than to stability and stasis. The Convention Center is about the idea of an event. It's something that is in a kind of stop action. In other words, it's caught in a moment in time, in its growth, in its evolution.[139]

Eisenmans Idee, dass es sich beim Convention Center nicht um eine rein funktionale Aufgabe handelt, die am besten einem Immobilienentwickler ohne ästhetische Ambitionen überlassen wird, sondern um ein Monument für die eigene Gegenwart, ist für meine Argumentation hilfreich. Gerade aufgrund seiner inneren Widersprüchlichkeit ist das Kongresszentrum, das in den letzten Jahren im Schatten der neuen Museen und Konzerthäuser anderer Stararchitekten stand, auch für die aktuelle Diskussion erneut von Belang. Und gerade weil es innerhalb der globalisierten Wirtschaft einen Ort darstellt, an dem immaterieller Datentransfer und materieller Transport von Waren und Menschen sich überlagern, ist es ein geeigneter Gegenstand, um die Architektur der Globalisierung zu untersuchen.

DESORIENTIERUNG

Als das Convention Center 1993 eröffnet wurde, waren die Meinungen gespalten. Eisenmans zentrale Herausforderung, die riesigen Ausmasse des Baus in ein menschliches Mass zu überführen – «humanizing the scale of this gigantic building»[140] –, hielten viele Beobachter für missglückt. Unmittelbar vor und in dem Gebäude sind, so die Meinung vieler Kritiker, die Intentionen Eisenmans nur partiell erlebbar. Der Architekturhistoriker Elwin Robison sprach für viele, als er schrieb: «Some things can only be learned by building, experiencing, and receiving feedback from occupants. Eisenman's career has skipped this step, and it shows.»[141] Im Inneren sollten laut Eisenman die Muster von Teppichen sowie unterschiedliche Farben und Wandbemalungen die Orientierung erleichtern. Trotzdem bemängelten Kritiker, dass die Besucher gerade dort völlig desorientiert seien, dass sie rechts und links, oben und unten nicht mehr unterscheiden könnten und Ekelgefühle erlebten. Zur Bekräftigung ihrer Kritik erinnerten sie an die Anekdote, wie der Besitzer von Eisenmans House VI sich ein Bein brach, als er in eine der konzeptuell bedingten Aussparungen stürzte. In einem unveröffentlichten Vortrag in Zürich kurz nach Eröffnung des Convention Center betonte Eisenman, wie ich mich erinnern kann, dass es ihm gerade um diese Desorientierung gegangen sei, um die Aufhebung der räumlichen Ordnung und Gewohnheiten, um die Destabilisierung der Besucher. Er nahm damit ein Motiv vorweg, das später in seiner kommemorativen Architektur Eingang fand, und zwar als Mittel, die Besucher körperlich und emotional zu involvieren. So ist es legitim anzunehmen, dass er bereits beim Convention Center, das er als Monument der eigenen Gegenwart bezeichnet, die Möglichkeiten des architektonischen Raums, die Benutzer emotional anzurühren, im Auge hatte, wie er sie später im Denkmal für die ermordeten Juden Europas in Berlin erfolgreich umsetzte. Und auch Daniel Libeskind ging es im Jüdischen Museum in Berlin sowie im Imperial War Museum North in Manchester explizit darum, die Besucher räumlich zu desorientieren und damit emotional zu aktivieren. Im Fall des Columbus Convention Center gab es durchaus auch Kritiker, die diese Desorientierung lobten. Und selbst Robison gestand ein, dass es ein Genuss sei, den Raum kontinuierlich zu durchschreiten, die zentrale Achse entlangzugehen, die Rolltreppen hinab- und hinaufzufahren und sich diesem Schwindelgefühl auszusetzen.

Die Erfahrung der Desorientierung ist charakteristisch für jede Art von neuem Raumerlebnis. So wie die englischen Reisenden im 19. Jahrhundert die Begegnung mit den Hochalpen als etwas Erhabenes erfuhren, so gehört das Schwindelgefühl auch zu den Erfahrungen, die manche Beobachter angesichts der Phänomene der Globalisierung machen. Wie sehr diese Empfindungen sich auch in Architektur niederschlagen können, zeigt beispielhaft das Erlebnis, das Fredric Jameson Ende der 1970er Jahre im Atrium des Westin Bonaventure Hotel in Los Angeles hatte und das er im Rückblick zum Auslöser seiner Theorie der Postmoderne stilisierte. ABB. S.115 Es war eines der ersten Hotels des bereits erwähnten John Portman, eines Architekten, Immobilienentwicklers und Financiers aus Atlanta, der durch zahlreiche Hotelbauten, vor allem für den Hyatt-Konzern, bekannt wurde. Die Atrien dieser Hotels sind symbolisch für eine neue Art von Räumlichkeit. Die Zimmer sind über Galerien erschlossen, von denen sich der Blick über das Atrium öffnet. Die Aufzüge sind nicht wie üblich verborgen, sondern zur Schau gestellt und vom Atrium aus sichtbar. Sie sind verglast, so dass die Gäste von ihnen aus den Blick ins Atrium geniessen können, während sie selbst in den Aufzügen gesehen werden. Das gesamte Innere gleicht einem innerstädtischen Platz, der von ständiger Bewegung animiert ist. Jamesons Text ist eine der zentralen Passagen seines Buches *Postmodernism; or, The Cultural Logic of Late Capitalism* (1991). Das Westin Bonaventure war für ihn ein schlagendes Beispiel dafür, wie der postmodernistische Raum das Subjekt überforderte:

> I am more at loss when it comes to conveying the thing itself, the experience of space you undergo when you step [...] into the lobby or atrium. [...] I am tempted to say that such space makes it impossible for us to use the language of volume or volumes any longer, since these are impossible to seize. Hanging streamers indeed suffuse this empty space in such a way as to distract systematically and deliberately from whatever form it might be supposed to have, while a constant busyness gives the feeling that emptiness is here absolutely packed, that it is an element within which you yourself are immersed, without any of that distance that formerly enabled the perception of perspective or volume. You are in this hyperspace up to your eyes and your body.[142]

Für Jameson war diese Immersion charakteristisch für die neue, postmoderne Räumlichkeit. Die verglasten, weithin sichtbaren Aufzüge empfand er als emblematisch dafür, dass der Raum nicht mehr flanierend durchschritten werden konnte, sondern dass die Subjekte sich transportieren liessen. Er bezeichnete das Erlebnis als «milling confusion, something like the vengeance this space takes on those who still seek to walk through it».[143] In der Lobby verliere man völlig die Orientierung, es wimmle von Hinweistafeln und Pfeilen, die eine ältere, durch Koordinaten strukturierte Räumlichkeit suggerierten, ohne sie einzulösen. Der postmoderne «Hyperspace» hebe die menschliche Orientierung auf, schreibt Jameson und definiert so mit diesem Superlativ schon einige Jahre vor der Einführung des Internet eine neue Art von Räumlichkeit. Obwohl er den Begriff des Erhabenen nicht nennt, ist die Konfrontation des menschlichen Subjekts mit einer Dimension, welche die Sinne überwältigt und die Kategorien überfordert, durchaus in der Tradition des Sublimen zu sehen.

> Postmodern hyperspace has finally succeeded in transcending the capacities of the individual human body to locate itself, to organize its immediate surroundings perceptually, and cognitively to map its position in a mapable external world. It may now be suggested that this alarming disjunction point between the body and its built environment [...] can itself stand as the symbol and analogon of that even sharper dilemma which is the incapacity of our minds, at least at present, to map the great global multinational and decentered communicational networks in which we find ourselves caught as individual subjects.[144]

EWIGE GEGENWART

Jamesons Theorie zur postmodernen Räumlichkeit findet eine Fortsetzung in den Vorstellungen, die im Buch *Empire* (2000) von Antonio Negri und Jamesons Schüler und Kollegen Michael Hardt beschrieben werden. Die Autoren entwerfen darin das Szenario einer Entwicklung des Kapitalismus nach dem Ende des Kalten Krieges und unter den Prämissen der «neuen Weltordnung», die der amerikanische Präsident George H.W. Bush zu Beginn der 1990er Jahre proklamierte. Hardt und Negri interessieren sich für die Frage, wie die Herrschaft des Kapitals in einer Zeit funktionieren wird, in der die Macht von Nationalstaaten zu transnationalen Strukturen übergeht und in der die von Gilles Deleuze theoretisierte Kontrollgesellschaft alle Bereiche des Lebens durchdrungen haben wird. Was schon Jameson für die Postmoderne diagnostizierte, nämlich die Veränderung des Raums hin zu einer «tiefenlosen» Oberfläche, die eine (kritische) Distanz unmöglich mache, gilt für Hardt und Negri auch im «Empire»: Es gibt kein Aussen mehr. Sie skizzieren die Umrisse eines weltumspannenden Reichs, in dem ewige Gegenwart herrscht. Im Unterschied zum Imperialismus des 19. Jahrhunderts, als einzelne Nationalstaaten ihre Territorien in Konkurrenz zueinander ausdehnten, ist das Empire ihrer Darstellung eine neue Weltordnung, welche «die Geschichte vollständig suspendiert und dadurch die bestehende Lage der Dinge für die Ewigkeit festschreibt».[145] Sie sprechen von einer «geglätteten Welt»[146] sowie davon, dass das Empire den Raum in seiner Totalität vollständig umfasse und keine territorialen Grenzziehungen kenne. In ihren Worten: «Das Empire stellt [...] seine Herrschaft nicht als vergängliches Moment im Verlauf der Geschichte dar, sondern als Regime ohne zeitliche Begrenzung und in diesem Sinn außerhalb oder am Ende der Geschichte.» Und: «Aus der Perspektive des Empire ist alles so, wie es immer sein wird und wie es immer schon sein sollte.»[147] Diese Feststellung lässt sich auch auf strukturelle Eigenheiten der Kunst und Architektur seit den 1990er Jahren übertragen. So ist beispielsweise der Loop, also der stetig wiederkehrende Ablauf, charakteristisch für viele neuere Videoinstallationen. Ebenso ist das Möbiusband ein beliebter Ausgangspunkt des architektonischen Entwurfs, etwa im Möbius House von UNStudio (Ben van Berkel und Caroline Bos) (1998),[148] im Yokohama International Port Terminal von Foreign Office Architects (2002) und im Mercedes-Benz Museum in Stuttgart von UNStudio (2006).

Eisenmans Interesse für das Möbiusband zeigt sich in seinem nicht realisierten Projekt für das Max-Reinhardt-Haus in Berlin (1992). Bereits in den 1960er Jahren formulierte Eisenman die Idee, dass die Geschichte nach dem Holocaust an ihr Ende gekommen und architektonischer Fortschritt im klassisch modernistischen Sinne nicht mehr möglich sei. Überlagert sich dieses Konzept ab den 1990er Jahren mit einem durch die Prozesse der Globalisierung ausgelösten ahistorischen Zeitmodell? Gibt es eine Kongruenz dieser beiden Vorstellungen einer Verdrängung der Zeitlichkeit durch die Räumlichkeit – das eine, wenn man so will, ein tragisches Modell, das auf der Ebene der Geschichte argumentiert, das andere ein zynisches Modell, das von ökonomischen Sachzwängen ausgeht? Artikulieren Eisenmans Projekte die Fixiertheit der Dimensionen des Raums, welche die Verbindung zur Zeit verloren haben? Tatsächlich ziehen sich Begriffe wie das «Winden» (twisting), «Verzerrung» (distortion) und «Verweben» (interweaving) wie rote Fäden durch Eisenmans Rhetorik.[149] Ist es eine Architektur, die im Käfig der puren Räumlichkeit gefangen ist und sich wie ein eingesperrtes Raubtier fortwährend hin- und herbewegen muss? Ja, ist es ein Ringen der Architektur mit sich selbst, so wie es Manfredo Tafuri in seinem 1973 erschienenen, 1976 ins Englische übersetzten Buch *Architecture and Utopia* beschreibt? Er bezeichnet darin Giovanni Battista Piranesis Stiche als «epische Darstellung des Kampfes der Architektur mit sich selbst» in der Phase der frühen Aufklärung, als das Rationale und das Irrationale sich «nicht mehr gegenseitig ausschlossen.»[150] Eisenman zeigte in zwei Installationen für die Architekturbiennale Venedig, zuerst 2004, dann 2012, unter dem Titel *The Piranesi Variations*, dass die von Piranesi entworfene Räumlichkeit gleichsam eine Folie seiner eigenen Architektur ist. In seinem umfangreichsten Projekt, der Kulturstadt Galizien im spanischen Santiago de Compostela, hervorgegangen aus einem Wettbewerb 1999 und 2013 bis auf einzelne Bauten fertiggestellt, sind diese Konzepte umgesetzt. Es handelt sich um ein Ensemble aus Ausstellungsbauten, einer Bibliothek, Vortragssälen sowie Räumen für die Kreativindustrie, das wegen seiner enormen Dimensionen heftige Kritik hervorrief. Eisenman sagte einmal nicht ohne Selbstironie, dass die Kulturstadt als Baustelle aus der Luft am besten wirke. Und in der Tat fällt auf, dass wie schon beim Columbus Convention Center zehn Jahre zuvor auch in diesem noch viel ambitionierteren Projekt die ikonische Wirkung vor allem vom Luftbild ausgeht. Die Baustelle, in den Worten eines Beobachters ein «colossal piece of land art» ist so spektakulär, dass viele es am liebsten dabei belassen hätten.[151]

In der Publikation, die das Projekt begleitet, erläutert Eisenman die zugrundeliegende Geometrie, die, wie er betont, nun über das Topologische hinausführt:

> The resulting geometry is no longer merely topological or planimetric in x-y-z coordinates; it is rather a scrambling of both into a fluid matrix. This works in two ways: to define a relationship between site and building and to define a relationship between interior and exterior of each individual building.[152]

INNEN / AUSSEN

Das Verhältnis von Innen- und Aussenraum neu zu denken, wie Eisenman es in diesem Zitat andeutet, hängt aufs Engste zusammen mit der Strategie einer Desorientierung in Zeit und Raum. Der Bezug auf das Möbiusband sowie die Faltungen der topologischen Architektur, also die Idee, das Innere nach aussen zu stülpen und umgekehrt das Aussen nach innen zu bringen, zielen auf eine als diskontinuierlich erfahrene Räumlichkeit ab, ebenso die Auseinandersetzung mit Fenstern und Türen im Werk von Architekten wie Herzog & de Meuron oder Peter Zumthor. Ablesbar wird dieser Zusammenhang auch in Jamesons Text über die postmoderne Räumlichkeit und das Westin Bonaventure Hotel. Dessen Spiegelfassade empfand er als aggressive Distanzierung, vergleichbar der Sonnenbrille des Gegenübers, und verglich daher Portmans Hotel mit dem Centre Georges Pompidou in Paris und dem Eaton Center in Toronto, die er ebenfalls als in sich geschlossene, «totale» Räume und «Mikrokosmen» wahrnahm – ohne Bezug zum Aussen. Und auch der Vergleich zu der von Hardt und Negri beschriebenen ausschliesslichen Räumlichkeit der Machtkonstellationen im Empire liegt auf der Hand.

Um das Konzept des diskontinuierlichen Raums noch einmal mit der wirtschaftlichen Entwicklung derselben Zeitspanne in Verbindung zu bringen, möchte ich mich auf einen ganz konkreten Gegenstand beziehen, der eines der Grundelemente der Globalisierung ist: auf den schon kurz erwähnten Schiffscontainer. Der Ursprung dieser normierten Transportgehäuse liegt in den 1930er Jahren. Ihr Patent wurde freigegeben und ab 1970 haben sie sich als Standard im weltweiten Frachtgeschäft durchgesetzt. Sie sind als Objekte reizlos – in Marc Levinsons Worten: «The standard container has all the romance of a tin can.»[153]– und kennen keine Vermittlung zwischen Innen und Aussen. Zwar werden sie auf ihren Reisen von Frachtbriefen begleitet, aber eine lückenlose Kontrolle des Inhalts ist unmöglich. Selbst Stichproben helfen nicht weiter, weil es im Inneren nichts zu sehen gibt. «Opening the doors at the end of the box normally reveals only a wall of paperboard cartons.»[154] Es erscheint nur folgerichtig, dass auch das Paradebeispiel einer Architektur der globalisierten Wirtschaft nichts anderes ist als eine vergrösserte Version des allgegenwärtigen Containers: die blaue IKEA-Box. Ihr Triumphzug verläuft zeitgleich mit der Verbreitung der Container. Die erste IKEA-Filiale ausserhalb Skandinaviens entstand 1973 in Spreitenbach, vor den Toren Zürichs, und seit den 1990er Jahren verläuft das weltweite Wachstum fast exponentiell. Das Erfolgsrezept von IKEA – erschwingliches, zeitgemässes, europäisches Design, das in Billiglohnländern produziert und von den Konsumenten zu vergleichsweise günstigen Preisen direkt im Lager abgeholt wird – ist ohne die Standardisierung des Frachtverkehrs undenkbar. Und die Räumlichkeit der IKEA-Filialen ist unmittelbar daraus abgeleitet. Es gibt keinerlei Beziehung zwischen Innen- und Aussenraum, mit Ausnahme der Restaurants gibt es keine Fenster. Die Eingangsbereiche sind im Unterschied zu den klassischen Möbelhäusern nüchtern und platzsparend entworfen, und seit den späten 1990er Jahren sind die früher getrennten Funktionen von Verkauf und Lager in vielen Filialen zu einem Raum verschmolzen.

Jameson fragt in einem 1999 publizierten Aufsatz, ob die Bauten der Stararchitekten diese neue Räumlichkeit der Globalisierung eigentlich deutlicher reflektieren als beispielsweise diejenigen von Portman, dessen Arbeit als Corporate Architecture gilt und somit aus dem theoretischen Kanon ausgeschlossen bleibt. «We know what Koolhaas thinks and says; but how do his buildings tell us, if at all?»[155] Worin, so möchte ich Jamesons Frage weiterführen, bestehen die Unterschiede zwischen Eisenmans Convention Center, Portmans Hotel und den blauen Boxen von IKEA? Wie unterscheiden sich deren jeweilige

Beziehungen zur Globalisierung? Gibt es jenseits der offensichtlichen Differenzen der Funktion auch Differenzen der räumlichen Logik? Die Situation im Inneren, also die Erfahrung der Destabilisierung, ist in den drei Fällen vergleichbar. Zwar ist diese Destabilisierung bei Eisenman kritisch reflektiert (die Besucher können die Mechanismen der Destabilisierung nachvollziehen und sich des Einflusses der Umgebung auf ihr Körpergefühl bewusst werden), während Portman sie virtuos auf die Spitze treibt (die Besucher können den Blick in den Abgrund der Lobby im Sinne des Erhabenen ästhetisch geniessen) und IKEA-Filialen die Destabilisierung zynisch instrumentalisieren (die Konsumenten finden den Ausgang nicht). Aber die Besucher sind in jedem Fall von der Aussenwelt hermetisch abgeschottet, von fremden Einflüssen abgeschirmt und bleiben unter ihresgleichen.

Die Situation des Äusseren hingegen unterscheidet sich grundlegend. Das Convention Center reagiert auf die vielfältigen, teils sichtbaren, teils unsichtbaren Kräfte und Bewegungen der Umgebung. Der Bau macht diese erst wahrnehmbar. Gerade die «fünfte Fassade» auf dem Dach verdeutlicht, dass sich die Gestaltung und Wahrnehmung von Räumlichkeit nicht auf den terrestrischen Raum beschränken lässt, sondern im Zeitalter des Passagierflugs und der Satellitenaufklärung den Luftraum mit umfasst. Die Diskontinuität des Raums, die Unvereinbarkeit von Massstäblichkeiten und Blickwinkeln ist das Thema von Eisenmans Architektur, sie führt er performativ vor. Portman hingegen blendet diese Diskontinuität aus und verschleiert sie hinter seiner «Innenarchitektur». Die Hotelzimmer haben natürlich Fenster. Aber im Inneren gibt es, so sagte mir die Kellnerin des Restaurants kopfschüttelnd, als ich bei meinem Besuch in Portmans Hyatt Regency Hotel in Atlanta einen Platz mit Aussicht wünschte, «no view». Das Dach des Atriums ist verglast und lässt gefiltertes Tageslicht eindringen. Die ebenfalls verglaste Fassade verschwindet als transparentes Medium im Bild der gespiegelten Umgebung. IKEA wiederum feiert die Diskontinuität auf zynische Weise. Die blaue Box verbirgt ihre Abstammung vom Schiffscontainer nicht. Im Gegenteil, sie streicht sie heraus, indem sie unmissverständlich die Oberflächengestaltung des Containers mit seiner durch Faltung stabil gemachten Blechhaut übernimmt und sich so in die wachsende, den Globus überziehende Fülle von immer gleichen Containern einreiht. Wer sich einer blauen Box nähert, sieht neben ihr die Transportcontainer warten, in denen die in Pappschachteln verpackten, zerlegten Möbel aus Billiglohnländern annähernd kostenlos angeliefert worden sind. Fast scheinen die Fliessbänder der Fabriken ohne Unterbrechung bis zu den Förderbändern der Kassen und von dort weiter bis ins eigene Wohnzimmer durchzulaufen, wohin man das Regal selbst transportiert und wo man es schliesslich fertig montiert. Während die luxuriöse Atmosphäre von Portmans Hotel ein kohärentes Ambiente schafft und die Infrastrukturen ausblendet, fokussiert IKEA gerade auf die Infrastruktur und inszeniert sich als globalen Lagerverkauf. Im Unterschied zum einheitlich gestalteten und deshalb rasch alternden Stil der Portman-Hotels zerlegt IKEA das Design in flexible Einzelteile, die erst innerhalb der eigenen vier Wände zum «besseren Alltag», wie es in der Werbung heisst, zusammengefügt werden und die sich zuhause wie auch in den Verkaufsräumen fortwährend ergänzen, erneuern und umgestalten lassen. Während Eisenman die weltumspannenden Fliessbänder symbolisch repräsentiert und Portman sie versteckt, legt IKEA sie offen – und vermittelt den Konsumenten dadurch die Illusion, die Konsumprodukte zum «realen» Preis zu erhalten und damit zu den Gewinnern der Globalisierung zu gehören.

Die Architektur – sei es die Stararchitektur oder die ambitionierte Architektur, deren Urheber zwar nicht als Stars wahrgenommen werden, die aber den Anspruch auf die formale Autonomie der Architektur teilen – kann zwar das Rad der Zeit nicht zurückdrehen. Aber sie bietet eine Alternative gegenüber der Verschleierungstaktik der Investorenarchitektur und dem Zynismus von IKEA, wenn sie die veränderte Räumlichkeit in ihrer Widersprüchlichkeit darstellt und etwas artikuliert, für das noch kein Begriff existiert. Sie zielt auf das Fortbestehen einer autonomen Architektur mit einer eigenen Geschichte und mit einem eigenen, innerhalb eines diskursiven Rahmens geregelten, ästhetischen Wertesystem. Und sie verhindert, dass die Artikulation und Besetzung dieser neuen Räumlichkeit allein in den Händen von Immobilienentwicklern oder Unternehmern liegt.

IN/HUMANE OBERFLÄCHEN: ABSALON UND DIE RÄUME DER DEPRESSION

«Einstweilen wird es Mittag.»
33-jähriger Arbeitsloser, ca. 1931 [156]

«Ich bin da, versuche gesund zu bleiben und bilde mich weiter. Auf mich ist Verlass.»
Peter Hartz in seinem Buch Job Revolution, *2001* [157]

«Was mich interessiert, ist vom System akzeptiert zu sein.»
Absalon, 1993 [158]

Wenn ein künstlerisches Œuvre über zwei, drei Jahrzehnte aktuell bleibt, dann liegt das in der Regel unter anderem daran, dass es für ein drängendes Thema, ein ungelöstes Problem steht. Wie ein Phantom aus der Vergangenheit sucht es die Gegenwart heim und fordert sie so lange heraus, bis das Problem aus der Welt ist. Worin liegt dieses ungelöste Problem im Falle des israelischen Künstlers Absalon (geboren als Meir Eshel, 1964–1993)? Absalons Œuvre, entstanden innerhalb des kurzen Zeitraums von nicht einmal fünf Jahren, besteht aus klein- und mittelformatigen Modellen für Wohnsituationen, aus Installationen von skulpturalen Objekten, den Videoaufzeichnungen von Performances von ihm selbst und wenigen Mitperformern sowie den sogenannten *Cellules*: Wohnkapseln, die ein mobiles Wohnumfeld für eine Einzelperson schaffen. Die Werke, meistens aus Holz, Pappe und weisser Farbe hergestellt, zeichnen sich durch eine starke formale Reduktion auf. Sie schwanken zwischen der Eigenschaft des Modells und ihrer lebensgrossen Realisierung. Besonderes Gewicht liegt bei den Werken auf der Oberfläche. Holz, Pappe, Gips, Farbe oder Stoff wirken wie eine alles überziehende, makellos reine äussere Schicht, hinter der sich nichts befindet. Der Raum scheint gleichsam in der Oberfläche komprimiert und die Ausdehnung in der Tiefe einer Ausdehnung in der Fläche zu weichen. Als Betrachter bin ich von dieser Oberfläche zugleich animiert, sie zu berühren, und auf Distanz gerückt, weil ich sie räumlich nicht klar fassen kann. Bereits zu Lebzeiten in vielen Ausstellungen präsent, ist das Werk auch nach dem frühen Tod des Künstlers intensiv rezipiert worden. Ein Höhepunkt der Rezeption im deutschen Sprachraum stellte die Retrospektive in den Kunst-Werken Berlin 2010 dar.

Dass uns Absalons Inszenierungen heute als zeitgemäss erscheinen, mag daran liegen, dass sie wie Modellversuche zur Beziehung zwischen den Menschen und ihrer Umgebung anmuten – oder daran, dass sie den Bereich umreissen, wo Design und Kunst, Architektur und Städtebau zusammenstossen. Sie enthalten eine utopische Komponente und werfen die Frage auf, wie wir unser Leben gestalten und planen können. Und schliesslich öffnen sie sich auch zu einer anthropologische Dimension, denn sie spiegeln unseren Wunsch und zugleich unsere Angst, uns abzuschotten, nach eigenen Bedürfnissen zu leben, jenseits der Anforderungen unserer Umgebung, beweglich und doch geschützt, sichtbar und doch alleine. Weil sie auf all diesen Ebenen danach fragt, wie wir leben wollen, und uns dabei seltsam aktuell erscheint, will ich Absalons Arbeit mit einem Begriff in Beziehung setzen, der für unsere Gegenwart ebenfalls ein ungelöstes und fast charakteristisches Problem darstellt: die Depression. Nachdem vor dem Zweiten Weltkrieg die Psychosen im Mittelpunkt des psychiatrischen Interesses standen, ist heute die Depression die seit 1970 weltweit am weitesten verbreitete psychische Störung. Obwohl die Psychiatrie manche Mechanismen dieser Krankheit kennt und über Therapien verfügt, um die Symptome zu lindern, und obwohl die Kulturwissenschaften ein Instrumentarium besitzen, um das Phänomen in einen ökonomischen und gesellschaftlichen Kontext zu verorten, bleibt vieles daran rätselhaft. Der Zusammenhang zwischen ökonomischem und sozialem Druck und der «Modekrankheit» liegt zwar auf der Hand, ist aber nur schwer auf den Punkt zu bringen. Einen gelungenen Versuch, von dem aus sich auch eine Brücke zur Kunst der jüngeren Vergangenheit schlagen lässt, unternimmt Alain Ehrenberg in seinem Buch *Das erschöpfte Selbst* (1998). Es beleuchtet die Zusammenhänge zwischen der Depression und den beiden Polen der globalisierten Wirtschaft: Arbeitslosigkeit einerseits, Überarbeitung andererseits. Im Kern geht es Ehrenberg um die Überforderung der Individuen durch die Ansprüche der Umgebung, sowohl als konkreter Druck von aussen als auch durch die Verinnerlichung des Konkurrenzkampfs. «Der Depressive ist [...] erschöpft von der Anstrengung, er selbst werden zu müssen.»[159]

Den Bogen zwischen Absalons Werk und dem Phänomen der Depression zu schlagen, soll nicht heissen, dass der Künstler dieses Thema unmittelbar «ausdrücke» oder reflektiere. Und es bedeutet keineswegs, dass er selbst unter dieser Krankheit gelitten habe. Christine Ross betont in ihrer Studie *The Aesthetics of Disengagement. Contemporary Art and Depression* zu Recht, dass die Depression «sowohl ein Problem ist, das an die Kunst herangetragen wird, als auch ein Paradigma, an dem die Kunst aktiv teilhat».[160] Doch ebenso wenig, wie es darum gehen kann, Absalon zu pathologisieren, sollte der Autor vom Werk und dessen Rezeption getrennt werden. Gerade im Fall von Absalons Person, dessen legendentaugliche Biografie die Interpreten gerne hervorheben – Herkunft aus Israel, Übersiedelung nach Paris, Wahl des alttestamentarischen Namens als Künstlername, Förderung durch Christian Boltanski, Atelier in einem Gebäude von Le Corbusier, früher Tod mit nur 28 Jahren, vermutlich an Aids –, ist es unergiebig, den Mythos «dekonstruieren» zu wollen.[161] Unsere Projektionen auf die Biografien von Künstlern haben Teil an der Wirkung jedes künstlerischen Werks.

Indem Absalons Kunst nach den Bedingungen von Leben und Arbeiten in einer postmodernen Welt fragt, so meine Hypothese, kartiert sie sozusagen das Terrain, auf dem die Depression entsteht. Absalon artikuliert die Spannungen, denen die Menschen durch fremde und eigene Anforderungen ausgesetzt sind. Wie ein roter Faden zieht sich die Mischung aus Rückzug und Aggression, Ohnmacht und Wut, die charakteristisch für depressive Leiden ist, durch sein Werk. In den kurzen Einstellungen von *Solutions* (1992), einem gut siebenminütigen Video, bewegt sich Absalon als Performer in Bürokleidung unschlüssig in einem engen, weissen Innenraum zwischen stilisierten möbelartigen Elementen. ABB. S.116 Er giesst sich am Arbeitstisch ein Getränk ein, legt sich auf ein Hochbett, stellt sich in eine Ecke, zieht die Kleider aus und nimmt am Ende ein Bad. Der Akteur findet für zahllose alltägliche Aufgaben Lösungen («solutions»). Aber die Mischung aus Freiheit und Einengung, die stereotypen Verrichtungen erinnern an Ehrenbergs Beobachtung, dass die Individuen überfordert sind von der Möglichkeit, alles zu wählen, zu gestalten und zu entscheiden: «Wir verändern uns, gewiss, doch haben wir nicht mehr den Eindruck, uns weiterzuentwickeln.»[162] In Absalons Video-Loop *Bataille* (1993) schlägt derselbe Performer, wiederum in Hemd und Hose, in einem leeren Raum um sich, einen unsichtbaren Gegner bekämpfend. Es ist unklar, ob die Aggression sich nach aussen oder nach innen richtet, aber der Kampf ist aufreibend und zehrt an den Kräften. Ausbruch und Zusammenbruch erscheinen auch bei Ehrenberg als verwandte Strategien: «In den Begriffen der Implosion, des depressiven Zusammenbruchs, oder, was auf das Gleiche hinausläuft, der Explosion – Gewalt, Wut oder Suche nach Reizen – manifestiert sich heute ein großer Teil der sozialen Spannungen.»[163] Das dreiminütige Video *Assassinats* (1993) ist in verschiedene kurze Szenen unterteilt, die Überfälle an unterschiedlichen Schauplätzen wie einem Wohnungseingang, einer Tiefgarage oder einer Strasse zeigen. Ein gepflegter, unauffällig wirkender Täter scheint zunächst aus seiner *Cellule* oder einer der Nischen der *Compartiments* ausgebrochen zu sein, um im öffentlichen Raum seine arglosen Nachbarn von hinten anzufallen und niederzustechen. Die Überfälle entpuppen sich als gespielte Handlungen, aber es bleibt offen, ob es sich um zwanghaft wiederholte Gesten handelt oder um Proben für einen Film. Nach jedem Aufeinandertreffen gehen Täter und Opfer sogleich wieder auseinander, ohne sich anzusehen. So scheint es, als sei für die von ihrer Freiheit erschöpften Subjekte selbst das Attentat, die radikalste Form der politischen Auseinandersetzung, nur als Farce denkbar, als Simulation eines Konflikts, der die Beteiligten bloss noch ermüdet. Abermals finden sich Parallelen zu Ehrenbergs Beschreibungen. So legt er dar, wie unter der Zuspitzung der Anforderungen von allen Seiten der Konflikt als Norm verschwindet und jede Handlung auf Fusion zielt: «Die zeitgenössische Person ist in einem Prozess der ‹Dekonfliktualisierung› gefangen, im psychiatrischen wie im gesellschaftlichen Bereich.»[164] Besonders nachdrücklich handelt Absalons zweiteilige Videoarbeit *La vie privée de Monsieur Leloup* und *La vie sociale de Monsieur Leloup* (1993) von der Spannung zwischen Erwartungsdruck und den Ansprüchen an sich selbst, die zu den Ursachen der Depression gehört. Zu sehen sind alltägliche Momente aus dem Berufs- und Familienleben eines Menschen. Der Titel des Films lässt sich einerseits auf das französische Wort *le loup* (der Wolf) beziehen und damit implizit auf die Idee, dass die Menschen im Sinne des *homo homini lupus* ihre animalische Seite lediglich durch die Angst vor Strafe zügeln, andererseits rekurriert er auf das englische Wort *loop*, also die ewige Wiederkehr desselben.

Absalons Kunst reflektiert die Bedingungen und Zwänge des Lebens und Arbeitens, auch indem sie ihre Umgebung stets mit einbezieht. Während bei den ersten Ausstellungen seine Installationen *Théorie poussée* (1987) und *Cellules (en silence)* (1988) vor dem Hintergrund einer alternden Architektur inszeniert wurden und damit dem seit den 1960er Jahren gängigen Ausstellungsdispositiv folgten, fand die erste Ausstellung der *Compartiments* 1989 in einem Rohbau statt, in der halbfertigen Tiefgarage der Villa Arson in Nizza. ABB. S. 129 Die mit Gips überzogenen Möbel, Holzplatten und Baumaterialien sind dysfunktional. Sie sind der Zirkulation entzogen, lassen sich im Bauprozess der Tiefgarage und damit im voraussehbaren Zeitablauf nicht integrieren. Wie die mit Laken abgedeckten Möbel einer unbenutzten Wohnung oder die Beigaben in einem Pharaonengrab befinden sie sich in einem prekären Zustand, ausserhalb von Raum und Zeit. Absalon kehrt das Dispositiv des White Cube um. Anstelle der seit der Minimal Art charakteristischen Dialektik von brandneuen Exponaten, die zu einer alternden, ruinösen Umgebung kontrastieren – etwa einer alten Fabrikhalle –, fallen in Nizza die Exponate hinter dem Tempo der Umgebung zurück. Nicht nur die Menschen, auch die Möbel sind von der für die Depression typischen Verlangsamung betroffen und gleiten ab in eine Zeit ohne Zukunft.

ARBEITSLOSIGKEIT: ZEIT OHNE ZUKUNFT

Die Verzerrung der zeitlichen Wahrnehmung ist ein Phänomen, das die Depression mit der Langzeitarbeitslosigkeit verbindet. Lange bevor der Begriff der Depression geläufig wurde, hielten die Wiener Soziologen Marie Jahoda, Paul F. Lazarsfeld und Hans Zeisel in ihrer 1933 erschienenen Studie *Die Arbeitslosen von Marienthal* die Wirkung der Arbeitslosigkeit auf die menschliche Psyche fest. Ihre Befragung von 100 Einwohnern eines Fabrikdorfs bei Wien, die nach dem Kollaps der Textilfabrik arbeitslos geworden waren, ist ein Klassiker der Soziologie.

Die Autoren beschreiben die «müde Gemeinschaft», die Apathie und Stumpfheit, die das Dorf lähmen, und betonen, dass sich die plötzlich vorhandene Freiheit als «tragisches Geschenk» erweise.

> Losgelöst von ihrer Arbeit und ohne Kontakt mit der Außenwelt, haben die Arbeiter die materiellen und moralischen Möglichkeiten eingebüßt, die Zeit zu verwenden. Sie, die sich nicht mehr beeilen müssen, beginnen auch nichts mehr und gleiten allmählich ab aus einer geregelten Existenz ins Ungebundene und Leere. Wenn sie Rückschau halten über einen Abschnitt dieser freien Zeit, dann will ihnen nichts einfallen, was der Mühe wert wäre, erzählt zu werden.[165]

Die Männer tragen ihre Uhren nicht mehr und unterteilen die Zeit nicht mehr in Stunden. Ein von Jahoda, Lazarsfeld und Zeisel abgefragter sogenannter «Zeitverwendungsbogen» eines 33-jährigen Arbeitslosen sieht so aus:

6–½7	stehe ich auf,
7–8	wecke ich die Buben auf, da sie in die Schule gehen müssen,
8–9	wenn sie fort sind, gehe ich in den Schuppen, bringe Holz und Wasser herauf,
9–10	wenn ich hinkomme, fragt mich immer meine Frau, was sie kochen soll; um dieser Frage auszuweichen, gehe ich in die Au
10–11	einstweilen wird es Mittag,
11–12	(leer),
12–13	1 Uhr wird gegessen, da die Kinder erst aus der Schule kommen,
13–14	nach dem Essen wird die Zeitung durchgesehen,
14–15	bin ich hinunter gegangen,
15–16	zum [Kaufmann] Treer gegangen,
16–17	beim Baumfällen im Park zugeschaut, schade um den Park,
17–18	nach Hause gegangen,
18–19	dann nachtmahlten wir, Nudeln in Grieß geröstet,
19–20	schlafen gehen.[166]

Folgt man Ehrenberg, so hat die gesellschaftliche Emanzipation seit den 1960er Jahren, mitsamt ihrem Zwang zur Selbstbestimmung und -verwirklichung, durchaus vergleichbare Auswirkungen gehabt wie das «tragische Geschenk» der Freizeit für die Arbeiter in Marienthal. «Das Recht, sich sein Leben zu wählen und der Auftrag, man selber zu werden, verorten das Individuum in einer ständigen Bewegung.»[167] Alles fusst auf persönlicher Initiative. «Die Begriffe Projekt, Motivation, Kommunikation bezeichnen heute die neuen Normen. […] Das ideale

Individuum wird nicht mehr an seiner Gefügigkeit gemessen, sondern an seiner Initiative.»[168] Es gibt keine Alternative zu diesen Normen, man ist ihnen unterworfen, «bei Strafe des Ausschlusses aus der Gemeinschaft.»[169] Die Depression ist, so Ehrenberg, eine Dysfunktion, also die Unfähigkeit, diesen Anforderungen gerecht zu werden, bei der die Psychiater eine «psychomotorische Verlangsamung» beobachten. «Der Depressive, den eine Zeit ohne Zukunft erfasst hat, hat keine Energie und verharrt in einem Zustand des ‹Nichts-ist-möglich›. Müde und leer, unruhig und heftig, kurz gesagt, neurotisch, wiegen wir in unseren Körpern das Gewicht der Souveränität.»[170]

Absalons Performances *Propositions d'habitation* und *Solutions* kreisen um Aktivitäten, die keine wirklichen sind, und berühren somit ebenfalls diesen Aspekt der ins Leere laufenden Zeit, einer Zeit ohne Zukunft. Der weiss gekleidete Performer in den *Propositions d'habitation* wechselt fortwährend den Platz, aber die Handlungen sind ohne Zusammenhang und bleiben losgelöst von jedem zeitlichen und räumlichen Kontext. Und so wie es dem Performer nicht gelingen will, die Zeit zu strukturieren, so ist auch der Raum buchstäblich vollgestellt mit Requisiten, zu denen er keine Beziehung aufbauen kann. Ebenso zeigen auch die *Solutions* zwar einen Arbeitsplatz, aber es gibt dort nichts zu arbeiten, die Gesten laufen ins Leere.

DESIGN: PREKÄRE FREIHEIT

Der von Ehrenberg verwendete Begriff «Projekt», der die Idee einschliesst, dass die Individuen ihren Lebensplan nicht nur verantworten, sondern auch fortwährend kommunizieren müssen, verbindet Absalons Performances mit seinen statischen Artefakten. Die frühen, kleinmassstäblichen *Propositions d'objets quotidiens* (1989–1990) die in Vitrinen präsentiert werden, sehen aus wie die weissen Modelle aus Pappe, Papier und Holz, die im Architekturstudium dazu dienen, Entwurfsideen durchzuspielen. Entsprechend ist auch Absalon als Performer nicht wie ein Handwerker oder Künstler gekleidet, sondern eher wie ein mittlerer Angestellter eines Architekturbüros, jemand aus dem

Bereich der «immateriellen Arbeit» – wie sie der Philosoph und Soziologe Maurizio Lazzarato beschrieben hat[171] –, der in einem Büro am Schreibtisch sitzt und Projekte entwickelt.

Viele Interpreten haben den Bezug Absalons zur klassischen Moderne hervorgehoben. Die Analogien zur Bauhaus-Architektur – die in Israel, vor allem in Tel Aviv tatsächlich allgegenwärtig ist – mit ihrer Vorliebe für geometrische Grundformen, den Purismus und die weisse Farbe liegen auf der Hand. Ebenso augenfällig ist die Affinität zu den sowjetischen Konstruktivisten, etwa zu den weissen, utopischen Architekturmodellen, den sogenannten Architektonen von Kasimir Malewitsch aus den 1920er Jahren.[172] Dennoch bezweifle ich, dass die Revision der klassischen Moderne, sei es als Affirmation oder als Kritik, für Absalon ein vorrangiges Thema war. Die Kritik der vermeintlich unmenschlichen Architektur des Modernismus, zum Beispiel Le Corbusiers radikale Stadtplanung für Paris in den 1920er Jahren, die Ablehnung der Formensprache des International Style und die Skepsis gegenüber der modernistischen Idolatrie im Hinblick auf die Maschine waren seit den 1970er Jahren zum Gemeinplatz geworden. Auch ist es ein Zufall, dass Absalons Pariser Atelier sich in einem Gebäude von Le Corbusier befand. Das damals schon etwas heruntergekommene Wohn- und Atelierhaus Lipchitz-Miestchaninoff hatte Le Corbusier 1925 für Jacques Lipchitz gebaut, in den 1980er Jahren gehörte es einem Onkel von Absalon.[173] Mehr als von einer kritischen Auseinandersetzung zeugt es vom durchaus entspannten Umgang mit der Geschichte, wenn sich Absalon ohne Berührungsängste in den Ruinen der klassischen Moderne einnisten konnte.

Für wichtiger als Absalons Beziehung zum modernistischen Erbe halte ich die strukturelle Nähe zu einer früheren Phase der Architekturgeschichte, nämlich zur französischen Revolutionsarchitektur des späten 18. Jahrhunderts. Vor allem die utopischen, nie realisierten Projekte von Claude-Nicolas Ledoux und Étienne-Louis Boullée klingen in seinen Projekten an. Die *Arrangements*, ausgestellt 1990 in Sète, Frankreich, können als überdimensionierte Bestandteile einer Apparatur gelesen werden. Die weiss gefassten, geometrischen Körper können aber auch als Arsenal der Revolutionsarchitektur interpretiert werden, als Versatzstücke eines ambivalenten Erbes, das nur darauf wartete, reaktiviert zu werden. Sie muten an wie Bauteile, die bereit sind, neu zusammengefügt zu werden, fast so, als wollten sie uns ermuntern, zurück zum Anfang zu gehen und die Genese der modernen Architektur noch einmal und vielleicht mit einem anderen Verlauf durchzuspielen. Denn die Geburt einer gänzlich auf die Ratio gegründeten Architektur, die sich von den Normen des Ancien Régime lossagte, das hat unter anderem Michel Foucault eindrucksvoll dargelegt, markierte auch die Entstehung neuer Normen im Sog der modernen Segmentierung von Arbeit, Gesellschaft, Zeit und Raum, welche die Subjekte auf neue Weise gefügig machen sollten.

Absalons seit den späten 1980er Jahren entwickelten Projekte und Modelle münden ab 1992 in die *Cellules*: kleine, durch den Künstler bewohnbare Provisorien aus Holz, deren unterschiedliche Ausführungen für Paris, Zürich, New York, Tel Aviv, Frankfurt am Main und Tokio vorgesehen waren. Sie befinden sich heute in unterschiedlichen Sammlungen, aber keine ist permanent im Freien platziert worden. Im Unterschied zu den früheren Arbeiten sind die *Cellules*, die Absalon auch als Haus («maison») bezeichnet, nicht als Utopien konzipiert, sondern als nutzbare Behausungen. Sie sind das, was im Kunstkontext vor allem seit den 1990er Jahren wohl als Intervention gilt, also konkrete gesellschaftskritische Eingriffe, die eine «Verdichtung»[174] des eigenen Lebens, wie Absalon es nennt, mit öffentlicher Wirksamkeit verbinden. Tatsächlich ist nicht nur das Innere der Wohnkapsel auf die Bedürfnisse des Künstlers abgestimmt – es bietet Raum für zwei Paar Hosen und Hemden, maximal fünfzehn Bücher, verfügt über Wasseranschluss, Strom und Telefon. Auch das Äussere unterscheidet sich je nach der Stadt, für die die *Cellule* konzipiert ist. Die für Paris geplante Kapsel interessierte Absalon auch unter dem Aspekt, dass sie in den Augen der Behörden weder eine Skulptur noch Architektur war und dass seiner Ansicht nach die Einführung eines neuen Gesetzes nötig gewesen wäre, um sie überhaupt im öffentlichen Raum installieren zu können.[175] Diejenige für Zürich war für ihn das «am wenigsten sentimentale Haus, das ‹kälteste›».[176] Und diejenige für Frankfurt sieht aus wie etwas zwischen einem «Überwachungsturm und einem Bunker».[177]

Während Absalons Idee, für sich selbst in verschiedenen Städten kleine Wohnzellen zu errichten, zu seinen Lebzeiten gelegentlich als Egoismus oder Eskapismus missverstanden wurde, erweist sie sich heute als pragmatischer Beitrag zu den Problemen der Migration und der vom Prekariat geforderten Mobilität und zu den Fragen urbaner Transformation. So entgegnete Absalon in einer Diskussion 1993 dem Vorwurf, sein Plan, alleine in den sechs *Cellules* zu leben, sei egoistisch, dass er sich damit immerhin «sehr stark exponiere».[178] Die Situierung im urbanen Kontext ist zentral; anstatt eine «folie architecturale» auf dem Land zu errichten, will er mitten in der Stadt präsent sein. Er interessiert sich für die «Konfrontation zwischen seinem Leben und dem, was drumherum geschieht».[179] In seinen Worten: «Ich möchte meinen wahren Platz im Gesellschaftlichen haben, ich möchte mein Haus nicht als Aussenseiter machen, ich will von der Gesellschaft akzeptiert sein.»[180]

Absalon akzeptiert den postfordistischen Imperativ zur Eigenverantwortung. Er entwirft sich demonstrativ selbst und verhält sich – innerhalb der Grenzen der Kunstwelt, aber darüber hinaus sichtbar – so, wie die globalisierte Wirtschaft die Subjekte haben will: mobil, autonom, autark, stets an der Grenze der Belastbarkeit. Doch zugleich passen sich seine *Cellules* der Umgebung nicht einfach an, sondern demonstrieren, dass auch Alternativen denkbar sind. Ihre Singularität soll die Mechanismen des Wohnbaus wie ein «Virus»[181] attackieren. Die *Cellules* widersetzen sich den gängigen Regeln, sie lassen sich weder vervielfältigen noch vereinfachen, jede ist ein Unikat. Sie sind alles andere als perfekt, sind fragil und dem Verschleiss unterworfen. Sie benötigen fortwährende Ausbesserungen und Reparaturen. Ebenso wie die von der Gesellschaft in Kauf genommene Depression einerseits ein Symptom der Arbeitsbedingungen ist, während sie andererseits droht, die reibungslos expandierende Wirtschaft zum Stocken zu bringen, so affizieren auch die *Cellules* die Dynamik der Stadt. Sie sind Monumente der Partikularisierung und stehen doch zugleich für die Möglichkeit, dass alles anders kommen könnte.

AUF DER SUCHE NACH DEM SOZIALISTISCHEN RAUM

> «Hat der Sozialismus eine eigene Räumlichkeit hervorgebracht? Die Frage ist nicht unwichtig.»
> *Henri Lefebvre*[182]

Noch heute, ein Vierteljahrhundert nach dem Fall der Berliner Mauer, fühlen wir uns häufig seltsam bewegt beim Anblick von Fotografien aus der DDR, vielleicht gerade deshalb, weil das, was auf ihnen zu sehen ist, seit 1990 aufgehört hat, in dieser Weise zu existieren. Unabhängig davon, ob wir im Westen oder im Osten Deutschlands aufgewachsen sind, berühren uns allerdings meist weniger die ikonisch gewordenen Aufnahmen historischer Ereignisse oder Protagonisten als vielmehr die Zeugnisse des alltäglichen Lebens, die Bilder der Menschen, Bauten und Dinge, in denen Strassenansichten, Kleidung und Gesten ebenso sichtbar geblieben sind wie die Einrichtung von Wohnungen und Büros. Gerade die Aufnahmen, die nicht gänzlich politisch kontrolliert sind, erlauben uns einen Blick auf die Details, die jenseits der bekannten Klischees liegen. Sie fixieren im Bild etwas, das sich inzwischen verflüchtigt hat: eine Atmosphäre, eine Stimmung, ja, so könnte man vielleicht sagen, eine Art spezifisch sozialistische Räumlichkeit.

Bereits Anfang der 1970er Jahre untersuchte der französische Philosoph Henri Lefebvre in seinem Buch *La Production de l'espace* die Mechanismen, die zur Herstellung von sozialen Räumen führen. Eher beiläufig warf er die Frage auf, ob der Staatssozialismus in den osteuropäischen Ländern eine eigene Räumlichkeit hervorgebracht habe. Ohne dass er eine genaue Antwort darauf geben konnte – er betont, er habe zu wenig Daten –, war für ihn doch unleugbar, dass eine «Revolution, die keinen neuen Raum hervorbringt, ihr Potenzial nicht erreicht hat». Für Lefebvre war klar, dass eine soziale Umwälzung, um revolutionär genannt zu werden, sich «auf das alltägliche Leben, die Sprache und den Raum» auswirken musste.[183] Heute, aus der historischen Distanz, können wir postulieren, dass der Sozialismus tatsächlich eine spezifische Räumlichkeit hervorgebracht hat, die sich von einer kapitalistischen Räumlichkeit unterschied. Es geht dabei weniger um die sozialen Räume, die beispielsweise durch die weitgehende Abwesenheit von Privateigentum, durch die je nach Land unterschiedlich starke Kontrolle, die zentrale ökonomische Planung, die Familienstruktur, die Begrenzung der Mobilität etc. entstanden. Es geht eher um die Frage, wie die gebaute Umwelt konzipiert, gestaltet und dargestellt wurde, es geht also um das Stadtbild, das Aussehen von Strassen und Plätzen, die Beschaffenheit von Oberflächen, die Texturen, Farben und Atmosphären der Umgebung. Paradoxerweise wurde den Menschen dies- und jenseits des einstigen Eisernen Vorhangs erst mit dem Ende des Sozialismus um 1990 bewusst, wie sehr sich mit der ökonomischen und politischen Ordnung auch das alltägliche Leben, die Sprache und die Räumlichkeit wandelten. Die Stadtbilder veränderten sich rapide durch den Abriss von Bauten, die Überbauung von leer gehaltenen Plätzen, die Platzierung von Plakaten und die Priorisierung kommerzieller Nutzungen in den Zentren. Mit anderen Worten, der sozialistische Raum wurde erst durch sein Verschwinden wahrnehmbar.

Wie lässt sich dieser verschwundene Raum vergegenwärtigen? Nimmt man Fotografien des DDR-Alltags zur Hand, findet man sich schnell in einer Situation, die sich analog zu Marcel Prousts *Auf der Suche nach der verlorenen Zeit* gestaltet. In seinem Romanzyklus rekonstruiert er mittels Assoziationsketten, die beispielsweise durch den Geschmack einer in Tee getauchten Madeleine ausgelöst werden, ein Bild seiner eigenen Kindheit und damit der untergegangenen Belle Époque. Ebenso nehmen die Fotografien, die wir beim Blättern in vergilbten Fotoalben, Archiven und alten DDR-Zeitschriften zu Gesicht bekommen, ein wenig die Rolle der Madeleines ein, indem sie die Stimmung in der DDR selbst für jene Menschen wachrufen, die nie dort gelebt haben. Vielleicht sogar ist die Wirkung solcher Zufallsfunde stärker als die von Kunstwerken, weil sie nicht auf Eindeutigkeit zielen und unserer Phantasie mehr Raum lassen.

Das Archiv des Leipziger Fotografen Reinhard Mende bietet einen schier unerschöpflichen Fundus an solchen Bildern. Gerade weil sie nicht als autonome Kunstwerke, sondern als dokumentarisches Material für verschiedene Auftraggeber intendiert waren, liefern sie eine grosse Anzahl an Indizien, die es uns erlauben, die Atmosphäre und die Räumlichkeit konkreter Orte im sozialistischen Alltag zu rekonstruieren. Das Archiv spannt sich fast über ein Vierteljahrhundert und enthält etwa 16500 farbige und schwarz-weisse Mittelformatfotografien, die Mende zwischen 1967 und 1990 zusammentrug. Er arbeitete – eine Seltenheit im DDR-Wirtschaftssystem – als freischaffender Fotograf im Auftrag der Werbeabteilungen verschiedener ostdeutscher Kombinate. Seine Aufnahmen fügen sich im Rückblick zusammen zu einem Panorama der menschlichen Arbeit und der Arbeitsorte in der Deutschen Demokratischen Republik.

Im Archiv erhalten sind die Negative, für die systematische Herstellung von Kontaktbögen fehlte Mende das Geld. Wir sind somit buchstäblich mit dem Rohmaterial konfrontiert und können verfolgen, wie er manche Motive drei- oder viermal aus unterschiedlichen Perspektiven fotografierte, um die beste auswählen zu können. Wir wissen nicht, welche der Aufnahmen jeweils angekauft wurden. Weder können wir genau rekonstruieren, was seine Auftraggeber sehen wollten, noch wie sie die Bilder verwendeten, ob für Broschüren, Jahresberichte oder Werbeprospekte. Aber wir können vermuten, dass Mende die Aufnahmen im Hinblick auf die Wünsche seiner Kunden gemacht hat, denn es ging ihm zweifellos darum, die Arbeitsprozesse in Büros und Fabriken, die Sitzungen und Freizeitbeschäftigungen, das Unterschreiben von Verträgen und die Präsentation der Stände auf der Leipziger Messe jeweils im besten Licht darzustellen.

RÄUME DER ARBEIT

Beim Durchsehen der Aufnahmen springt sofort ins Auge, dass das Thema der menschlichen Arbeit wie ein roter Faden das Archiv durchzieht. Zu sehen sind Arbeiter – und Arbeiterinnen – an Werkbänken und Fliessbändern sowie Zeichner, Verwalter und Angehörige der Direktion. ABB. S.130 Manche Bilder zeigen die Gymnastik im Fabrikhof, das Essen in den Betriebskantinen und die geselligen Runden bei Konzerten oder Feiern. Unzählige Aufnahmen wurden offensichtlich während der Leipziger Messe gemacht. Sie bilden Mitarbeiter ab, die Konsumgüter auf Ständen arrangieren und sie den Besuchern vorführen, Mitglieder von Handelsdelegationen bei der Diskussion, Reporter und Besucher und dazwischen immer wieder die Produkte selbst. Einige Aufnahmen entstanden auch in den Restaurants und Bars in der Umgebung der Messe und zeigen das Leben nach dem Arbeitstag. Stets nähert sich der Fotograf den Subjekten mit Respekt und gebührendem Abstand und man meint zu spüren, dass er ihr Vertrauen hatte, dass er sich Zeit genommen hat und auf sie eingegangen ist.

In vielen der Fotografien sind die Prozesse der Arbeit gut nachzuvollziehen. Oft sind die Werkstücke zu sehen, etwa in einer Serie, die einen älteren Mann beim Bemalen eines Porzellanstücks zeigt, oder in den Aufnahmen einer jungen Frau an der Werkbank. Die Sitzungen der Verwalter finden zwar unter dem strengen Blick der Parteivorsitzenden statt, deren Porträts an der Wand hängen, sind aber zugleich als offene Diskussion inszeniert, in der jeder seine Meinung einbringen kann. Mende verklärt die Arbeiter weder als Helden, noch pathologisiert er sie als Opfer der Ausbeutung. Vielmehr inszenieren seine Fotografien Arbeit als identitätsstiftend, als Tätigkeit, die persönliche Erfüllung und soziale Zugehörigkeit bieten kann. Auch wenn Mende ein grundsätzlich positives Bild entwirft, sind seine Aufnahmen doch frei von der Heroisierung, mit denen der Sozialistische Realismus auch nach der Stalinzeit die Arbeit verklärte. Und sie stehen im Kontrast dazu, wie die visuelle Kultur der kapitalistischen Gesellschaften das Thema behandelt. Vom Bretterzaun, der die Bauarbeiter des Crystal Palace vor den Blicken der Passanten verbarg, bis zum nicht realisierten *Monument der Arbeit* von Auguste Rodin zieht sich ein Abbildverbot der Arbeit durch die Moderne. Ob im ersten Film der Geschichte, *Arbeiter verlassen die Lumière-Werke* (1895), oder in Allan Sekulas *Untitled Slide Sequence* (1972) – stets werden Arbeiter nicht bei, sondern nach ihrer Arbeit gezeigt.[184]

An dieser Stelle wird deutlich, dass ein Aspekt der sozialistischen Räumlichkeit in der Kohärenz und Geschlossenheit der Darstellung von Arbeit besteht. Während in der kapitalistischen Darstellungsökonomie die Arbeiter und die von ihnen hervorgebrachten Produkte nicht auf derselben Ebene der Repräsentation darstellbar sind, ist es für Mende selbstverständlich, die Subjekte in ihrer Arbeitsumgebung abzubilden. Eine genuin kapitalistische Räumlichkeit in Fotografien menschlicher Arbeit könnten wir so beschreiben, dass entweder der Hintergrund unscharf wiedergegeben ist oder aber die Orte völlig ohne Menschen dargestellt sind. Man denke beispielsweise an die anonyme Aufnahme *Mittagspause auf einem Wolkenkratzer* (1932), die Arbeiter auf einem Stahlträger hoch über Manhattan zeigt, oder an die Aufnahmen von August Sander aus den 1920er Jahren, welche die Arbeiter mit ihrem Werkzeug, sei es die Schaufel, das Kochgeschirr oder die Maurerkelle, vor einer stets leicht verschwommenen Umgebung abbbilden. Ebenso kann man an die Fotografien von Albert Renger-Patzsch, Bernd und Hilla Becher oder die frühen Fotografien von Thomas Struth denken, in denen Stadtränder, Strassenbilder und Industriebrachen ohne Menschen zu sehen sind. Diese kapitalistische Räumlichkeit basiert auf der Vorstellung eines a priori gegebenen, prinzipiell endlos ausdehnbaren Raums, innerhalb dessen die arbeitenden Subjekte sich bewegen, den sie erschliessen, ausbeuten und kolonisieren können. So gesehen ist Raum eine Art Ressource – etwas, das mit der Idee der Natur vergleichbar ist.

Im Gegensatz dazu könnte die sozialistische Räumlichkeit definiert werden als eine geplante, fabrizierte und daher begrenzte Räumlichkeit. Im Unterschied zur kapitalistischen Räumlichkeit mit ihrer Evokation von endlos sich ausdehnender Tiefe ist in der sozialistischen Räumlichkeit die Oberfläche betont. Die Individuen lassen sich gleichsam auf ein und derselben Ebene wie ihre Umgebung darstellen, sie haben Teil daran, während sie im Kapitalismus davon getrennt sind. Die Auffassung des kapitalistischen Raums als prinzipiell endlose Ressource führt dazu, dass ein urbaner Hintergrund, eine Fabrik oder Stadtansicht im Grunde wie eine natürliche Landschaft dargestellt wird. In der sozialistischen Räumlichkeit hingegen spielt «Natur» keine Rolle oder kommt überhaupt nur in domestizierter Form vor. Landschaftsbilder, beispielsweise in den Gemälden von Wolfgang Mattheuer oder den Fotografien von Evelyn Richter, sind stets von Menschen gemacht. Und auch in Mendes Archiv finden sich bloss eine Handvoll Aufnahmen, auf denen Zimmerpflanzen auszumachen sind.

Für Mendes Kamera – und für die sozialistische Räumlichkeit ganz allgemein – hängen deshalb Subjekt und Produktionsmittel untrennbar zusammen. Die Menschen, der Arbeitsplatz und die Produkte sind miteinander verwoben und bilden ein Raumsystem, das den Einzelnen ebenso wie seine Zugehörigkeit zu Betrieb, Familie und Gesellschaft umfasst und das sich in dieser Kohärenz auch in den Fotografien Mendes zeigt. Die Subjekte sind weder von den Produktionsmitteln, die sie in den Volkseigenen Betrieben theoretisch mitbesitzen, noch von den Produkten ihrer Arbeit entfremdet. Oft zeigen die Aufnahmen die Rohlinge, die verarbeitet werden sollen, im Vordergrund, manchmal sind auch die fertigen Produkte neben der Werkbank oder dem Fliessband abgebildet. Die Arbeiter sind entweder konzentriert auf ihre Tätigkeit oder im Dialog mit anderen, beim Lernen oder Lehren. Die Fotografie zerlegt den Ablauf der Arbeit nicht in einzelne Sequenzen, sondern zeigt sie als Kontinuum und als identitätsstiftendes Moment.

Natürlich hängt diese durchwegs positive Darstellung des Lebens im Kombinat mit der Situation des Auftrags zusammen; sie zielte nicht darauf, die Arbeitsbedingungen zu kritisieren. Im gesamten Archiv von Mende gibt es nur eine kurze Sequenz, die einen erschöpften Menschen zeigt, einen korpulenten Mann, möglicherweise ein ausländischer Messebesucher, der vor den Toren der Messe gegen den Schlaf kämpft. Ansonsten herrscht Harmonie zwischen den Werktätigen und ihren Produktionsstätten. Dies entspricht der Doktrin der politischen Führung der DDR – in den Worten von Erich John, dem Designer der Urania-Weltzeituhr auf dem Berliner Alexanderplatz und Vorsitzenden der Zentralen Sektionsleitung Formgestaltung der DDR: «Für den Werktätigen muss die allseitige Fürsorge spürbar werden.»[185]

DESIGN

Im Zentrum von Mendes Archiv steht die Produktion und Präsentation von Konsumobjekten, seien es Lampen, Staubsauger, Fernseher, Rasierapparate, Kochherde oder Lockenwickler. Dies hängt mit seinen Auftraggebern zusammen, vorwiegend Kombinate der Konsumgüterindustrie, so dass keine Bilder aus der Schwerindustrie, der Bauindustrie oder der Landwirtschaft zu sehen sind. Die Fokussierung auf die Konsumgüter ist aber auch wirtschaftshistorisch begründet, denn gerade um ihre Produktion, und nicht etwa um die Schwerindustrie, drehte sich die Wirtschaft der DDR ab den 1960er Jahren. Die Proteste der Arbeiter während des Aufstands vom 17. Juni 1953 richteten sich unter anderem gegen die von Stalin in allen sozialistischen Staaten forcierte Förderung der Schwerindustrie, die zur Vernachlässigung der Lebensmittel- und Konsumgüterproduktion und in der Folge zu Versorgungsengpässen geführt hatte. Um dem zu begegnen, vor allem aber auch um eine Revolution zu verhindern, stärkte das Regime in den folgenden Jahren die Konsumgüterindustrie. Kapazitäten, die eigentlich für die Schwerindustrie hätten genutzt werden sollen, wurden verlagert, und anstatt den eigentlich dringend erforderlichen Ausbau der Stahlindustrie zu fördern, wurde nun die Herstellung von Haushaltsgeräten forciert. Dies führte schon bald zu einer strukturellen Schwächung der ostdeutschen Industrie im internationalen Kontext und zur verstärkten Abhängigkeit von Westdeutschland, beispielsweise durch den Import von Stahl.

In der Konkurrenz zwischen kapitalistischem und sozialistischem System waren in der Nachkriegszeit gerade auch die Konsumgüter – als Zeichen des Wohlstands der Bevölkerung – ein Gradmesser des Erfolgs. Das emblematische Ereignis in diesem Zusammenhang war die legendäre Küchendebatte im Sommer 1959.[186] Während der Eröffnung der *American National Exhibition* in Moskau, in der die Vereinigten Staaten die Errungenschaften ihrer Konsumgüterindustrie präsentierten, debattierten vor einer Musterküche der sowjetische Premierminister Nikita Chruschtschow und der amerikanische Vizepräsident Richard Nixon vor laufender Kamera über die Vorzüge ihrer jeweiligen Gesellschaftssysteme. Wenn die Amerikaner schon das Rennen um die Eroberung des Weltalls verloren hatten, so sollten sie wenigstens bei den Haushaltsutensilien triumphieren. Das scherzhafte Gespräch zwischen den Repräsentanten der beiden Supermächte, das im amerikanischen Fernsehen übertragen wurde, war das erste Anzeichen für eine vorübergehende Phase der Entspannung im Kalten Krieg.

Küchenmaschinen und Haushaltsapparate waren ein Symbol für das Verhältnis zwischen den Menschen und ihren Wirtschaftssystemen und so wurde auch das Aussehen dieser Objekte zu einer ideologischen Frage. Während die Apparate im kapitalistischen Westen sich durch fortwährende Veränderungen des Designs auszeichneten, durch die Konkurrenz unterschiedlicher Marken und die vorgeblichen Verbesserungen von Jahr zu Jahr, sollten sie im sozialistischen Osten möglichst langlebig und optimiert gestaltet sein. Entsprechend wurde in der DDR anfangs weniger von «Design» als von «Formgestaltung» gesprochen, und Begriffe des Modischen wurden vermieden. Dennoch unterstützte das Regime in der DDR die Professionalisierung der Produktgestaltung im Lauf der 1960er Jahre. Die Ausbildung wurde verstärkt, und die Betriebe erhielten eigene Designabteilungen. «Formgestaltung etabliert sich als Bestandteil der Produktentwicklung im Werkzeugmaschinenbau, bei Textilmaschinen, in der Industrieautomatisierung und in der Medizintechnik», so fasst der Designtheoretiker Heinz Hirdina in seinem Standardwerk *Gestalten für die Serie. Design in der DDR 1949–1985* den Trend der 1960er Jahre zusammen.[187] Und schon in den 1970er Jahren rückte auch die Frage der affektiven Bindung an die Konsumobjekte in den Vordergrund. Der Ruf der ökonomischen Planer wurde laut, dass «von einem Fernsehgerät, einem Kraftfahrzeug oder einem Maschinensystem außer allem anderen auch uns gemäße Emotionen ausstrahlen» sollten.[188] Die Gestaltung nahm nicht nur in den Kunsthochschulen zunehmend mehr Raum ein – 1986 wurde das Bauhaus Dessau wiedereröffnet –, sondern hatte auch in den Kunstausstellungen der DDR einen prominenten Platz. Erich John brachte es 1977 im Katalog der *VIII. Kunstausstellung* in Dresden auf den Punkt: «In den Dingen vergegenständlichen sich Verhaltensweisen, Wert und Gebrauchsvorstellungen der Menschen.»[189]

Die Leipziger Messe war die Bühne, auf der sich Ost und West berührten und die beiden Ökonomien sich verschränkten. Für die Dauer der Messe wurden überall in der Stadt Werbeplakate und Wimpel aufgehängt, welche die Betriebe der DDR anpriesen. Mende fotografierte auch diese Plakate systematisch, die wie fremdartige Monumente in der Stadtlandschaft wirken. Die Haushaltsprodukte, die auf der Messe präsentiert wurden, waren zu grossen Teilen für den internationalen Export hergestellt. So manches Bügeleisen konnte man mit verändertem Logo später in westdeutschen Kaufhäusern erstehen,[190] und in Mendes Archiv finden sich Bilder von Lampen, die für den Export in die Türkei beschriftet sind.

Die Gesten des Personals und der Messebesucher, die Mendes Fotografien einfangen, vermitteln der Eindruck, als handle es sich bei den Haushaltsgeräten um Kostbarkeiten. Wenn die Vertreter Bügeleisen oder Staubsauger fast zu liebkosen scheinen, mag das aus heutiger Perspektive skurril wirken. Und zweifellos hat das Ausstellungsdispositiv auf der Messe manche westlichen Kunden irritiert. In einer Gesellschaft jedoch, in der die Konsumenten auf die neue Waschmaschine oder den neuen Plattenspieler lange warten und dafür mehrere Monatsgehälter ausgeben mussten, sind diese Gesten vielleicht nachvollziehbar. Die Objekte sind nicht Zeichen einer Gesellschaft des Überflusses (John Kenneth Galbraith),[191] sondern der Stolz einer ansonsten von Verfall gekennzeichneten, im Westen herablassend als «Mangelwirtschaft» bezeichneten Wirtschaftsordnung. Die Tatsache, dass Konsumprodukte wie Kunstwerke ausgestellt wurden – dem Gebrauch quasi entzogen –, wirkt vor dem Hintergrund der kapitalistischen Werbeikonografie, die ab den 1960er Jahren ganz auf den Moment des Konsums fokussiert, ungewöhnlich. Die Auratisierung des Konsumobjekts erinnert zwar an die Frühzeit der kapitalistischen Repräsentation von Waren im Crystal Palace, wo die Artefakte ebenfalls quasi zu Kunstwerken erhöht worden waren. Doch in der Leipziger Messe befanden sich die Konsumobjekte in einem unscharfen Bereich zwischen Produktion und Konsumption, zwischen einer sozialistischen und kapitalistischen Darstellungslogik. Dieselben Objekte, die Mende in der Messe im Moment des Handwechsels aufnimmt, werden in der westdeutschen Werbefotografie völlig anders dargestellt.

Die Negative in Reinhard Mendes Archiv sind nicht beschriftet, es gibt weder Bildlegenden noch Datierungen. Wir sind konfrontiert mit Aufnahmen, deren Zusammenhang sich nur bruchstückhaft erschliesst. Hilfreich sind die Angaben, welche die Fotografien selbst gelegentlich enthalten, etwa ein Banner mit der Aufschrift «20 Jahre DDR» an einer Konzertaufführung. Dennoch ist es – erst recht für jemanden, der nicht in der DDR gelebt hat – nicht leicht, die Aufnahmen zu datieren. Die frühen Fotos der 1960er Jahre können dabei noch besser eingeordnet werden als diejenigen aus den 1970er und 1980er Jahren, die sich in Stimmung und Ambiente oft ähneln. Ja, es scheint, dass sich die sozialistische Räumlichkeit ab jener Zeit immer langsamer verändert, bis sie schliesslich stillsteht und gleichsam kristallisiert. ABB. S.143

Es ist gerade dieser Stillstand, der die Beschäftigung mit einer sozialistischen Räumlichkeit aus heutiger Perspektive so interessant macht. Einerseits ist er darauf zurückzuführen, dass im Rahmen einer Ökonomie der zentralen Planung wenig Anlass bestand, Konsumprodukte durch fortwährende Veränderung gegenüber der Konkurrenz hervorzuheben. Anpassungen im Design wurden vornehmlich im Hinblick auf den westlichen Markt vorgenommen. Andererseits setzt sich in der damit entstehenden Ästhetik eine Räumlichkeit der Nachkriegszeit fort, einer Zeit des Aufbaus und der Zuversicht, die Ost und West gleichermassen beflügelte, die aber im Westen bereits im Laufe der 1960er und 1970er Jahre verschwand. Die «Ostalgie», die nicht nur Menschen, die in der DDR gelebt haben, manchmal verspüren mögen, hängt auch damit zusammen, dass die Artefakte jener Zeit von einer räumlichen Kohärenz, Robustheit und Vertrautheit zeugen, die im Westen früher verschwand als im Osten. Die Bilder der Arbeitsplätze und der Waren auf der Messe, die dort von einem räumlichen Regime in das andere übergehen, sind daher nicht nur als Dokumente einer spezifischen und inzwischen verschwundenen Räumlichkeit von Belang. Sie lassen uns indirekt auch die kapitalistische Räumlichkeit besser sehen. Nämlich als rohe, gewalttätige Räumlichkeit, welche die Subjekte ignoriert, die sie durch ihre vehementen Veränderungen überfordert, ihnen den Boden entzieht und sich gegen sie richtet.

FOTO
KINO

III

BILDER IM EMPIRE

AXEL SPRINGER VERLAG

BILDER IN BEWEGUNG: SAUERBRUCH HUTTON UND DAS GETEILTE DEUTSCHLAND

Als ich im September 1989 nach Westberlin zog, existierte Ostberlin nicht. Vom Westen aus war die andere Hälfte der Stadt nur im Untergrund wahrnehmbar. Auf den U-Bahn-Plänen fanden sich diverse Bahnhöfe, die markiert waren mit dem Hinweis «Bahnhöfe, an denen der Zug nicht hält». Ich kann mich an die Geisterbahnhöfe erinnern, etwa Alexanderplatz oder Potsdamer Platz, die für kurze Momente vom Licht der vorbeifahrenden U-Bahn erhellt wurden. Einige Sekunden lang waren dann die leeren Bahnsteige zu sehen, die Bänke, Mülleimer, Kioske und Plakatwände, als ob die Passagiere eben erst den Bahnhof verlassen hätten. Diese Zeitkapseln regten meine Phantasie an, und ich stellte mir vor, wie die Stadt wohl vor der Teilung durch den Bau der Mauer im Jahre 1961 ausgesehen hatte.

Nach der Öffnung der Berliner Mauer im November 1989 begann ich, den Ostteil der Stadt zu erkunden. Ich war fasziniert von den Unterschieden zum Berliner Westen, aber ebenso davon, wie rasch sie verschwanden. Plakate, deren Formate nicht zu den alten Rahmen passten, waren die erste sichtbare Veränderung. Sie warben für Autos, die bald danach die Strassenräume beherrschten. Die Auslagen in den Schaufenstern wandelten sich, die Kleidung der Menschen ebenso. Die Atmosphäre in Ostberlin, die sozialistische Räumlichkeit, wenn man so will, wurde buchstäblich absorbiert von der des Westens, der kapitalistischen Räumlichkeit. Nach wenigen Jahren schon hatte ich Mühe zu sehen, wo die Mauer verlaufen war. Die meisten Monumente aus der Zeit der DDR waren abgerissen, Strassen waren umbenannt worden. Andererseits wurde die Nostalgie für die vormoderne Vergangenheit in der sogenannten «kritischen Rekonstruktion» von Berlin spürbar, die historische Strukturen aufnehmen und zeitgemäss auf sie antworten sollte. Die neoliberalen Stadtplaner verdrängten die Spuren der Tragik und der Komplexität des 20. Jahrhunderts durch eine Mischung aus historischen Klischees und der maximalen Flexibilität für Investoren. Die Stadt verwandelte sich in einen Themenpark des vormodernen Berlins. Höhepunkt war der Abriss des Palasts der Republik in den Jahren 2006 bis 2008 und der Entscheid, ihn durch eine Replik des barocken Stadtschlosses der Preußischen Monarchie zu ersetzen.

Enttäuscht von vielen mediokren Neubauten und verpassten städtebaulichen Chancen, verblüffte mich die Schönheit des Hauptgebäudes der GSW Immobilien AG, das 1999 vom Architektenduo Matthias Sauerbruch und Louisa Hutton erbaut wurde. ABB. S.146 Mit einem Mal artikulierte ein Gebäude die räumliche und zeitliche Spezifik von Berlin. Es funktionierte wie ein Instrument, wie eine starke Linse, die es erlaubte, gleichzeitig den Osten und den Westen zu fokussieren. Nahe dem legendären Checkpoint Charlie gelegen, vermittelt der Bau zwischen dem 1966 errichteten Hochhaus des Axel Springer Verlags im Westen und den Plattenbauten im Osten der Stadt. Das bronzeschimmernde Hauptgebäude des mächtigen und deutlich konservativen Medienunternehmens Springer war für die Generation der 1968er das Symbol reaktionärer Haltungen der Bundesrepublik in der Zeit des Kalten Kriegs. Sauerbruch Huttons farbiges und dynamisches Gebäude lässt diese düstere Variante des International Style noch starrer und überholter erscheinen. Trotzdem ist es keine Geste der radikalen Verneinung oder des symbolischen Vatermords. Vielmehr evozieren die entspannten Kurven, der spielerische Rhythmus von Licht und Schatten, die Nuancen zwischen Transparenz und Opazität und das dekorative Farbschema, das durch die bunten Jalousien entsteht, eine andere, heitere Seite der 1950er und 1960er Jahre, nämlich die lebhafte Populärkultur und die Verspieltheit, den Optimismus und die soziale Mobilität.

Ebenso scheint das GSW-Hauptquartier auch auf die Hochhäuser im Ostteil der Stadt zu reagieren. Was gemeinhin als hässliches Symptom des Mangels betrachtet wird, wirkt im Licht von Sauerbruch Huttons Gebäude als sorgfältig gesetztes Element der städtischen Silhouette. Die Plattenbauten der Ostberliner Innenstadt zeugen davon, dass die sozialistische Stadtplanung den monumentalen Massstab nicht allein für institutionelle Gebäude reservierte, sondern auch für Wohnungsbauten einsetzte. Indem das Werk von Sauerbruch Hutton die Architekturentwicklung auf beiden Seiten der Mauer reflektierte, half es mir zu verstehen, wie sich in Berlin nicht nur zwei politische, sondern auch zwei räumliche Regimes begegnen. Lange bevor die Zerstörung des Palasts der Republik beschlossen und der Wettbewerb für dessen Ersatz durch eine Replik des Stadtschlosses ausgelobt war, machten

Matthias Sauerbruch und Louisa Hutton einen grundlegenden Vorschlag für die zukünftige Nutzung des Ortes. Es ist ein Plädoyer für das historische Bewusstsein als zentrales Element einer Stadt: «In a historic city it seems natural to utilize these remains to the greatest possible extent and to activate them with various programs.» Und sie betonen: «The Palace of the Republic will be retained.»[192] Im Unterschied zu den meisten westlichen Architekten ihrer Generation verfügen Sauerbruch Hutton über eine grosse Sensibilität für das Erbe Ostdeutschlands und für das, was durch den politischen und ökonomischen Wandel dort verdrängt und zerstört wurde. Entsprechend steht das GSW-Hochhaus am Beginn einer Serie ihrer interessantesten Bauten, die alle auf dem Gebiet der ehemaligen DDR realisiert wurden, darunter die Experimentelle Fabrik in Magdeburg (2001), das Rathaus in Hennigsdorf (2003) und das Umweltbundesamt in Dessau (2005).

ICONIC TURN

Die Technologie des GSW-Hochhauses ist viel beachtet worden – es hat für seine vorgehängte hinterlüftete Fassade den Deutschen Fassadenpreis 2001 gewonnen – und auch die Farbigkeit wurde lebhaft rezipiert. Aber wie genau beeinflusst es unsere Wahrnehmung? Wie erreicht es diese Wirkung einer Linse, die uns hilft, die gebaute Umgebung deutlicher zu fokussieren? Um diese Frage zu beantworten, beziehe ich mich auf die Diskussion um den Begriff des Bildes und den sogenannten «iconic turn». Seit Beginn der 1990er Jahre wird der Trend hin zum Visuellen gerne als «iconic turn», «pictorial turn» oder «visual turn» bezeichnet.[193] Vereinfacht gesagt beschreiben all diese Begriffe eine Hinwendung der Philosophie zur Bildlichkeit: Phänomene werden in erster Linie als Bilder wahrgenommen und nicht mehr als Text gelesen, wie dies für den poststrukturalistischen «linguistic turn» (Richard Rorty) charakteristisch gewesen war. Während der «iconic turn» im Bereich der Kunst eine fruchtbare Debatte auslöste, hat er die Architekturdiskussion bisher wenig beeinflusst. Nach wie vor ist das Konzept des Bildes ebenso wie verwandte Begriffe, etwa «Oberfläche», «Illusion», «Theatralität» oder «Effekt», bei den meisten Architekten verpönt. Zweifellos hat dies damit zu tun, dass sie das Bild mit dem Gemälde, also mit einem zweidimensionalen, gerahmten Objekt gleichsetzen. Der Begriff des Bildes evoziert deshalb, so darf man vermuten, die latente Angst, dass die Autonomie der Architektur in Gefahr gerät, sobald sie sich auf Phänomene ausserhalb ihres eigenen Feldes einlässt. In ähnlicher Weise ist auch die seit den 1990er Jahren geläufige Rede von «ikonischer Architektur» und «Signature Architecture», also die Idee einer Architektur, die als Wahrzeichen einer Stadt oder einer Firma funktioniert und die gut wiedererkennbare Handschrift eines berühmten Architekten trägt, ambivalent, weil sie mit der Analogie zur bildenden Kunst durchaus die Komplexität der Architektur reduziert.

Eine noch immer nützliche Definition des Bildes gibt der französische Philosoph Henri Bergson in seinem 1896 zuerst auf Französisch veröffentlichten Buch *Materie und Gedächtnis*. Dort schreibt er: «Für uns ist die Materie eine Gesamtheit von ‹Bildern›. Und unter ‹Bild› verstehen wir eine Art von Existenz, die mehr ist, als was der Idealist ‹Vorstellung› nennt, aber weniger, als was der Realist ‹Ding› nennt – eine Existenz, die halbwegs zwischen dem ‹Ding› und der ‹Vorstellung› liegt.»[194] Bergson reduziert den Begriff des Bildes also nicht auf ein flaches, objekthaftes Gemälde. Bilder sind seiner Ansicht nach nicht isoliert, sondern ständig in Bewegung und im gegenseitigen Austausch:

> Da sehe ich mich denn umgeben von Bildern – das Wort im unbestimmtesten Sinne verstanden –, Bildern, die ich wahrnehme, wenn ich meine Sinne öffne, und nicht wahrnehme, wenn ich sie schließe. All diese Bilder stehen mit allen ihren elementaren Bestandteilen in Wechselwirkung, nach konstanten Gesetzen, die wir die Naturgesetze nennen [...].[195]

Jean-Paul Sartre, der in mancher Hinsicht an das Werk von Bergson anschliesst, geht noch weiter, wenn er, wie im Essay «Wall Street» schon erwähnt, in seinem Buch *Das Imaginäre. Phänomenologische Psychologie der Einbildungskraft* das Bild als «Akt» definiert.[196] Auch der Architekt und Stadtplaner Kevin Lynch geht in seinem Buch *The Image of the City* (1960) von der Prämisse aus, dass das Bild ein dynamisches Phänomen sei. Er prägt in diesem Zusammenhang den Begriff der «Imageability» und schreibt:

> The concept of imageability does not necessarily connote something fixed, limited, precise, unified, or regularly ordered, although it may sometimes have these qualities. Nor does it mean apparent at a glance, obvious, patent, or plain. The total environment to be patterned is highly complex, while the obvious image is soon boring and can point to only a few features of the living world.[197]

Lässt man sich auf die Idee ein, dass das Bild ein Akteur ist, der dynamisch handelt und nicht bloss passiv reproduziert, dann erleichtert das Nachdenken über Architektur in Begriffen des Bildes den Vergleich von Architekten wie Sauerbruch Hutton, Herzog & de Meuron, Peter Zumthor, Rem Koolhaas, Caruso St John, Toyo Ito, Iñaki Ábalos, Josep Lluís Mateo, Eduardo Souto de Moura, Christian Kerez, Gigon/Guyer und anderen. Denn so wird es möglich, verschiedene Arten von Ikonizität, das heisst, Funktionsweisen der Architektur als Bild, zu beschreiben und beispielsweise ikonische Bauten, wie Frank Gehrys Guggenheim Museum in Bilbao oder Norman Fosters Swiss-Re-Gebäude in London zu differenzieren von ortsspezifischen Werken wie den Bauten von Herzog & de Meuron oder von illustrativen Bauten wie der Replik des Berliner Stadtschlosses. Das GSW-Hochhaus spielt in diesem Zusammenhang deshalb eine wichtige Rolle, weil es verschiedene dieser Ebenen verbindet. Einerseits zieht es die Blicke der Passanten an und bietet Orientierung und auch ästhetischen Genuss sowohl für diejenigen, die den Bau von aussen sehen, als auch für die Angestellten, die im Inneren arbeiten. Andererseits absorbiert es den Fluss von realen und mentalen Bildern, die durch Berlin ziehen. Über die reine Selbstreferenzialität hinaus ist es so ein Resonanzkörper für die räumliche und zeitliche Umgebung.

BILDER DER FABRIKATION

Es ist interessant, wie es Sauerbruch Hutton gelingt, ihren Bauten diese virtuelle Realität der verschiedenen Bildebenen des Alltags der Menschen einzuschreiben. Mein Lieblingsprojekt in diesem Zusammenhang ist die Experimentelle Fabrik in Magdeburg (2001). ABB. S.157 Wie das GSW-Hochhaus verblüfft auch dieses Gebäudes die Passanten durch seine atemberaubende Schönheit. Es liegt am Rande der Stadt, wo das Zentrum und die früheren Industrieareale, die heute den Campus der Otto-Von-Guericke-Universität Magdeburg beherbergen, aufeinandertreffen. Der Bau umfasst diverse Forschungseinrichtungen, die entweder privat finanziert oder durch die Universität getragen sind. Es ist eine Denk-Fabrik, die von ihren Mietern gern das «Silicon Valley von Magdeburg» genannt wird. Unterschiedliche Funktionen sind vereint unter einem grossen Dach – in den Worten der Architekten: einer Decke –, das von Streifen in Orange, Rosa und Silber strukturiert wird und das sich tatsächlich wie ein Textil über den Bau legt, dabei über die Kante des Flachdachs und an der Fassade entlang nach unten fällt. Besonders interessiert mich, dass die Decke auf diese Weise die traditionellen Begriffe von Dach oder Fassade verschwimmen lässt. So kann man die Experimentelle Fabrik als einen topologischen Raum verstehen, in dem sich die Differenz zwischen innen und aussen, oben und unten, Dach und Wänden auflöst. Und auch die Unterscheidung zwischen virtueller und realer Räumlichkeit gerät ins Wanken: Die Decke sieht aus wie ein zweidimensionales Digitalbild, das in einen realen Raum übertragen wurde; die grellen Farben erinnern an einen LCD-Bildschirm. Der Bau der Experimentellen Fabrik verkörpert eine radikale Alternative zum Klischee der Zweckmässigkeit und Kargheit, das häufig mit industriellen Fabrikbauten in Verbindung gebracht wird. Die meisten Menschen sehen die «Fabrik» vom Auto aus, wenn sie auf einer vielbefahrenen Strasse vorbeifahren. Aber es ist auch der einzige Bau in Magdeburg, wie mir der Verwalter stolz sagte, der vom Flugzeug aus, beim Landeanflug auf Berlin, ins Auge fällt.

Wie das GSW-Hochhaus verbindet auch die Experimentelle Fabrik diverse ikonische Funktionen. Es ist ein Wahrzeichen für den Campus und die Stadt. Die frischen Farben – mich erinnern sie an Flower-Power und die Hippie-Bewegung der 1970er Jahre – stehen im Kontrast zur grauen Tristesse der schrumpfenden Stadt Magdeburg mit ihren leeren Fabriken, Hausruinen und einem Zentrum, das stalinistische Monumentalität und romanische Kirchen mit 1970er Plattenbauten und 1990er Shopping-Malls ahistorisch miteinander verschränkt. Das Gebäude der «Fabrik» verkörpert einen Neubeginn und verweist auf die bunten Studentenwohnungen und die Infrastrukturbauten der Umgebung. Es operiert ausserdem auf der Ebene eines Musée imaginaire der Architektur: Auf dem Tiefpunkt der Deindustrialisierung beginnt es einen Dialog mit den modernistischen Ikonen der Industriearchitektur in der näheren Umgebung – darunter Peter Behrens' AEG-Turbinenfabrik in Berlin (1910), die Hutfabrik in Luckenwalde von Erich Mendelsohn (1923), Ludwig Leos Umlauftank der Versuchsanstalt für Wasserbau und Schiffbau in Berlin (1975) und, in grösserer Distanz, etwa Cesar Pellis Pacific Design Center in West Hollywood (1975) und Peter Eisenmans Greater Columbus Convention Center in Columbus, Ohio (1993).

Aber die «Fabrik» wendet sich nicht nur an Passanten und Architekturexperten, sie ist auch eine Hommage an die Menschen, die in ihr arbeiten. So wird sie zu einer weiteren Geste gegenüber der Kultur des Staatssozialismus und der damit einhergehenden Ikonografie der Arbeit. Sauerbruch Hutton wollen die «Wirklichkeit zum Funktionieren bringen», und diesem Konzept entsprechend offeriert ihre Experimentelle Fabrik eine Bühne, auf der Forschung inszeniert wird.[198] Dieser performative Impuls zieht sich durch alle Räume. Das zentrale, zweistöckige Foyer mit seinem Farbschema in Pink, Orange und Grün gleicht eher einem Theaterfoyer als dem Zugang zu einem Labor, und die Versuchshalle kann von einer Galerie aus überblickt werden, welche die verschiedenen Bereiche des Baus verbindet. Wann hat man zuletzt solche Räume gesehen? Sie evozieren die expressionistische Räumlichkeit eines Erich Mendelsohn und die legendären Arbeiterklubs von Konstantin Melnikow. Damit stehen sie in der Tradition einer Architektur für Arbeiter und einer Ikonografie der Arbeit, die inzwischen verschwunden ist.

Mit der Experimentellen Fabrik haben Sauerbruch Hutton demonstriert, dass ikonische Architektur nicht für exklusive Programme der Kultur, Politik oder Wirtschaft reserviert sein muss. Sie zeigen uns, dass Urbanität nicht nur im Stadtzentrum stattfinden kann, sondern auch an der Peripherie oder im Terrain vague – in Gegenden, die nicht genauer definiert sind. Dies gilt auch für das Hochregallager des süddeutschen Büromöbelunternehmens Sedus in Dogern (2003). Mit seiner Fassade, ebenfalls von einer farbigen Verkleidung überzogen, ist es ein weiteres Beispiel für das Potenzial des Ikonischen im Werk von Sauerbruch Hutton. Obwohl das Lager in der idyllischen Landschaft des Schwarzwalds liegt, bricht es die modernistische Dichotomie von Landschaft und Stadt auf und zeigt, dass es in den Industriegesellschaften tatsächlich nichts gibt, was nicht urban ist. Während das GSW-Gebäude Bilder des kapitalistischen und des sozialistischen Raums aufeinander bezieht, vermittelt das Hochregallager zwischen Bildern der Industrie und der «Natur». Die pixelartige Musterung lehnt sich an Computerbilder, aber auch an Stapel von Schiffscontainern an. Beide Bezüge mögen interpretiert werden als Erinnerung daran, dass die revolutionäre Veränderung des weltweiten Warentransports in den frühen 1970er Jahren auf einer neuartigen Verbindung von Computern und Schiffscontainern beruhte. Zugleich, als ob ein pointillistisches Gemälde aus dem ausgehenden 19. Jahrhundert auf einem riesigen Computerbildschirm aufgelöst wäre, hallt in dem Bau eine lange Tradition von Landschaftsmalerei nach, ohne dass er auf das Klischee der unberührten Natur zurückfallen würde. Anstatt eine Harmonie zwischen Industrie und Natur zu behaupten, artikulieren Sauerbruch Hutton die Differenz. Einmal mehr sind sie daran interessiert, was in der Kollision verschiedener räumlicher Logiken geschieht und wie Grenzen in Auflösung noch artikuliert werden können.

Trotz seiner Lage in der Peripherie ist das Lagerhaus eng verbunden mit dem wohl prominentesten Projekt des Büros, dem Museum Brandhorst in München (2009). Die farbige Verkleidung des Lagerhauses erzeugt einen Effekt der Dematerialisierung, die es schwer macht, die tatsächliche Dimension des Baus einzuschätzen. Dasselbe gilt für das Museum. Es ist verkleidet mit farbigen Keramikelementen und Metallplatten. Von Nahem erscheint die Fassade dadurch skulptural und haptisch; aus der Ferne betrachtet, verschwimmen die Elemente zu einer atmosphärischen Gesamtwirkung. Farbe, Form, Technologie und Materialität spielen hier aufs Engste zusammen und lassen sich in der Wirkung des Gebäudes nicht klar voneinander trennen. Wie schon in früheren Projekten agieren und reagieren Sauerbruch Hutton zugleich – und vermitteln auch in München zwischen verschiedenen räumlichen Logiken. Konfrontiert mit den Protesten der Anwohner, die sich gegen ein weiteres grosses Kulturgebäude wehrten, entwarfen die Architekten eine Fassade, die den Verkehrslärm teilweise schluckt. Und als versuchte das Museum Brandhorst, der massiven Präsenz der benachbarten Museen auszuweichen – der Alten Pinakothek, der Neuen Pinakothek und der Pinakothek der Moderne –, scheint sich seine Fassade flirrend aufzulösen. Für seine Sammlung zeitgenössischer Kunst erhält es eine dynamische Fassade. Mitten in einem Viertel, das dicht besetzt ist mit ikonischen Bauten, gelingt es dem Gebäude von Sauerbruch Hutton, die Umgebung fast in Bewegung zu versetzen. Es stellt den Begriff des Bildes als etwas Statisches in Frage. Das Museum Brandhorst ist nicht einfach ein weiteres Bild, das zu den bestehenden hinzuaddiert wird, sondern es bringt eine neue Art von Bildhaftigkeit der Architektur ins Spiel, eine der Vibration und der Wandlung, die auch in den Nachbarbauten widerhallt. Was echt ist und was eine Chimäre, welches Bild virtuell oder real, ist nicht a priori gegeben, sondern muss jedes Mal neu verhandelt werden, sei es im Zentrum der reichsten Stadt Deutschlands oder an der Peripherie seiner ärmsten Region.

Sauerbruch Hutton führen vor, dass Zentrum und Peripherie, Industrialisierung und Deindustrialisierung, innen und aussen untrennbar verwoben sind und fortwährend aufeinander wirken. Es ist kein Zufall, dass ihre Architektur ausser in London vor allem in Berlin entwickelt wurde: dort, wo sich die Grenze zwischen zwei ökonomischen, politischen und kulturellen Regimes befand, in einer Phase der raschen Transformation. Der Konflikt zwischen ihnen wird auch und in erster Linie auf der Ebene der Bilder ausgetragen, und Sauerbruch Hutton haben diese Ebene wie kaum ein anderes Büro für die Architektur erschlossen. Die Ikonizität ihrer Bauten demonstriert, was wir vielleicht theoretisch wissen, aber selten in unserer gebauten Umgebung wahrnehmen, nämlich, dass es kein Aussen, keine Distanz, keine Gewissheit der Räumlichkeit gibt.

HANS DANUSER UND PETER ZUMTHOR: EINE REVISION

Mein Bild der Architektur von Peter Zumthor war bis vor wenigen Jahren einigermassen entschieden. Ich hatte viel Respekt vor der Schönheit und atmosphärischen Wirkung seiner Bauten, vor der Konsequenz, mit der seine Projekte auseinander hervorgingen, und vor dem im internationalen Vergleich gemächlichen Tempo, das sein Büro bestimmte. Aber ich war auch skeptisch gegenüber seiner Idee der Authentizität, der meiner Ansicht nach anachronistischen Auffassung der Natur sowie dem romantischen Impuls, der sein Werk durchdringt. Der Anspruch auf Selbstbezüglichkeit und Autonomie seiner Architektur schien mir als Interpret, Historiker und Kritiker nur wenig Raum zu lassen. Geprägt war mein Bild einerseits durch den Besuch einiger seiner Bauten, noch mehr aber war es das Resultat der Fotografien, die Hans Danuser 1987 und 1988 von der Caplutta Sogn Benedetg in Sumvitg im schweizerischen Kanton Graubünden gemacht hatte und über die ich Zumthors Werk zuerst wahrgenommen hatte. Vor allem eine Aufnahme, welche die Kapelle fast im Nebel aufgelöst zeigt, hatte sich in meiner Imagination untrennbar mit dem Namen Zumthor verwoben. ABB. S.158 Vermittelt durch Danuser, fügte sich für mich der Bau in eine Jahrhundertelange Kette von trotzigen Burgruinen ein, welche die Gegend charakterisieren. Die Assoziation des Romantischen, Weltflüchtigen, ja des Kulturpessimismus stellte sich zwangsläufig ein, wenn ich an Zumthors Architektur dachte. Ebenso stand mein Bild von Hans Danuser fest. Ich war seinem Werk 1989 in der Ausstellung *In Vivo* im Aargauer Kunsthaus Aarau begegnet.[199] Die körnigen Schwarz-Weiss-Aufnahmen von Kühltürmen, Laboratorien und Seziertischen hatten mich gleichzeitig fasziniert und irritiert. Wie bei Zumthors Architektur war ich skeptisch gegenüber einer künstlerischen Haltung, die mir im Neoexpressionismus der 1980er Jahre verwurzelt schien und deren Antimodernismus und Pathos mir fremd waren.

Dann besuchte ich im Frühling 2004 die Kapelle Sogn Benedetg in Sumvitg, und schlagartig musste ich meine Bilder sowohl von Zumthor als auch von Danuser revidieren. Anstelle eines schwermütigen Baus, der in der Abgeschiedenheit der Alpen mit der Natur verschwimmt, stand ich vor einem der elegantesten und fragilsten Gebäude, die ich je gesehen hatte. Seit meiner Begegnung mit der Bibliothek der

Hochschule für nachhaltige Entwicklung in Eberswalde von Herzog & de Meuron hatte ich kein so eindrückliches Erlebnis neuer Architektur gehabt. Alles erschien mir zeitgemäss, als sei die Kapelle gerade erst gebaut worden – und nicht fast zwanzig Jahre zuvor. Der Bau, so meine Wahrnehmung, bestand ausschliesslich aus Oberflächen, die sich übereinanderlegten. Raum im herkömmlichen Sinne, das heisst als dreidimensional erfahrbare körperliche Entität, kam gar nicht vor. Es gab keine «Fenster», die den Übergang zwischen innen und aussen artikulierten und die somit ein Indiz für die Vorstellung einer räumlichen Kontinuität wären. Stattdessen war das Dach lediglich ein wenig abgehoben, um Licht einzulassen. Auch die Wand beziehungsweise die äusserste, mit hölzernen Schindeln überzogene Schicht, die sich wie eine textile Membran um den Baukörper zog, war gerade so weit aufgespreizt, dass sie eine Öffnung bot, die aber wiederum kaum als in die Wand eingeschnittene Tür bezeichnet werden konnte. Zudem war der Bau alles andere als erdverbunden. Im Gegenteil, die wenigen Stufen vor dem Eingang sind durch einen schmalen Spalt vom Gebäude getrennt. Sie scheinen vor dem Kontakt mit der Kapelle einen Moment zu zögern, als ob der direkte Übergang zwischen dem Terrain und dem Gebäude unmöglich wäre. Anstatt ineinander aufzugehen, wie ich erwartet hatte, waren die Topografie der alpinen Landschaft und die Topologie der Architektur unvereinbar, diskontinuierlich.

Zumthors Kapelle nimmt manches vorweg, was in der architektonischen Diskussion der 1990er und 2000er Jahre unter dem Begriff der topologischen Architektur verhandelt wurde, etwa die Idee einer aus Flächen hervorgegangenen Architektur, für die die kategorialen Trennungen von Wand und Dach, innen und aussen nicht mehr gelten. Zudem verwies Zumthors Kapelle nicht, wie gedacht, nur auf sich selbst. Vielmehr führte meine Erfahrung des Gebäudes dazu, dass ich auch dessen Umgebung anders wahrnahm, als ob es eine Art von Linse wäre, die meine Sehweise veränderte. Es versetzte so in gewisser Weise das ganze Tal in Bewegung. Es ging nicht um Autonomie und Isolation, sondern im Gegenteil um Assoziation und Präzision. Der Bau schärfte meinen Blick für diese Gegend und die Energie, die hier floss. Dabei denke ich nicht an esoterische Kraftlinien, vielmehr einerseits an Energie im Sinne institutioneller Zusammenhänge, wenn sich durch die katholische Kirche dieser Teil des Rheinlands und sein einst mächtiges Kloster Disentis mit dem globalen Katholizismus verbinden. Andererseits meint Energie aber auch buchstäblich eine Infrastruktur der Stromproduktion, von der die Region abhängt. Graubünden erfuhr ab den 1950er Jahren eine rasante Entwicklung durch den Bau von Wasserkraftwerken. Zusammen mit dem Tourismus war die Energiewirtschaft der Motor des Fortschritts, und viele Berggemeinden verdanken ihren Wohlstand den Kraftwerken und dem durch die Nutzung des Wassers fälligen Wasserzins. Ich stand also nicht nur in einer alpinen Landschaft, sondern auch in einer Industrielandschaft. Ich spürte keinen Widerspruch zum Urbanen. Ich war nicht in der Peripherie, sondern mitten in einem Netz, dessen Fäden sich ausspannten nach Berlin, New York und Tokio.

Die Revision meines Bildes von Zumthors Architektur durch die Begegnung mit der Kapelle war Anlass, auch Danusers Aufnahmen des Baus noch einmal genauer zu betrachten. Erst jetzt wurde mir bewusst, dass es sich gar nicht um eine einzelne Fotografie handelte, sondern um eine Abfolge, die nur in meiner Erinnerung zu einem Bild geronnen war. Im Auftrag von Zumthor hatte Danuser in den Jahren 1987 und 1988 die eben fertiggestellte Kapelle – sie sollte im September 1988 geweiht werden – mit einer Mittelformatkamera und Schwarz-Weiss-Film fotografiert. Das Resultat war eine Serie von sechs quadratischen Fotografien. Erstmals präsentiert wurde sie 1988 in der Ausstellung *Partituren und Bilder. Architektonische Arbeiten aus dem Atelier Peter Zumthor 1985–1988* in der Architekturgalerie Luzern und der Architekturgalerie Graz, zusammen mit Aufnahmen von Zumthors Schutzbauten für römische Ruinen in Chur und vom Atelierbau in Haldenstein. Danach wurde die Serie in den Zeitschriften *Du*, *Ottagono* und *Domus* publiziert.[200]

Danuser hatte verschiedene Aspekte des Inneren und des Äusseren aufgenommen, als ob ein einzelnes Bild dem Bau gar nicht gerecht werden könnte. Sein Thema war also weniger, wie ich geglaubt hatte, die Evokation des Irrationalen und die Wiedergabe von Stimmungen als das viel grundsätzlichere Problem der Kunst, das Unsichtbare sichtbar zu machen. Den Anfang der Fotoserie macht eine Aussenaufnahme der Kapelle in ihrer Umgebung. Allerdings verzichtete Danuser darauf, die spektakuläre Aussicht auf die Region Surselva abzubilden. Wie in der traditionellen Architekturfotografie wäre die Verbindung von Landschaft und Gebäude dann derart konventionell geworden, dass beide einander quasi ausgeblendet hätten. Indem sich Danuser aber bewusst mit dem Rücken zur Aussicht stellte, entkam er dem Klischee «Graubünden» – und prägte mit seinem spezifischen Blick auf Zumthors Kapelle zugleich jene für die Identität der Bündner Architektur seither zentrale Fokussierung auf Oberflächen und Texturen der spezifischen Materialien dieser Gegend.

Eine weitere Grundlage für das Bild, das ich mir vom Bau und seinen Aufnahmen gemacht hatte, war die Tatsache, dass die Kapelle auf den Fotografien sehr hell ist. Die Schindelmembran, die den Bau wie ein eng anliegendes Geflecht überzieht, war zum Zeitpunkt der Aufnahmen noch nicht durch das Sonnenlicht dunkel geworden. Und so ist in der Fotografie, anders als ich gemeint hatte, die Kapelle nicht von Nebelschwaden überzogen, sondern erscheint so hell, weil sie noch keine Spuren der Zeit trägt. Der Nebel verdeckt nur den Bereich, der über ihr liegt. Anders also als etwa in den Gemälden von Caspar David Friedrich ist die Wirkung des Kirchenbaus nicht erhaben, als Verschmelzung des Irdischen mit einem Jenseitigen, sondern vielmehr desublimierend, ernüchternd. Die Kapelle steht roh in der Umgebung, ein Fremdkörper, der brutal in die Landschaft eingeschlagen ist, so wie die Felsbrocken, die von der zerstörerischen Gewalt der Natur erzählen. Als die Kapelle gebaut wurde, war die Erinnerung an die verheerende Staublawine noch wach, die im Februar 1984 den mittelalterlichen Vorgängerbau völlig zerstört hatte. Vor diesem Hintergrund wirkte nun auch der Glockenturm befremdlich. Ich hatte ihn mir wie einen Baum vorgestellt, doch jetzt mutete er an wie ein Mast der Stromleitungen und Bergbahnen, welche die Gegend durchziehen – ein Element, das sowohl verbindet als auch durchtrennt.

Mein neuer Blick auf Danusers Fotografie offenbarte es nur allzu deutlich: Das romantische Bild einer in der Natur aufgehenden Architektur, das ich mir, vermeintlich durch seine Fotografien inspiriert, gemacht hatte, traf weder auf Zumthors Architektur noch auf Danusers Interpretation zu. Seine Bilder zeigen den Konnex zwischen Gebäude und Landschaft nicht als ästhetische Verbindung, sondern machen vielmehr die gewöhnlich übersehenen ökonomischen Zusammenhänge sichtbar. So ist die Aufnahme, die den an die Kapelle angrenzenden Zaun zeigt, nur auf den ersten Blick «malerisch». Interessanter als die formale Wirkung ist, dass sie von dem für diese Bergregion typischen Kostendruck zeugt. Indem Danuser neben dem Zaun einen Ausschnitt des Neubaus zeigt und dessen Betonsockel ins Bild ragen lässt, verhindert er nicht nur jede nostalgische Evokation einer vermeintlich heilen, vorindustriellen Welt. Er rückt auch den Aspekt der Arbeit ins Licht – sei diese nun industriell organisiert oder vorindustriell. Er setzt den verbauten Beton in Beziehung zu der Art und Weise, wie Zaun und Kapelle hergestellt wurden. Die eingerammten, unbearbeiteten Äste und die zwischen ihnen eingefügten Rindenstücke sind Abfallprodukte aus der Holzindustrie, etwa bei der Herstellung von Brettern oder der Schindeln, welche die Aussenwand der Kapelle vor Verwitterung schützen. Einen ähnlich subtilen Blick auf die Herstellung geben auch die Details des Bodens, die Danuser fotografierte, bevor und nachdem die Bänke eingebaut worden waren. Sie zeigen, dass zwar kleine, preiswerte Bretter eingesetzt wurden, die aber durch ihre ornamentale Maserung und Variation das Interieur formal aufwerten. Danuser macht Materialzusammenhänge und Arbeitsprozesse deutlich und sagt so mit wenigen Fotografien mehr über Zumthors Methode als Architekt als jeder Text, der dessen Ausbildung als Schreiner beiläufig erwähnt. Zudem verstärkt der Fotograf damit den Eindruck, dass die Landschaft, in der die Kapelle sich befindet, zumindest teilweise eine von Menschen gemachte ist. Eine andere Detailaufnahme, die einen Ausschnitt der Wand zeigt, wirkt auf den ersten Blick fast wie ein technischer Kommentar zur Konstruktion, der nachvollziehbar macht, wie die tragenden Balken mit der Hülle verbunden sind. Für mich ist sie vor allem aus der Perspektive der Raumtheorie brisant, also im Hinblick auf die oben erwähnte

Diskussion der topologischen Architektur. Denn diese Darstellung der Wand legt nahe, dass es für Zumthor gar nicht möglich ist, den Raum anders zu denken denn als Resultat von textilen Begrenzungen, wie ein Zelt oder eine Bühne, die durch Vorhänge und Kulissen – und damit vor allem durch die Oberflächen – ihre Wirkung entfaltet.

Mit seinen Aufnahmen von Sogn Benedetg veränderte Danuser die Konventionen der Architekturfotografie radikal. Statt für neutrale Dokumentation interessierte er sich für eine persönliche Interpretation. Und anstatt das Phänomen auf eine Aufnahme zu reduzieren, zerlegte er den Bau perspektivisch in Einzelteile, wie in einem kurzen Film, der den Gegenstand in Sequenzen zerlegt und aus unterschiedlichen Blickwinkeln zeigt. Diese Fragmente bieten den Betrachtern die Möglichkeit, den Bau in der Phantasie zu rekonstruieren und nehmen in Kauf, dass mancher von ihnen vielleicht – wie ich – Missverständnissen aufsitzt. Danuser hat mit seiner Darstellungsweise die Rezeption von Zumthors Architektur geprägt. So wie jeder, der einmal Hans Namuths Fotografie vom malenden Jackson Pollock im Atelier gesehen hat, dessen Gemälde fast zwangsläufig mit dem Bild ihrer Herstellung in Verbindung bringt, so sind auch Danusers Bilder mit dem Werk von Zumthor irreversibel verschmolzen.

Wie kam es zu der Zusammenarbeit? Anfang der 1980er Jahre bewegte sich Danuser von der Fotografie als angewandter Kunst hin zur künstlerischen Fotografie. 1984 erhielt er als erster Fotograf die Auszeichnung eines Atelierstipendiums der Stadt Zürich in New York, 1985 stellte er im Kunstmuseum Chur drei Fotoserien aus. Zumthor sah die Ausstellung und entschied sich, Danuser mit den Aufnahmen von Sogn Benedetg zu beauftragen und ihm weitgehend freie Hand in der Umsetzung zu lassen. Damit läutete das Zusammentreffen von Danuser und Zumthor eine Wende der Architekturdarstellung ein, die weit über den Rahmen der Schweizer Architektur hinaus Folgen hatte.[201] In einer Phase von etwas mehr als einem Jahrzehnt definierten sowohl Fotografie als auch Architektur ihr Terrain neu, und Architekten begannen, den Fotografen grösste Freiheit zu überlassen. Just als Danusers Zumthor-Fotografien 1988 in Luzern zu sehen waren, umkreisten auch

Jacques Herzog und Pierre de Meuron in ihrer Ausstellung *Architektur Denkform* im Architekturmuseum Basel das Problem der angemessenen Darstellung von Architektur, indem sie die modernistischen, durchgehenden Glasscheiben des Museums ganz mit transparenten Fotografien ihrer Bauten bedeckten. Aber erst drei Jahre später wählten auch sie den Weg über die künstlerische Fotografie und stellten anlässlich der Architekturbiennale Venedig 1991 Fotografien ihrer Bauten von verschiedenen Künstlern aus.[202] Seit den 1990er Jahren haben sich vor allem Thomas Ruff, einmal auch Jeff Wall, mit ihrem Werk auseinandergesetzt.[203]

Diese Phase der engen Zusammenarbeit von Architekten und Künstlern nimmt innerhalb der langen Geschichte des Verhältnisses zwischen Fotografie und Architektur eine besondere Stellung ein und ist allenfalls mit den späten 1920er Jahren vergleichbar. Berühmt aus dieser Zeit sind vor allem die Aufnahmen des Barcelona-Pavillons, den Ludwig Mies van der Rohe für die Weltausstellung 1929 entworfen hatte. Nach der Ausstellung abgebrochen, war der Pavillon sozusagen für die Kamera gebaut und erst durch die Fotografie zu einer Ikone der modernen Architektur geworden. Mit der Etablierung der «Signature Architecture» nach dem Jahr 2000, also einer Architektur, die wie ein Wahrzeichen wirkt, sich gut repräsentieren lässt und die klar erkennbare Handschrift eines Architekten zeigt, ging die Zeit der fruchtbaren Begegnung von Architektur und Kunst zu Ende. Die Architektur hatte diejenigen Funktionen der Kunst, von der sie profitieren konnte, gleichsam absorbiert. Obwohl sich viele Künstler des Gegenstands Architektur angenommen haben, steht die Architekturfotografie doch, mit wenigen Ausnahmen wie etwa Hélène Binet, wieder fest im Dienste der Architekten und fungiert als Mittel der Illustration, Vermittlung und Vermarktung, nicht aber der kritischen Auseinandersetzung. Als beliebtes Medium der Architekturdarstellung hat sich inzwischen der Film durchgesetzt; auch dies mag mit Danusers sequenziellem Vorgehen Ende der 1980er Jahre zusammenhängen.

KÜHLTÜRME UND KIRCHTÜRME

Um Danusers spezifischen Blick auf Zumthors Kapelle besser zu verstehen, möchte ich seine Ausstellung in Chur näher betrachten. Sie gehört zu einem um 1980 begonnenen Projekt, das damals den Titel *Wirtschaft, Industrie, Wissenschaft und Forschung* trug und 1989, um andere Serien erweitert, unter dem Titel *In Vivo* präsentiert wurde. Danuser hatte in Kraftwerken und atomaren Zwischenlagern, in chemischen und gentechnischen Laboren fotografiert, überall dort, wo der Mensch Zugriff auf das Leben nimmt – heute würde man wohl an den Begriff «Biopolitik» denken.[204] Ohne die Menschen selbst abzubilden, zeigte er, wie sie ins Innere der Materie und der Mechanismen des Lebens eingedrungen sind, wie sie die Kräfte der Natur zu kontrollieren und zu manipulieren versuchen und zugleich an die Grenzen des sinnlich und begrifflich Fassbaren stossen. Es sind Orte der Macht, die sich der Repräsentation entziehen; Orte, die den meisten Menschen unzugänglich sind, während sie doch die kollektive Imagination beschäftigen. Danusers Annäherung an diese Orte verband die Methode der Reportagefotografie – Kleinbildaufnahmen, wechselnde Perspektiven, die von einem mobilen Betrachterstandpunkt zeugen – mit dem künstlerischen Anspruch der allgemeinen Gültigkeit des Sujets, der Totalität und der verdichteten formalen Wirkung des einzelnen Bildes.

Es ist gut nachvollziehbar, warum Zumthor sich gerade für Danusers Ansatz interessierte. Zum einen ist sein eigener Entwurf stark von Bildern motiviert: Er zielt darauf, bestimmte mentale Bilder räumlich umzusetzen, so wie Danuser sie in der Fotografie fixiert. Auch dass Danuser fast ausschliesslich Innenräume zeigte, dürfte Zumthors Entwurfspraxis entsprochen haben, die ebenfalls stets vom Inneren und von der Diskontinuität des Raums aus gedacht ist. Am wichtigsten aber scheint mir zu sein, dass das Werk beider um die Artikulation von latenten Prozessen beziehungsweise um die Visualisierung des Unsichtbaren kreist. Deutlich wird dies etwa in Zumthors Schutzbauten für die Ausgrabung römischer Funde in Chur (1986), wo die architektonische Hülle die Konturen der verschwundenen römischen Häuser nachzeichnet und zugleich den Blick auf die kaum mehr sichtbaren Reste einer verschwundenen Kultur lenkt. In Sogn Benedetg liegt das Unsichtbare einerseits im religiösen Glauben, dessen Visualisierung seit der Antike ein Thema von Architektur, Malerei und Skulptur ist. Andererseits besteht es in der komplexen historischen, ökonomischen und sozialen Struktur der ganzen Region, die das Klischee der heilen Bergwelt verdrängt hat.

Vergleicht man Danusers Fotografien von Sogn Benedetg mit *In Vivo*, fällt auf, wie ähnlich sich ihre jeweils ersten Bilder sind. *In Vivo* beginnt mit der Aufnahme aus dem Inneren eines Kühlturmes. ABB. S.171 Während die Silhouetten der Kühltürme als visuelle Zeichen allgegenwärtig sind, entzieht sich deren Inneres der Darstellbarkeit durch die Kamera. Der fragmentierte, dunkle, nur spärlich von oben erhellte Raum ist von Nebelschwaden durchzogen. Wären die schrägen Betonpfeiler nicht zu sehen und würde nicht der Bildtitel auf die Kühlturmtasse verweisen, könnte man sich genauso gut in einer Kathedrale, in einem Tunnel oder einem nächtlichen Fabrikgelände wähnen. Die Aufnahme vom dunklen Inneren korrespondiert mit denen vom hellen oberen Rand des Kühlturms, wo die dünne Betonwand ein weiteres Mal in den Nebel ragt. Auch hier könnte man sich ebenso gut auf einer Aussichtsplattform in den Alpen oder auf der Krone einer Staumauer befinden. Das natürliche Phänomen des Wetters vermischt sich mit dem industriell produzierten Dampf. Die von der Technologie ausgehende unsichtbare Bedrohung – die Explosion des Reaktors im sowjetischen Tschernobyl am 26. April 1986 war noch deutlich im Gedächtnis – steht der stimmungsvollen Schönheit des an sich völlig harmlosen Wasserdampfs gegenüber.

Wie eingangs erwähnt, erlebte Graubünden ab den 1950er Jahren eine rasante Entwicklung durch den Bau von Wasserkraftwerken. Die Nordostschweizerische Kraftwerke AG (NOK) plante von den 1950er Jahren an in der Region Surselva eines der grössten Kraftwerksysteme der Schweiz mit einer Jahresproduktion von 2000 GWh, fast einem Viertel der Leistung eines Kernkraftwerks.[205] Und obwohl nur Teile des Projekts realisiert wurden, veränderte es die Region nachhaltig. Die entstandenen Wasserkraftwerke, aber auch die in diesem Zusammenhang erweiterte Infrastruktur, wie etwa der 1967 eröffnete San-Bernardino-Tunnel, pflügten die Berglandschaft um Sumvitg buchstäblich um und verbanden sie mit den Fabriken und Verkehrslinien in den Ballungszentren des Schweizer Mittellandes. Auch an die dortigen Kernkraftwerke Gösgen und Leibstadt ist die Alpenregion angeschlossen: In den Graubündner Pumpspeicherkraftwerken wird mithilfe der billigen Atomenergie Wasser in die Stauseen gepumpt. Im Unterschied zu den weithin sichtbaren Kühltürmen der Atomkraftwerke ist der grösste Teil der Infrastruktur in den Alpen kaum sichtbar und aus der Wahrnehmung der Touristen gänzlich verdrängt. In den Fokus rückte sie nur kurz Anfang der 1980er Jahre, als erstmals eine breite Öffentlichkeit gegen den Plan der NOK, die Greina-Ebene für einen Stausee unter Wasser zu setzen, mobilisiert wurde.[206]

Aus wirtschaftsgeschichtlicher Perspektive besteht somit ein Zusammenhang zwischen Danusers Aufnahmen, die 1979 für die Serie *In Vivo* im Atomkraftwerk Gösgen entstanden, und seinen Fotografien der Caplutta Sogn Benedetg 1988.[207] Beide Orte sind Brennpunkte der energiepolitischen Diskussion jenes Jahrzehnts. Die fragile Kapelle in den Bergen in ihrer potenziell zerstörerischen – aber durch die Industrie auch teilweise zerstörten – Landschaft steht im Kontrast zur Gewalt des Atomkraftwerks im Mittelland und hängt zugleich von dessen Betrieb ab. Denn ohne die Wertschöpfung der Energieindustrie und die Leistung der Kernkraftwerke wäre die Politik nicht in der Lage, dem Bau weiterer Wasserkraftwerke im Gebirge Einhalt zu gebieten und damit die für die Tourismusindustrie wichtige Illusion einer intakten Landschaft und einer domestizierten Natur aufrechtzuerhalten.

Weder Zumthor noch Danuser erwähnten diesen Zusammenhang zwischen der Kapelle in den Bergen und der Energiediskussion explizit, obwohl beide ihn zweifellos kannten. Sie waren der Region durch ihre Herkunft, Zumthor auch durch seine berufliche Praxis eng verbunden. Als Mitarbeiter der kantonalen Denkmalpflege während der 1970er Jahre war er mit der Dialektik von Modernisierung und Zerstörung bestens vertraut und kannte die Umwälzungen durch die beispiellose Bautätigkeit aus der täglichen Praxis. Diese Wechselwirkung, so möchte ich behaupten, konnte damals nur im Medium der Fotografie artikuliert werden. Auch meine eigene Revision – und die Möglichkeit, den Zusammenhang zwischen Kapelle und Energiediskussion überhaupt wahrzunehmen – wurde durch meine Erinnerung an die Kühlturmbilder Danusers ausgelöst. Diese Verbindung der beiden wirtschaftshistorischen Stränge im Zusammenwirken von Architektur und Fotografie war möglich geworden, weil sich die Gattungsgrenzen für einen Moment gelockert hatten. Zumthor, bestrebt sich vom Denkmalpfleger zum Architekten zu wandeln, legte die Verantwortung vorübergehend in die Hände eines Künstlers. Danuser wiederum, der gerade vom Fotografen zum Künstler wurde, liess sich in diesem Fall auf eine Auftragsarbeit ein. Diese Konstellation war ein kulturhistorischer Glücksfall. Inzwischen sind die Felder zwischen Architektur und Fotografie wieder getrennt. Und trotzdem wird im Bereich der Architekturdarstellung nichts mehr so sein wie zuvor.

TERRAIN VAGUE: AUF DEN SPUREN VON LARA ALMARCEGUI

> «Ich habe nichts zu sagen. Nur zu zeigen.»
> *Walter Benjamin*[208]

Im März 2013 unternahm ich mit meinen Studierenden eine Reise nach Griechenland. Als unsere Reiseführer uns das Zentrum von Athen zeigten, war ich bestürzt, mehr noch als über die offensichtlichen Zeichen der Wirtschaftskrise – die geschlossenen Geschäfte, die leeren Büros und das Fehlen von neuen Autos –, über den Eindruck der Depression bei den Menschen. Im Vergleich zu früheren Reisen erschienen mir die Menschen fast verstummt und ihre Bewegungen verlangsamt zu sein. Unsere Führer erklärten uns, dass die neuen Steuern auf Wohneigentum das Vertrauen der Griechen in die Zukunft erschütterten. Es waren nicht nur die vielen jungen Menschen, die ihre Arbeit verloren, und die vielen alten Menschen, deren Pension sich auflöste. Mit den neuen Steuern war das Rückgrat der sozialen Stabilität gebrochen worden. Was der Mittelschicht seit den 1950er Jahren eine Garantie für Wohlstand gewesen war, die Wohnung oder das Haus in Familieneigentum, war zu einer untragbaren Hypothek geworden. Manche Menschen konnten es sich nicht mehr leisten, die darauf erhobenen Steuern zu zahlen, doch weil gerade niemand Immobilien kaufte, konnten sie die Wohnungen auch nicht loswerden. Mit dem Kollaps des Wertes ihrer Immobilien hatten die Griechen buchstäblich den Boden unter den Füssen verloren.

Ausserhalb der Stadt besuchten wir den alten Flughafen Hellenikon, der 2001 geschlossen worden war. Auf diesem enormen Gelände, das für die Öffentlichkeit unzugänglich ist, sahen wir rostige Hangars, leere Parkplätze, Landebahnen und auch einige bereits zerfallende Stadionbauten, die für die Olympischen Spiele 2004 errichtet worden waren. Die griechische Regierung hat das gesamte Areal dem Hellenic Republic Asset Development Fund übergeben, einer Art Treuhand, welche die öffentlichen Güter privatisiert und Investoren sucht. Direkt an der Meeresküste gelegen, ist die Lage ideal. Aber falls ein Käufer gefunden wird, wie kann man verhindern, dass das ganze Gelände privatisiert wird, die Stadt – wie schon seit dem Bau des Flughafens – vom Zugang zum Meer abgeschottet bleibt und um den dringend benötigten Strand und Park gebracht wird?

Was die Wohnung für den einzelnen Bürger ist, bedeutet dieses Stück Land für die ganze Gesellschaft: ein möglicher Rückzugsort und zugleich eine Hypothek, ein Hindernis, das die Zukunft verbaut. Das private Heim und der einst öffentliche Grund hatten sich gegen ihre Benutzer gewandt, wurden Räume der Ausweglosigkeit. Die einzigen Lichtblicke, denen unsere kleine Reisegruppe auf dem Flughafengelände begegnete, waren die Flecken besetzten Landes, die Nachbarn und Aktivisten in kleinen Gruppen gemeinsam kultivierten, um dort Blumen und Gemüse zu ziehen. In dieser verzweifelten Umgebung war das Stückchen Land ein Ort von Hoffnung und Stolz. Es evozierte Arkadien und die mythische Vergangenheit des antiken Griechenlands ebenso wie die landwirtschaftliche Identität des Landes. Es schien, als wollten die Menschen einerseits eine Verbindung zu ihrem historischen Erbe schaffen, andererseits symbolisch den psychologischen Schaden reparieren, den die Abholzung der alten Olivenhaine auf Geheiss der Europäischen Union seit dem Millennium dem nationalen Selbstverständnis zugefügt hatte. Bald allerdings erfuhren wir, dass die Besetzer bereits einen Räumungsbefehl erhalten hatten. Die Bulldozer warteten.

Während dieser Reise nach Athen musste ich an die Kunstwerke von Lara Almarcegui denken. Sie gehört zu den Künstlern, die in den letzten Jahren dazu beigetragen haben, unseren Blick für die Prozesse der urbanen Transformation zu schärfen. In ihren Ausstellungen, beispielsweise *Bauschutt Hauptraum Secession* in der Wiener Secession 2010, präsentiert sie vorwiegend Materialien, aus denen Gebäude errichtet werden oder aus denen sie bestanden, oft in Form von Bauschutt. Neben diesen spektakulären, grossformatigen Installationen erinnerte ich mich an ihren *Guide to Al Khan* (2007), den *Guide to the Wastelands of the Lea Valley* (2009) und den *Guide to the Wastelands of the River Tevere* (2011), schmale Büchlein, welche die Leser durch vergessene Bereiche in den Vereinigten Arabischen Emiraten, in London und Rom führen, durchaus vergleichbar mit dem Gelände, das ich in Athen gesehen hatte.[209] ABB. S.183 Im Unterschied zu gewöhnlichen Reiseführern fokussieren diese *Guides* die Peripherie. Sie werfen Licht auf Orte, die der Veränderung unterworfen sind; Orte, die noch die Spuren einer industriellen Vergangenheit tragen, aber schon einer neuen Nutzung zugeteilt worden sind.

Jedes der Büchlein besteht aus einem Plan, der es den Lesern erlaubt, Almarceguis Erkundungen zu folgen, die sie in einfachen Schwarz-Weiss-Fotografien und kurzen Erklärungen festhält. Ihre Führer zur Peripherie von Rom und London zeigen Gebiete, die für bereits geplante Olympische Spiele reserviert sind. Ich hatte den Eindruck, dass das Terrain, das ich in Athen sah, eine Art Spiegelbild dieser Landschaften war. Hier waren die Olympischen Spiele bereits vorüber und die Gegend wieder dabei, zu Niemandsland zu verfallen. Ich dachte auch an Robert Smithson, den Pionier der Land Art, der Ende der 1960er Jahre Exkursionen nach New Jersey, ins Hinterland von New York, unternahm. Smithson machte Schnappschüsse von Parkplätzen, Baustellen, alten Steinbrüchen und interpretierte diese, als handele es sich dabei um malerische Ruinen, die ein aristokratischer Reisender des 18. Jahrhunderts auf seiner Grand Tour entdeckte. In seinem Aufsatz «The Monuments of Passaic» (1967) spricht Smithson von der spezifischen Zeitlichkeit dieser Gebiete. Er stellt fest, dass die von ihm betrachteten Baustellen «umgekehrte Ruinen» enthielten, Gegenstücke zur «romantischen Ruine», denn, wie er schreibt, «diese Bauten zerfallen nicht in Trümmer, nachdem sie gebaut wurden, sondern erheben sich zu Trümmern, bevor sie gebaut wurden.»[210]

Es gibt viele Namen für solche Gebiete, wie «Niemandsland», «Unort» oder «Nicht-Ort». Am zutreffendsten ist vielleicht der Begriff «Terrain vague». Er geht zurück auf den gleichnamigen Film von Marcel Carné aus dem Jahre 1960, der am Rande von Paris an der Schnittstelle zwischen einer verfallenden Industriezone und einem Projekt für sozialen Wohnbau spielt. Der katalanische Architekt und Theoretiker Ignasi de Solà-Morales i Rubió griff den Terminus 1995 in seinem Essay «Terrain vague» auf, um zu beschreiben, wie in den 1980er und frühen 1990er Jahren Fotografen wie John Davies, Thomas Struth, Manolo Laguillo oder Jannes Linders die Metropolen nicht durch die Abbildung einer Skyline oder einzelner baulicher Wahrzeichen darstellten, sondern mit dem Fokus auf leere, verlassene Orte.[211] Solà-Morales unterstreicht die spannungsreiche Kombination zwischen dem französische Begriff *vague*, der die Bedeutungen von «leer», «unsicher» und «Welle» verbindet, mit der Begriff *terrain*, der eine urbanere Qualität bezeichne als etwa das englische *land*. Die Bedeutung des Begriffs, so Solà-Morales, sei nicht fixiert und könne gleichermassen positiv wie negativ konnotiert verwendet werden. Er evoziere «Leere, Abwesenheit, aber auch Versprechen, den Raum des Möglichen, der Erwartung.»[212] Seine Gründe für die Faszination dieses widersprüchlichen Konzepts erscheinen allerdings nicht recht schlüssig. Das Terrain vague interessiere uns deshalb, stellt er fest, weil es dem inneren Konflikt der Subjekte entspreche: «Die Begeisterung für diese leeren Orte – erwartungsvoll, undeutlich, wechselnd – [...] spiegelt unsere Fremdheit gegenüber der Welt, gegenüber der Stadt, uns selbst gegenüber.»[213] Gleichzeitig enthält das Terrain vague in seiner Sicht ein Versprechen. Wer allerdings das Wir «im Konflikt mit sich selbst» ist, und worin das Versprechen besteht, das er im Terrain vague sieht, lässt er offen.

In den Jahren, seit Solà-Morales den Text veröffentlichte, hat der Begriff seine Anziehungskraft nicht verloren. Trotz oder vielleicht gerade wegen seiner Unbestimmtheit bleibt das Terrain vague eine beliebte Metapher in den Bereichen der Kunst, Architektur und Stadtplanung. Sie trifft die Erfahrung der Deindustrialisierung und kann auf schrumpfende Städte wie Detroit ebenso angewendet werden wie auf Fälle rapiden Wachstums in urbanen Zonen wie beispielsweise Dubai. Sie eignet sich auch zur Beschreibung trister Industrielandschaften wie in Michelangelo Antonionis Film *Die rote Wüste* (1964) oder Andrei Tarkowskis *Stalker* (1979). Aber können wir den Begriff auch im Sinne von Solà-Morales verwenden, wenn wir uns den Folgen der Krise in Südeuropa zuwenden? Wenn wir es für ökonomische Umwälzungen wie den bevorstehenden Verkauf des Flughafens Hellenikon nutzbar machen wollen, plädiere ich dafür, das Konzept des Terrain vague neu zu diskutieren. Und gerade die *Guides* von Lara Almarcegui werden uns dabei wiederbegegnen.

Für Solà-Morales ist das Terrain vague letztlich ein ästhetisches Phänomen. Er erklärt die Faszination lose mit psychologischen Gründen, evoziert Entfremdung und den inneren Widerspruch. Was er vernachlässigt, sind ökonomische Aspekte sowie die Frage nach dem historischen Kontext. Während der Boomjahre der 1980er und frühen 1990er war ganz Europa eine Baustelle. Städte wie Paris, London, Berlin und Barcelona erholten sich von der Deindustrialisierung und Rezession der 1970er Jahre. Die Transformation von riesigen leeren Flächen – etwa des Parc de la Villette in Paris, der Docklands in London, des Potsdamer Platzes in Berlin und des Parc Diagonal in Barcelona – war ein Schlüsselthema der architektonischen Debatte. Dies war ein Eldorado für Architekten, und die leeren Flächen waren wie Goldminen, voller ästhetischer und wirtschaftlicher Versprechen. Im Zuge der damals ausgelobten Wettbewerbe ahnten die Architekten allerdings auch, dass sie vielleicht zum letzten Mal die Möglichkeit hatten, die Form der europäischen Städte mitzubestimmen und zu verhindern, dass diese ganz in die Hände von Investoren fallen würden. (Das städtebauliche Debakel vom Potsdamer Platz zeugt heute davon, wie berechtigt und zugleich ohnmächtig in diesem Zusammenhang die Forderung nach architektonischer Autonomie war.) Vor diesem Hintergrund lässt sich also nachvollziehen, warum Solà-Morales als Architekt das Terrain vague als Versprechen auffasste und zugleich beobachtete, dass seine Zeitgenossen im Konflikt mit sich und ihrer urbanen Umgebung standen.

Solà-Morales war sich der ambivalenten Rolle der Architekten bewusst, also einer Praxis, welche die Leere zwar schätzt, aber sie zugleich neu ordnet, eingrenzt und mit gebauten Strukturen füllt. Allerdings war er nicht in der Lage, auch die Rolle der Fotografie innerhalb des von ihm beschriebenen Szenarios kritisch zu beleuchten. Die Stadt als Terrain vague darzustellen, bedeutet noch keine Analyse der Kräfte, welche die Gentrifizierung antreiben. Vielmehr ästhetisiert sie diese Prozesse. Die Fotografie hat damit, sicherlich ohne es zu wollen, den Weg für die von Solà-Morales benannte Kolonisierung und Ausbeutung des «Leeren» oder «Unberührten» gebahnt. Landschaftsmaler wie William Turner ästhetisierten im 19. Jahrhundert die Gefahr der Meere, zu einer Zeit, als die einst gefährlichen Handelsrouten durch die Errungenschaften der Industrie – die Dampfschiffe – domestiziert wurden. Ebenso haben auch die Fotografen des 20. Jahrhunderts, Bernd und Hilla Becher etwa, die Rohheit der Schwerindustrie gerade in dem Moment ästhetisiert, als sie im Verlauf der 1960er und 1970er Jahre von der Informationsindustrie domestiziert wurde. Diese Künstler waren somit, ob sie es wollten oder nicht, auf der Seite derjenigen, die vom Prozess der Transformation profitierten, seien es die Industriellen des 19. Jahrhunderts oder die postfordistischen Unternehmer des späten 20. Jahrhunderts. Die ästhetische Sublimierung der verfallenden Industriezone verhüllte zugleich die Mechanismen der Macht. So wie die Gemälde der stürmischen See ein natürlich Erhabenes hervorbrachten, so liess die Fotografie des Terrain vague ein industriell Erhabenes entstehen, ohne dass die Perspektive der von den Veränderungen Betroffenen zur Sprache käme.

Ich würde deshalb behaupten, dass das Konzept des Terrain vague im Sinne von Solà-Morales, das heisst als Bezeichnung einer ambivalenten Situation zwischen Leere und Versprechen, mit der ästhetischen Tradition des Erhabenen verwoben ist. Es sublimiert einen ökonomischen Konflikt. Dass in der Geschichte des Kapitalismus auch der Landbesitz häufig verklärt dargestellt wurde, hat Karl Marx in einer frühen Notiz aus dem Jahre 1844 treffend reflektiert. Ursache, so kritisiert er, sei die romantisierende Vorstellung einer Identifikation des Subjekts mit dem Grund, die in der feudalen Tradition wurzelt, nach der «das feudale Grundeigentum den Namen seinem Herrn» gibt, während dieser umgekehrt den Grundbesitz individualisiert, es «förmlich zu seinem Haus, zu einer Person» macht.[214] Diese Personifikation des Eigentums, so argumentiert Marx, umfasst auch die Beziehung derjenigen, die auf dem Gut arbeiten und die sich eins wähnen mit dem Land.

> Es ist notwendig, daß, was die Wurzel des Grundeigentums ist, der schmutzige Eigennutz, auch in seiner zynischen Gestalt erscheint. Es ist notwendig, daß das ruhende Monopol in das bewegte und beunruhigte Monopol, die Konkurrenz, der nichtstuende Genuß des fremden Blutschweißes in den des geschäftigen Handels mit demselben umschlägt. Es ist endlich notwendig, daß in dieser Konkurrenz das Grundeigentum unter der

> Gestalt des Kapitals seine Herrschaft sowohl über die Arbeiterklasse als über die Eigentümer selbst zeigt, indem die Gesetze der Bewegung des Kapitals sie ruinieren oder erheben. Damit tritt dann an die Stelle des mittelaltrigen Sprichworts: nulle terre sans seigneur, das moderne Sprichwort: l'argent n'a pas de maître, worin die ganze Herrschaft der totgeschlagenen Materie über die Menschen ausgesprochen ist.[215]

Dieser Gegenentwurf zu einer Ästhetisierung der ökonomischen Verhältnisse führt uns noch einmal zurück zu Lara Almarcegui. Wofür Marx plädierte, nämlich die Deromantisierung der Beziehung des Subjekts und Grundbesitzers zu «seinem» Land, entspricht der Desublimierung des Terrain vague im Werk von Lara Almarcegui. In ihren *Guides* treffen wir nicht einfach auf ein Ödland. Wir lernen auch viel über die Situation der Menschen, die dort lebten und arbeiteten und dann gezwungen waren wegzuziehen. Im Büchlein zum verlassenen arabischen Dorf Al Khan zum Beispiel, wo die meisten der verfallenen Häuser noch Namen haben, hören wir von einem pakistanischen Händler und von einem Platz, wo am Morgen den Taxifahrern Tee angeboten wurde.[216] Im Londoner Lea Valley, so erfahren wir, wohnte ein «früherer Feuerwehrmann und Veteran der Royal Navy» 42 Jahre lang völlig unauffällig in einem Haus, bevor er 2007 zur «ersten Person wurde, die wegen der Bauprojekte für die Olympischen Spiele zwangsgeräumt wurde».[217]

Indem sie singuläre Situationen präzise lokalisiert, schneidet die Künstlerin durch die diffuse Oberfläche des Sublimen und überwindet die ästhetische Distanz. Sie verwandelt das Terrain vague in einen konkreten Ort, wo wir realen Menschen begegnen und mit ihnen mitfühlen können. Almarcegui führt einen menschlichen Massstab in die Landschaftsdarstellung ein. Sie beutet die Geschichten von Verlust und Vertreibung nicht einfach aus, indem sie Daten und Bilder konfisziert, sondern gibt symbolisch denjenigen, die verschwunden sind, etwas zurück, indem sie ihre Geschichten weitererzählt und sie so vor dem Vergessen schützt. Almarceguis *Guides* ziehen eine zusätzliche Ebene in die kolonialistische Perspektive ein, die zum Tourismus und im Grunde zu jeder Art des Reisens gehört. Wenn sie ihre Leser durch ein Geisterdorf neben einer boomenden Stadt am Golf oder durch die Unorte in den römischen Vororten führt, ist sie Robert Smithsons

Expeditionen näher als beispielsweise der *Flânerie* des 19. Jahrhunderts oder auch den *Dérives* der Situationisten. Diese beiden Praktiken waren mehr oder weniger ziellose Arten des Umherschweifens entlang der neu gepflasterten Strassen einer reibungslos funktionierenden Grossstadt. Dass sie damit in die Welt des Konsums eingebettet sind, macht Walter Benjamin klar, wenn er schreibt: «Der Flaneur ist der Beobachter des Marktes. Sein Wissen steht der Geheimwissenschaft von der Konjunktur nahe. Er ist der in das Reich des Konsumenten ausgeschickte Kundschafter des Kapitalisten.»[218]

Almarceguis Kunstwerke, seien es die *Guides* oder ihre skulpturalen Installationen, führen uns zwar durch dysfunktionale Zonen und berühren das Unscharfe, aber sie selbst sind alles andere als diffus. Kurze Zeit nach meiner Athenreise stellte Almarcegui 2013 im Spanischen Pavillon der Kunstbiennale von Venedig aus. Im Pavillon türmten sich Zementbrocken, Betonfragmente, Dachziegel, Ziegelsteine, Holzschnipsel und Metallschrott. Almarcegui hatte die Baumaterialien, aus denen der Pavillon in den 1920er Jahren errichtet worden war, in ihren jeweiligen Mengen berechnet und liess die entsprechenden Volumen aus lokalem Bauschutt in den Räumen des Pavillons verteilen.[219] ABB. S.172 Der Hauptraum war nicht mehr zugänglich, weil der Trümmerberg die Eingänge verstopfte. In den anderen Räumen konnten die Besucher sich zwischen dem Schutt bewegen, der, weil er in Venedig auf Booten transportiert werden musste, sehr stark zerkleinert war. Die abgestuften Farbtöne der Materialien – vom Rotbraun der Ziegel über das Schwarzgrau des Erdreichs bis zum Hellblau der Glasscherben – unterstrichen die malerische Wirkung. Aber zugleich ging der Pavillon weit über die konventionelle Präsentation von Skulpturen und Installationen hinaus. Der Pavillon war Ausstellungsort und Exponat in einem, das heisst er war doppelt anwesend, als geordnete Struktur und als ungeordnetes Material. Die Ausstellung machte nicht nur deutlich, wie untrennbar Bauen und Material miteinander verbunden sind. Sie zeigte auch, dass Architektur ohne das Formlose nicht denkbar ist. Und sie führte uns die Produktionsverhältnisse vor Augen, fokussierte die menschliche Arbeit und die Art und Weise, wie die Dinge gemacht und wieder zerstört werden.

Der Pavillon nahm quasi seine eigene Zukunft vorweg, denn eines Tages wird auch von ihm vielleicht nichts übrigbleiben als ein Haufen Schutt. Dass aus dem Schutt etwas Neues entstehen könnte, war im Obergeschoss zu sehen. Hier projizierte die Künstlerin Aufnahmen der Sacca San Mattia, einer künstlichen Insel, die im Laufe von Jahrzehnten aus dem Schutt der Glasindustrie von Murano entstanden ist. Sie ist übersät von Bruchstücken, ähnlich denjenigen in der Ausstellung, und inzwischen von Gestrüpp und Bäumchen überwachsen. Es ist ein Ödland, von dem niemand weiss, wie es sich verändern oder ob es wieder genutzt werden wird. Auch für diese Ausstellung hatte die Künstlerin wieder ein Büchlein geschaffen, den *Guide to Sacca San Mattia, the Abandoned Island of Murano, Venice*. Abermals berührt die fast forensische, quasi-wissenschaftliche Struktur spielerisch die Disziplinen der Geografie, Historiografie und Archäologie. Und wie in den anderen Kunstwerken versuchte Almarcegui auch hier, die diskontinuierlichen Strukturen der Orte und ihrer Geschichte nicht zu verbergen, sondern gerade zu artikulieren. Die Werke von Almarcegui reduzieren die Komplexität der Phänomene nicht auf ein Bild oder eine Idee. Stattdessen vermitteln sie und konfrontieren uns mit Themen, die sonst schwer sichtbar wären, und ermutigen uns, selbst aktiv zu werden.

Barbican Art Gallery, London, 2009

1 Old Ford Locks
Towing Path, Greenway Path
Stratford
This terrain is bordered by the Lea Navigation and a Lea tributary. Its relative inaccessibility means that it has never borne heavy or light industry, although on the opposite bank of the river there were once printing and chemical works.
This site was undeveloped in the 1860s and was cut off from the adjacent territory by a compensation reservoir channel. It was also the site of an access ramp carrying people and vehicles onto the ridge of the sewer. For some time, it has been used by the Metropolitan Water Board, who maintain the adjacent sewage line as well as the former water storage reservoirs which were replaced by larger reservoirs at Walthamstow and further up the Lea Valley.
The site was the home, for 42 years, to an ex-fireman and Royal Navy veteran who became the first person to be evicted as a result of the 2012 Olympics plans, in 2007. He lived in a detached house in the centre of the terrain owned by the water board. At the time of his eviction, his home was practically invisible owing to the thick vegetation surrounding it.
The site is now owned by the London Development Agency. It plans to keep it as dense woodland, part of the extensive green spaces of the Legacy project.
Immediately to the south, a building for checking athletes' accreditation is planned. The area is also shown as green space in the Lower Lea Valley Planning Framework, the strategy for the area approved by London's mayor and in the London Borough of Newham's Unitary Development Plan.
1

«ECHO-LOGY»: ARBEITEN MIT ALLAN KAPROW

Allan Kaprow (1927–2006) gehört zu jener Generation amerikanischer Künstler, die Ende der 1950er Jahre versuchten, der Hegemonie der grossformatigen Malerei zu entkommen und zugleich dem Interesse eines wachsenden New Yorker Kunstpublikums gerecht zu werden. Um 1960 löste dort der Begriff der «art world» die bisherige Vorstellung einer «artist's world» ab. Künstler produzierten nicht mehr allein für ihresgleichen und eine Handvoll Sammler, sondern für ein zunehmend breites Publikum. Der Kampf um dessen Aufmerksamkeit wurde zu einem Motor der künstlerischen Veränderung. Kaprow liess, vereinfacht gesagt, die Betrachter gleichsam in seine Bilder eintreten, indem er den Bildraum zum sogenannten Environment und zum Happening erweiterte. Der Erfolg dieser Art der Kunst hing, so sagte Kaprow einmal, weitgehend von den Teilnehmern ab.[220] Sein erstes Happening, *Eighteen Happenings in Six Parts*, aufgeführt im Oktober 1959, trennte die Akteure noch von den Zuschauern. Den grössten Teil der zeitlich streng strukturierten Performance nahmen allerdings die Pausen ein, in denen sich die Zuschauer umsetzen sollten, um sich so ihrer eigenen Situation gewahr zu werden.

Ab den frühen 1960er Jahren begann Kaprow, die Trennung zwischen Akteuren und Zuschauern aufzuheben, und veranstaltete diverse Happenings, in denen es nur Mitwirkende gab oder in denen, wie etwa in *Calling* (1965), die Akteure im Freien agierten und auf unvorbereitete Passanten trafen. Er liess die Happenings dokumentieren und seine «Scores», das heisst seine Handlungsanweisungen, publizieren – und bot damit die Grundlage auch für eine, wenn man so will, passive und distanzierte Rezeption. Dabei betonte Kaprow stets, dass die Mitwirkung bei einem Happening sich nicht kategorial unterscheide vom nur nachträglichen Betrachten der Fotografien. Kaprows Environments und Happenings der 1960er Jahre, wie *Yard* (1961), *Household* (1964) und *Fluids* (1967), sind seit langem fester Bestandteil des kunsthistorischen Kanons und bieten eine Basis auch für die seit den 1990er Jahren virulente Diskussion der Performativität, der Partizipation und der Präsenz.[221]

Weniger bekannt als die ikonischen Happenings der 1960er Jahre sind Kaprows sogenannte «Activities» der 1970er und 1980er Jahre. In Arbeiten wie *Echo-Logy* (1975), *Rates of Exchange* (1975) und *Match* (1975) ersetzt Kaprow die oftmals spektakulären Handlungen der früheren Happenings durch eine intimere Form. Die Unterscheidung zwischen Performern und Publikum ist nun auch in der zeitlichen Distanz potenziell aufgehoben, denn jede Activity wird begleitet von einer Broschüre, welche die Handlungsanweisung, eine Reihe von dokumentarischen Aufnahmen sowie einen Kommentar des Künstlers enthält. Jeder könnte die Activity im Rahmen eines Reenactments selbst aufführen. Das Mysterium des Einmaligen, das noch die früheren Happenings umgibt, ist weitgehend aufgelöst. Kaprow spielt mit offenen Karten. Seine Activity *Echo-Logy* fand am Wochenende des 3. und 4. Mai 1975 auf dem Land in New Jersey statt. ABB. S.184 Die Merriewold West Gallery hatte sie in Auftrag gegeben, eine Galerie, die sich durch ihre Freilichtausstellungen in Far Hills, New Jersey, einen Namen gemacht hatte. Dazu erschien eine Broschüre mit dem Score, einigen Fotos der Künstlerin Lizbeth Marano sowie einem erklärenden Text von Kaprow. Der Score liest sich folgendermassen:

1 carrying some downstream water
a distance upstream
bucket-by-bucket
pouring it into stream
transferring a mouthful of upstream water
a distance downstream
mouth-to-mouth
spitting it into stream

2 sending a mouthed silent word
a distance upstream
person-by-person
saying it aloud to the trees
propelling a shouted word
a distance downstream
person-by-person
mouthing it to the sky

3 transporting a gas-soaked cloth
a distance upstream
(waving it gently in the air)
person-to-person
waving it gently dry
carrying a bagged breath

a distance downstream
each adding a breath
opening the bag to the wind[222]

Mit seinem Text am Schluss der Broschüre weist Kaprow bereits auf eine mögliche Interpretation des Werkes hin. *Echo-Logy*, so schreibt er, handle von natürlichen Prozessen:

> Water flowing downstream is carried mechanically upstream, is dumped and flows back. Some is lost along the way. More water is transferred downstream mouth-by-mouth, loses oxygen, is mixed with saliva and is given back to the stream to be altered again.[223]

IMMATERIELLE ARBEIT

Weil Allan Kaprows Happenings, und ganz besonders *Echo-Logy*, Fragen nach dem Verhältnis von Künstler und Publikum, von Produktion und Rezeption aufwerfen, möchte ich am Beispiel dieser Activity meine eigene Praxis, Kunst zu rezipieren, reflektieren. Dabei will ich Rezeption nicht ausschliesslich in einem Rahmen von Phänomenologie oder einer Geschichte der künstlerischen Medien diskutieren. Vielmehr gehe ich mit verschiedenen anderen Theoretikerinnen wie etwa Sabeth Buchmann, Marina Vishmidt und Beatrice von Bismarck von der Hypothese aus, dass Produktion und Rezeption im Bereich der Kunst mit den allgemeinen ökonomischen Bedingungen von Arbeit verknüpft sind.[224] Ich sehe den Begriff «Performance» deshalb im Zusammenhang mit Leistung und Produktion, ebenso wie ich den Begriff «Rezeption» in seiner Verwandtschaft mit Konsum begreife.

Entsprechend situiere ich *Echo-Logy* im wirtschaftsgeschichtlichen Kontext der frühen 1970er Jahre. Als US-Präsident Richard Nixon im August 1971 verkündete, den Goldstandard, das heisst die Bindung des Dollar an den Goldwert, aufzuheben – während zugleich der Ölpreis massiv anstieg –, setzte eine nie dagewesene Destabilisierung der Währungen ein. Die damit einhergehende Deregulierung der Kapital- und Arbeitsmärkte markiert nicht nur den Anbruch einer globalisierten Wirtschaft. Sie steht auch am Beginn der Rezession, welche die Mittelklasse unter Druck setzte und zu dem Auseinanderklaffen der ökonomischen Klassen führte, was unseren Alltag auch heute noch bestimmt. Ein Diagramm der entfesselten Wechselkurse, das die OECD Ende der 1980er Jahre veröffentlichte, ist emblematisch für diese Entwicklung. Der Sozialtheoretiker David Harvey griff es 1990 in seinem Buch *The Condition of Postmodernity* auf und zog daraus den Schluss, dass die Krise der Repräsentation von Wert auf der Ebene des Geldes am Beginn einer allgemeinen Krise der Repräsentation im Kapitalismus stehe: «The breakdown of money as a secure means of representing value has itself created a crisis of representation in advanced capitalism.»[225]

Wie die meisten von Kaprows Activities ist *Echo-Logy* ortsspezifisch. Die Handlung bezieht sich auf die ländliche Idylle, auf den Bach in der Landschaft, wo eine kleine Gruppe von Menschen sich für ein Wochenende aufhält. Auf den ersten Blick erinnert es an frühere Happenings, etwa *Fluids* (1967) in der Peripherie von Los Angeles, wo Gruppen von Akteuren gemeinsam ephemere Strukturen aus Eisblöcken errichtet hatten. Ausserdem knüpft die Activity – auch dank des Ökologiebezugs im Titel – an romantizistische Naturauffassungen der Aussteiger und Hippies jener Zeit an und wirkt wie ein Echo auf die Umweltschutzbewegungen der 1970er Jahre – beispielsweise die 1971 in Vancouver gegründete Organisation Greenpeace. Allerdings fallen bei *Echo-Logy* die Motive der Verschwendung und des Verlustes auf, was als Kommentar zur damaligen Diskussion der Umweltverschmutzung wie auch zur Umweltschutzbewegung interpretiert werden kann. Denn wie bereits Robert Smithson oft betont hatte, waren sowohl die Industrialisierung, welche die Ressourcen rücksichtslos ausbeuten, als auch deren Kritik durch die Umweltschutzbewegung, die diese Ausbeutung eindämmen will, verbunden durch die Vorstellung von Natur im Sinne eines sich ständig erneuernden Vorrats, einer Natur, die je nach Standpunkt ausgenutzt oder behütet werden sollte. Für Smithson allerdings war Natur eine Fiktion, ebenso die Idee, dass diese durch die Industrie beschädigt und durch den Umweltschutz wiederhergestellt werden könnte. Kaprow schliesst an diese Haltung an, indem er in der Activity Ressourcen zugleich verschwendet und bewahrt, aber sie nicht kontrolliert. Viel Wasser wird unterwegs verschüttet und am Ende wieder in den Fluss gekippt, die Bedeutung der geflüsterten Worte verändert sich beim

Transfer von einem Beteiligten zum nächsten. Am Ende der Performance wird Benzin vergeudet, indem die Akteure es verdampfen lassen. Die Ressourcen, so könnte man folgern, werden weder profitorientiert genutzt noch rationiert oder aufgespart, sondern grosszügig verteilt.

Rezeption und Interpretation verfahren gerne mit Analogien. Wir sehen, was wir bereits kennen, und wir suchen nach Gemeinsamkeiten lieber als nach Unterschieden. So interessieren sich auch viele Rezipienten der Performancekunst vor allem für die das 20. Jahrhundert bestimmende Frage, wie in ihr der Objektcharakter der Kunst aufgefasst wird. Die Spezifik der Performance wird aus dieser Perspektive beispielsweise in ihrer Affinität zum Theater und ihrem ephemeren Charakter gesehen, also darin, dass es sich im Gegensatz zu Malerei und Skulptur um eine Kunst der vergänglichen Medien handelt. Entsprechend widmet sich ein wesentlicher Strang der Forschung um Fragen der Verflüchtigung und Performativität als Gegensatz zu einem als statisch verstandenen Werkbegriff.[226]

Kaprows Haltung lässt sich damit, das heisst unter der Prämisse des Werkbegriffs, wie er vor allem im deutschen Sprachraum thematisiert ist, schwer fassen. Der Status des Kunstwerks als Objekt oder flüchtige Handlung, ja die Frage, wie ein Kunstwerk zu definieren sei, ist für ihn weniger wichtig als die Frage nach dem Handeln, dem Tätigsein. Seine Kunst wurzelt weniger in einer Tradition des Idealismus als in einer Tradition des Pragmatismus im Sinne eines John Dewey. Dessen Werk wiederum hängt stark zusammen mit der Situation in den 1930er Jahren, als in den Vereinigten Staaten die Künstler im Rahmen der Works Progress Administration einen konkreten staatlichen Auftrag hatten und innerhalb der Gesellschaft eine klar definierte Funktion innehaben konnten. Kaprow interessiert sich nicht, wie beispielsweise Marcel Duchamp und jene Künstler, die sich auf ihn berufen, für die Transformation der objekthaften Kunst, nicht für den Prozess der Veränderung des Kunstwerks als solches. Schon die Unterscheidung zwischen Idee und Objekt, die der These einer Dematerialisierung der Kunst zugrunde liegt, ist für Kaprow unzutreffend.[227] Nicht das Primat der Idee interessiert ihn, sondern die Untrennbarkeit von Dingen und Ideen – ganz im Sinne von William Carlos Williams' Diktum «Sag es! Keine Ideen außer in Dingen.»[228]

Weil das objekthafte Kunstwerk als vermarktbar gilt, während der Idee eher die Möglichkeit zugesprochen wird, sich dem ökonomischen Zugriff zu entziehen, hält die Rezeption gerne an der dualistischen Vorstellung von Idee versus Objekt fest. Trotzdem gelingt es ihr selten, den Zusammenhang zwischen objekthafter Kunst und Ware zu definieren. Ebenso hat sie Mühe, den Konnex zwischen Performance und menschlicher Arbeit zu artikulieren. Mich interessiert aber gerade dieser Zusammenhang, und ich möchte fragen, wie sich die menschliche Arbeit im Sog der oben beschriebenen ökonomischen Umbrüche in den frühen 1970er Jahren veränderte und wie dies mit der Kunst in Verbindung gebracht werden kann. Kunsttheoretiker und -theoretikerinnen wie etwa Kerstin Stakemeier haben in dieser Frage unter anderem die Begriffe des Postfordismus und der «immateriellen Arbeit» aufgegriffen, wie sie von Philosophen wie Maurizio Lazzarato, Paolo Virno und Antonio Negri geprägt wurden.[229] Gerade der Begriff der immateriellen Arbeit scheint mir besonders fruchtbar zu sein, nicht nur für die Interpretation von Kaprows Kunst, sondern auch für die Reflexion der Arbeit der Rezeption. Laut Lazzarato bezeichnet immaterielle Arbeit weniger die Herstellung von Waren als die von sozialen Relationen. In diesem Sinne spielt der Begriff der immateriellen Arbeit auf «eine Reihe von Tätigkeiten an, die in der Regel nicht als Arbeit wiedererkannt werden, also mit anderen Worten Tätigkeiten, die im Bereich kultureller und künstlerischer Normen operieren, die auf Moden, Geschmack und Konsumgewohnheiten Einfluss nehmen oder die, strategisch gesprochen, die öffentliche Meinung bearbeiten. [...] Die Unterscheidung von Konzeption und Ausführung, von Mühe und Kreativität, oder auch von Autor und Publikum wird innerhalb des Arbeitsprozesses überwunden – und zur gleichen Zeit wird sie im Verwertungsprozess als politisches Kommando wiedereingesetzt.»[230]

Die Produktion von sozialen Beziehungen, Netzwerken etc., und damit auch die intellektuelle Arbeit, ist für Lazzarato typisch für die neuen Formen der Ausbeutung, die er mit der wachsenden Bedeutung der immateriellen Arbeit gegenüber anderen Produktionsformen einhergehen sieht: In die Arbeit wird nun die ganze Person miteinbezogen.

> Das «Rohmaterial» der immateriellen Arbeit ist «Subjektivität» und das «ideologische Milieu», in dem diese Subjektivität existiert und sich reproduziert. [...] Die Tatsache, dass immaterielle Arbeit Subjektivität und (ökonomischen) Wert zur gleichen Zeit produziert, zeigt, wie die kapitalistische Produktionsweise unser Leben durchdrungen und hergebrachte Unterscheidungen – Ökonomie, Macht, Wissen – niedergerissen hat.[231]

Kaprows Verschiebung von den Happenings zu den Activities artikuliert die veränderte Form der Arbeit in den frühen 1970er Jahren. Während anfangs die Produktion des Happenings durch die Akteure klar getrennt war von der Rezeption, ändert sich diese Beziehung im Laufe der 1960er Jahre, und Produktion und Konsumption verschwimmen. Kaprow selbst legte den Finger auf diese Tatsache, als er in seinem Text «Non-Theatrical Performance» 1976 schrieb: «My own stance has evolved, somewhat pragmatically, in actual working conditions.»[232] Die Teilnehmer von *Echo-Logy* führten sozusagen immaterielle Arbeit auf. Arbeit und Freizeit, Spiel und Leistung verschmolzen. Die Activity fand an einem Wochenende statt, nach der normalen Arbeitszeit, aber offensichtlich wurden Zeit und Energie der Beteiligten verbraucht. Sie mussten einem Plan folgen, sich betätigen, zwei Tage lange arbeiten. Sie produzierten Affekte, Erfahrungen, gemeinsame Erlebnisse, Erinnerungen, ein soziales Netzwerk und sogar in gewissem Masse körperlichen Austausch über den Transfer von Speichel. Gleichzeitig aber unterwanderten sie den Prozess der immateriellen Arbeit und verhinderten, dass ihre Arbeitskraft gänzlich ausgebeutet wurde. Sie unterbrachen regelmässig den Produktionszyklus durch Verlust, Missverständnis und Nicht-Kommunikation. Sie stellten Subjektivität her und dekonstruierten sie sogleich. Die Wörter gingen von Person zu Person, aber sie waren zu leise, um gehört zu werden. Vom Gesichtspunkt der Produktivität aus gesehen waren sie vergeudet. Das Wasser wurde von Mund zu Mund transportiert und dann in den Bach gespuckt. Der eingetütete Atem wurde «für den Wind geöffnet». «The movement is», wie Kaprow im Künstlerbüchlein *Echo-Logy* am Ende schreibt, «always back and forth».[233]

PERFORMATIVE KUNSTGESCHICHTE

Echo-Logy geht sehr weit darin, die neuen, immateriellen Formen von Arbeit zu artikulieren. Die Teilnehmer hatten sich wie bei allen Happenings von Kaprow freiwillig und ohne Honorar auf das Spiel eingelassen. Aber sie konnten sich diese Artikulation als Gruppe leisten, denn sie waren dem Druck der Verwertung für einen Moment entronnen. Das Happening war durch eine private Galerie subventioniert, deren Autonomie wiederum ermöglicht wurde durch die Tatsache, dass mit zeitgenössischer Kunst gerade viel Geld zu machen war. Im Oktober 1973, also im Moment des Ölschocks, fand auch die legendäre Versteigerung der Werke zeitgenössischer Kunst aus der Sammlung des New Yorker Taxi-Unternehmers Robert Scull bei Sotheby's in New York statt und löste damit den Boom des Kunstmarkts für zeitgenössische Kunst aus, der bis heute fast ungebrochen anhält. Kaprow selbst konnte davon zwar nicht unmittelbar profitieren, weil er nur sehr wenige Werke herstellte, die auch im Kunstmarkt vertrieben wurden. Aber die Kunstwelt als Ganzes erhielt in jenen Jahren die stabile Basis, die es ermöglichte, auch Kunstwerke wie diejenigen von Kaprow zu finanzieren.

Wie also steht es in einer solchen Situation und im Zusammenhang mit immaterieller Arbeit um die Rezeption? Auch dazu äussert sich Lazzarato:

> Rezeption ist [...] ein kreativer Akt und integraler Bestandteil des Produkts. Auch diesen kreativen Prozess im doppelten Sinn kann die Warenform des ideologischen Produkts nicht ausschalten; sie ist gezwungen zu versuchen, ihn zu kontrollieren und ihm den Wert unterzuordnen. Doch bleibt auch in der Warenform der Charakter des Ereignisses enthalten, der offene und schöpferische Prozess, der immaterielle Arbeit und Öffentlichkeit verbindet und den die Kommunikation organisiert. Dieser offene Prozess bedeutet für die immaterielle Produktion Innovation, und um die Konsumption zu erhalten und zu entwickeln, bleibt dem Unternehmen nichts anderes übrig, als an den von der Konsumenten-Öffentlichkeit produzierten Werten anzuknüpfen.[234]

Die Rezeption greift aus dieser Perspektive in den Bereich der Interpretation über, sie ist aber auch ein Akt der Produktion. Ich versuche dies mit dem Begriff der «Performativen Kunstgeschichte» zu bezeichnen.[235] Gestützt auf das «performative writing» von feministischen Theoretikerinnen wie Judith Butler und Amelia Jones will ich das Ich des Historikers ins Spiel bringen, um in meinen Argumenten lokalisierbar, nachvollziehbar und auch angreifbar zu sein, damit die Diskussion weitergeführt werden kann.[236] Mein Zugang ist also nicht hermeneutisch, das heisst, ich will keine ursprüngliche Bedeutung freilegen und fixieren. Ich will mich auch nicht auf die Intention des Künstlers festlegen lassen. Künstleraussagen kommen zwar vor, aber nicht als alleiniger Schlüssel für den Zugang zur Bedeutung, nicht im Sinne des letzten Worts. Ich lasse den Künstler das sagen, was in mein Argument passt, und lege ihm dafür gelegentlich sogar (seine eigenen) Worte in den Mund, die seiner Intention möglicherweise widersprechen. Weil mein Gegenstand die zeitgenössische Kunst ist, also ein Feld, auf dem die kritische, akademische, und kuratorische Praxis verwoben sind, verstehe ich unter Performativer Kunstgeschichte auch die Option, mich einzumischen und für bestimmte künstlerische Positionen Partei zu ergreifen.

Dieses Selbstverständnis einer «performativen» Kunstgeschichte wirft auch die Frage auf: Wie kann ich mit Kaprows *Echo-Logy* arbeiten, wenn ich mich nicht auf eine schriftliche und mündliche Auseinandersetzung begrenzen will? Der Titel *Echo-Logy* thematisiert bereits die Beziehung zwischen Vergangenheit und Zukunft. Ich wollte deshalb herausfinden, ob es sich um ein Werk handelt, das historisch abgeschlossen ist, oder ob es vielleicht auch Teil unserer Gegenwart sein kann. Am Nachmittag des 21. März 2013 habe ich daher Kaprows Activity *Echo-Logy* mit einer Gruppe von 25 Architekturstudierenden der ETH Zürich in einem kleinen Bach vor den Toren des Ruinenfelds von Olympia wiederaufgeführt. ABB. S.199 Das Reenactment war der Höhepunkt unserer Exkursion «Ec(h)o-Logy. Greek Returns», die uns von Athen nach Olympia führte. In Athen hatten wir uns vor allem mit der Frage auseinandergesetzt, wie die Wirtschaftskrise sich auf die Stadt und die Menschen auswirkt, wie also die ökonomische Veränderung die Auffassung von Raum beeinflusst und damit auch auf die Architektur wirkt.

Unser Reenactment dauerte etwa eine Stunde. Wir übten den Score und diskutierten, wie wir die Details lösen sollten. So war zum Beispiel die Mehrheit der Teilnehmer dagegen, das Wasser buchstäblich von Mund zu Mund gehen zu lassen. Eine Studentin schlug vor, dass wir einfach einen Becher mit Bachwasser füllen und dann diesen Becher weitergeben sollten, ohne die Hände zu benutzen. So waren nur die erste und die letzte Person der Kette gezwungen, das Wasser aus dem Bach in den Mund zu nehmen, und die körperliche Nähe zwischen den Teilnehmern reduzierte sich auf die Übergabe des Bechers von Mund zu Mund. Wir hatten vergessen, Benzin zu kaufen, aber fanden in einem Kiosk Feuerzeugbenzin.

Während ich im Bach stand und auf den von einem zum anderen wandernden Becher wartete, hatte ich Zeit, über die Seminarwoche nachzudenken. Wir hatten die Metapher des Echos verwendet, weil uns die Resonanz der Vergangenheit in der heutigen Gegenwart interessierte. Wir bezogen uns in unseren Diskussionen auf die antike Legende von Echo und Narziss. Nachdem sie von Narziss, dessen Liebe sie gewinnen möchte, abgewiesen wird, löst sich die Wassernymphe Echo auf und wird zu einer Stimme ohne Körper. Könnte man Europa mit dem selbstverliebten Narziss vergleichen und Griechenland mit der verschmähten, ihrem Schicksal überlassenen Nymphe Echo? Würde diese Metapher uns helfen, unsere eigene Position innerhalb der von uns in der Seminarwoche beobachteten Prozesse besser zu verstehen? Der Becher kam, und ich reichte ihn der nächsten Person, vorsichtig, um nichts zu verschütten. Bald würde das Wasser in den Bach gespuckt werden und sich dort auflösen. Ich erinnerte mich an den Text «Economimesis» von Jacques Derrida, den ich zwar nicht ganz verstehe, aber von dem mir die Stelle im Gedächtnis blieb, an der er das Erbrochene als «nicht darstellbar» beschreibt, als etwas, das nicht durch ein logozentrisches System repräsentiert werden könne. Es ging ihm dabei darum, so scheint mir, die Grenzen eines Systems zu zeigen, das auf der Idee der Balance und des ausgewogenen Stoffwechsels basiert.[237] Und ich erinnerte mich an die Berichte der griechischen Kollegen über die massiv erhöhten Vermögenssteuern auf Wohneigentum.

Reflektierte unsere Performance im kalten Wasser – darauf bedacht, nicht auszurutschen, uns um kleinste Mengen Wasser sorgend, während wir zugleich mit Genuss zusahen, wie sich Benzin in Luft auflöste –, was im Land in viel grösserem Massstab vorging? Half uns die Performance zu fokussieren und war sie der Beginn einer Handlung, oder würde sie symbolisch bleiben?

Nun kam der nächste Becher. Mit ihm zwischen den Zähnen konnte ich nicht sprechen. Die arme Wassernymphe Echo kam mir in den Sinn, die nur stammeln und die Laute anderer imitieren konnte. Welche Stimmen hatten wir auf unserer Reise gehört? Waren es die der Beobachter aus dem Norden – uns inbegriffen –, die über Griechenland sprachen und den Griechen rieten, was sie tun sollten? Plapperten wir einfach die Statements von Politikern und deren Echo in den Medien nach – die Griechen seien an der Misere selbst schuld, weil sie zu viele Autos gekauft und zu viele Strassen gebaut hatten, anstatt ihre Industrie in Gang zu setzen, weil sie zu viel konsumiert hatten, statt zu produzieren? Wie stand es um die Stimme der Griechen? Alle, die wir trafen, sagten uns, sie hätten nichts falsch gemacht, bis die Krise über Nacht alles ruinierte. Als die Gruppe begann, die geflüsterten Worte von einem zum nächsten zu schicken, erinnerte ich mich an meine letzte Reise mit Studierenden nach Athen. 2004, unmittelbar vor Beginn der Olympischen Spiele, waren wir beeindruckt von den theatralischen Szenen auf der Strasse, wo die Menschen sich bewegten und sprachen, als ob sie auf einer Bühne stünden, laut rufend, gestikulierend. Nun waren die Stimmen in Athen gedämpft, und die Bewegungen hatten sich verlangsamt. Sie waren Schatten, ein Echo der Vergangenheit, von besseren Zeiten.

Die Plastiktüte kam, und jeder fügte einen Atemzug hinzu. Die Tüte wurde praller, und unsere grösste Sorge war, dass die Luft entweichen könnte. Die Schlagzeilen der Zeitungen kamen mir in den Sinn, die von Inflation und Deflation oder von «Stagflation» sprachen, vom Kapital, das aus Griechenland nach Berlin und London abfloss – und natürlich von der akuten Sorge um die Zukunft des Euro. Aber der Inhalt der Plastiktüte war nicht nur ein Bild für die Ökonomie, er enthielt auch unseren Atem – griechisch «Psyche» – und zeigte damit, wie die Studierenden und Dozierenden für einen Moment zu einer Gemeinschaft geworden waren. Wir hatten in Athen auch optimistische Gemeinschaften getroffen, Architekten und Designer, die ein ruiniertes Bürogebäude in der Altstadt reaktivierten, die Organisatoren der Athen Biennale und die Aktivistengruppe Encounter Athens. Welche Art von Gemeinschaft waren wir? In der sonst hochgradig hierarchisch strukturierten akademischen Welt waren wir zumindest vorübergehend gleichberechtigte Teilnehmer eines Spiels. Vielleicht würden die Studierenden dies mehr als alles andere in Erinnerung behalten. Vielleicht würde es eines Tages, wenn sie als Architekten praktizierten, nachhallen in der Art, wie sie an Projekte herangehen und wic sie das Gebaute auf die Tätigkeit der Menschen, der Benutzer, der Betrachter beziehen würden. Vielleicht würden sie inspiriert durch die Teilhabe an einem Kunstwerk, das zeigt, wie schwer es für das Kapital ist, jene Werte auszubeuten, die unmittelbar mit anderen geteilt und allgemein verfügbar gemacht werden.

Was für eine Art von Tätigkeit war unser Reenactment? Zu welchen Anteilen waren wir Produzenten, Rezipienten, Konsumenten, Handelnde oder Beobachtende? Und wie bezog sich unsere Tätigkeit auf diejenige der ersten Akteure der Activity im Frühling 1975? Was bedeutet es für das Verhältnis der beiden (Wieder-)Aufführungen, dass in dem Zeitraum, der zwischen ihnen liegt, immaterielle Arbeit zur dominierenden – und theoretisch reflektierten – Produktionsform aufgestiegen ist? Dass ich das Konzept der immateriellen Arbeit rückblickend auf Kaprows Kunstwerk anwende, dient nicht dem Argument, die Kunst mache etwas sichtbar, wofür es noch keine Begriffe gibt, und die Rezeption füge im Nachhinein das Puzzle zusammen. Ich möchte nicht als Interpret die Bedeutung eines Kunstwerks vervollständigen, denn dies würde ja implizieren, dass es überhaupt so etwas wie eine Vollständigkeit gibt, die noch dazu von der Rezeption hervorgebracht wird. Ich verstehe unser Reenactment nicht als ein Kunstwerk, sondern als Teil der akademischen Praxis, der Verbindung von Forschung und Lehre. Es handelt sich um eine durchaus pädagogische oder vielmehr didaktische Tätigkeit, die sowohl aufzeigen und vermitteln will, was wir bereits wissen, als auch hinweisen will auf das, was wir nicht wissen. Die Studierenden sind in diesem Zusammenhang keine passiven Rezipienten, sondern aktive Mitwirkende. Wie bei einem Environment oder Happening von Kaprow hängt der Erfolg von ihrer Mitwirkung und ihren Ideen ab. Ohne Kaprows Werk wäre seine Wiederaufführung mit all den von ihr ausgelösten Assoziationen und Fragen für das Heute nicht denkbar. Doch umgekehrt wäre auch ohne die Wiederaufführung das Kunstwerk nur ein Dokument der Kunstgeschichte, nicht ein Teil der Gegenwart. Das Reenactment erlaubte mir und meinen Studierenden, etwas Vergangenes zu vergegenwärtigen und dadurch sowohl die Geschichte als auch das Heute besser zu sehen.

JENSEITS VON BOLOGNA: LACATON & VASSALS HOCHSCHULE FÜR ARCHITEKTUR IN NANTES

An einem regnerischen Frühlingstag besuchte ich die École Nationale Supérieure d'Architecture in Nantes, entworfen von Anne Lacaton und Jean-Philippe Vassal. Im Jahre 2009 eröffnet, ist sie das Resultat eines 2002 ausgelobten Wettbewerbs, der dazu aufrief, die ursprünglichen Bauten aus den 1970er Jahren zu ersetzen, die wegen des veränderten Studienprogramms und der wachsenden Zahl von Studierenden zu klein geworden waren. Die Schule ist eine von etwa zwanzig Architekturhochschulen in Frankreich und umfasst ungefähr 1000 Studierende. Sie liegt auf der Île de Nantes, dem früheren Hafenareal der wohlhabenden und lebhaften Handelsstadt im Nordwesten von Frankreich. Nur durch den Fluss von der Altstadt getrennt, ist die Umgebung der Schule charakterisiert von einer Mischung aus Büros, Wohnungen, kulturellen Einrichtungen und Brachen, wie sie für gentrifizierte Hafengegenden mit ihrer zwischen Fabrikruine und Baustelle oszillierenden Aura typisch ist.

Als ich mich dem Gebäude näherte, fiel mir zuerst die Art und Weise auf, wie die Architektur auf dem Boden aufliegt, weil sich der Strassenbelag nahtlos im Inneren fortzusetzen scheint. Und tatsächlich gibt es keine Unterkellerung, das Stahlbetonraster steht direkt auf dem Grund. Auf meinem Weg zum Eingang passierte ich eine Rampe, die in die oberen Geschosse führt und für Fussgänger, Fahrradfahrer, aber auch für Autos und Lastwagen konzipiert ist. Der Verkehr scheint sich durch alle Geschosse zu bewegen und animiert so quasi den ganzen Raum der Schule. Statt ein separates Parkhaus zu planen und es beispielsweise unterirdisch zu platzieren, fügten die Architekten die Parkbereiche an mehreren Stellen im Gebäude ein, so dass Parken, Lernen, Verwalten und Lehren miteinander verschränkt sind. Der Arbeitsweg wird ein Stück weit zum Teil der Arbeit. Indem sie weder Keller noch Estrich noch ein unterirdisches Parkhaus projektierten, legten die Architekten die Abläufe und Zusammenhänge der Hochschule offen, die sich in den Wegen durch die gebaute Struktur zeigen.

Ebenso nahtlos wie die Asphaltoberfläche verläuft auch der Übergang von aussen nach innen. Als ich die Rampe passierte, hatte ich den Eindruck, die Schule durch den Hintereingang zu betreten. (Es gibt noch einen «Vordereingang» neben dem grossen Hörsaal, der aber für den alltäglichen Schulbetrieb weniger wichtig zu sein scheint.) Sogleich war mir der Bau sympathisch. Anstatt von einer monumentalen Eingangssituation eingeschüchtert zu werden, wie sie für viele Bauten der höheren Bildung charakteristisch ist, fühlte ich mich wie ein Insider, wie jemand, der die Abkürzungen bereits kennt und den Weg über die Garageneinfahrt nehmen darf. Fast wie beim Eingang in eine private Wohnung, wo man über Fahrräder und Kindergummistiefel stolpert, wo Regenschirme herumstehen und der Abfall darauf wartet, in den Hof getragen zu werden, so wurde ich auch hier Teil einer gemeinschaftlichen Zone zwischen innen und aussen, Öffentlichkeit und Halböffentlichkeit, eines Bereichs des Übergangs, wo Studierende und Lehrende, Passanten und Angestellte sich treffen.

Es war leicht, mich im Gebäude zu orientieren. Anders als in vielen Hochschulen, beispielsweise meiner eigenen in Zürich, in deren Inneren man sich in kafkaesken Korridoren verliert, fühlte ich mich zu keiner Zeit desorientiert. Die Verbindungen zwischen den verschiedenen Bereichen sind einfach, und das Volumen mancher Räume, wie etwa des grossen Hörsaals, lässt sich auch von aussen gut wahrnehmen. Trotzdem empfand ich meinen Besuch in erster Linie als ästhetisches Erlebnis, als *promenade architecturale*, als Weg voller überraschender Ausblicke und räumlicher Ereignisse. Die eher enge Eingangssituation mit dem dunklen Boden und dem düsteren Licht öffnet sich zu einem grosszügigen Foyer, das sich durch eine eingezogene Galerie über zwei Etagen erstreckt. Es dient als Ausstellungshalle und verbindet die Unterrichtsräume mit der Bibliothek und dem Verwaltungstrakt. Lacaton & Vassal arbeiten mit Kontrasten von hellen und dunklen Zonen, engen und weiten Räumen, niedrigen und hohen Decken sowie einer Vielzahl von Rampen und Treppen. Immer wieder öffnen sich spektakuläre Ausblicke, zum Beispiel auf die sehr grosszügig bemessenen Werkstätten, die direkt von der Strasse erschlossen sind und die es Autos und Lastwagen erlauben, bis in die Arbeitsräume hineinzufahren.

Die überraschendste Aussicht aber bietet sich von der Dachterrasse über den Fluss zur Altstadt. Die Terrasse ist als grosszügiges Parkdeck ausgelegt und sowohl über die Rampe als auch über die Treppenhäuser erreichbar. Sie erinnerte mich unwillkürlich an die ikonische Fotografie von Theodore Lux Feininger, welche die tanzenden Bauhaus-Studenten auf dem Dach des neuen Dessauer Schulgebäudes zeigt. Obwohl es bei meinem Besuch in Nantes regnete und sich niemand auf dem Dach befand, konnte ich mir gut vorstellen, wie auch hier die Studierenden und Lehrenden bei schönem Wetter unter freiem Himmel diskutieren und feiern.

Der Gegenpol zur Dachterrasse ist der grosse, ebenerdige Hörsaal. Mit seiner asymmetrischen Bestuhlung und den Balkonen erinnert er an ein Opernhaus. Die Aussenwände sind mit transparenten Polycarbonat-Paneelen verkleidet, und Vorhänge verdunkeln den Innenraum bei Bedarf. Ein grosser Bereich der Aussenwand besteht aus einer Schiebetür, mit der sich auch hier die Fassade zur Strasse hin öffnen lässt. Während die öffentlich zugängliche Dachterrasse den Bau mit dem Himmel verbindet, verbindet ihn der Hörsaal mit dem Boden. Ich malte mir aus, wie das Unterrichten in dieser Situation funktioniert und wie sich die Menschen zwischen dem Inneren und dem Äusseren der Schule hin- und herbewegen. In meinem Überschwang, alles, was ich sah, mit der Ideengeschichte und der Geschichte der Kunst zu assoziieren, erinnerte ich mich an Raphaels Fresko *Die Schule von Athen*. Das Fresko zeigt eine offene Phantasiearchitektur, ein Ideengebäude, in dem die grossen Denker versammelt sind. Im Zentrum stehen Plato einerseits, der gegen Himmel, ins Reich der Ideen zeigt, Aristoteles andererseits, der hin zum Boden, ins Reich des Natürlichen weist.

Es gibt viel zu sagen über die Ästhetik von Lacaton & Vassals Architektur, über die formale Qualität ihrer Räume, über Materialität, Ikonografie und Szenografie. Die Überlappung von Oberflächen sowie das Nebeneinander von Metall, Kunststoff, Asphalt, Glas und Beton bieten eine Fülle von räumlichen und farblichen Effekten. Die rohe Oberfläche des Betons, die spiegelnde Oberfläche des verzinkten Blechs, die Mattigkeit des Asphalts und die Opazität des Kunststoffs wirken ungeschönt und preisgünstig, ja stellenweise fast improvisiert, im Unterschied zu den polierten Steinoberflächen, Verchromungen und reflektierenden Glasscheiben, die in Gebäuden traditionell Wertigkeit ausstrahlen sollen. Es gibt sicherlich ökonomische und funktionale Gründe, dass Rohre und Kabel offen verlegt sind, anstatt sie in der Wand oder unter einer abgehängten Decke zu verbergen. Aber ich interpretiere diese Installationen auch als formale Anordnung und ornamentale Struktur, ja als eine ironische Hommage an die metabolistische Formensprache des Centre Georges Pompidou. Die offen gezeigten Versorgungsstrukturen heben den Bau von der Umgebung ab, während sie ihn zugleich mit ihr verbinden, sie lassen ihn im selben Moment aussergewöhnlich und alltäglich wirken. Einen ähnlichen Effekt haben die Membranen. Die gewellten Polycarbonat-Paneele rahmen die Umgebung, aber verwischen und verzerren sie auch und rücken sie so in ein neues Licht. Während des Tages bewirken sie für die Menschen im Inneren unzählige Nuancen von Licht und Schatten; für diejenigen wiederum, die sich von aussen nähern, heben sie verschiedene Aspekte des Innenraums hervor, etwa die Betonstruktur, die den Hörsaal trägt, oder die Materialien, die in den Werkstätten gelagert sind, so als betrachtete man ein Stillleben.

Vielleicht sind meine reichen Assoziationen eine Reaktion darauf, dass das Werk von Lacaton & Vassal in der Regel auf sehr prosaische Weise beschrieben wird. Die meisten Interpreten betonen, was ohnehin auf der Hand liegt, nämlich dass Lacaton & Vassal meist mehr Raum offerieren, als in der Ausschreibung gefordert wird. Anstatt der 10 000 Quadratmeter, die im Wettbewerb für die Hochschule in Nantes verlangt waren, boten sie fast die doppelte Fläche für denselben Preis. Sie haben damit ein Modell weiterentwickelt, das sie bereits für ihr Maison Latapie in Floirac (1993), in der Université arts & sciences humaines in Grenoble, (1995/2001), in einem Privathaus in Coutras (2000) und den Sozialwohnungen in Mulhouse (2005) entwickelt hatten: Sie dehnen die Nutzfläche aus, indem sie nicht nur auf Betonstrukturen, sondern für Teile des Gebäudes auf preiswerte und leichte Treibhausstrukturen aus Metall und Polycarbonat zurückgreifen. Indem sie in Nantes eine nicht unterkellerte Leichtbaustruktur aus Stahlbeton einsetzten, wie sie unter anderem in IKEA-Lagerhallen verwendet wird, ist ihr Gebäude günstig in der Errichtung und offen für veränderte Nutzungen. Es erstaunt daher nicht, dass ihr Werk in erster Linie mit dem Begriff der Nachhaltigkeit identifiziert wird, so etwa in einer Broschüre, die anlässlich einer Auszeichnung des Gebäudes erschien:

> Paradoxically, it is precisely this primal move to create excess space that makes the building ecologically, socially, and financially sustainable. The building's double-height unprogrammed volumes, designed at the architect's discretion, provide the school with adaptable and multifunctional spaces that will allow the building to be repurposed rather than destroyed and built anew.[238]

DIE IMMATERIELLE INFRASTRUKTUR DER HÖHEREN BILDUNG

Ich bin mir im Klaren darüber, dass ich die Bedeutung der Architektur von Lacaton & Vassal nicht auf ihre ästhetische Wirkung reduzieren kann. Aber was trägt der Begriff der Nachhaltigkeit zur Diskussion bei, das über die Feststellung hinausginge, dass man mehr für sein Geld erhält? Um den Spielraum der Interpretation zu erweitern, will ich die Architekturhochschule Nantes mit einem Diskurs in Zusammenhang bringen, in dem das Schlagwort Nachhaltigkeit derzeit ebenfalls gerne verwendet wird; ich denke an den Bereich der Hochschulausbildung, genauer gesagt, an den Bologna-Prozess. Seit dem ausgehenden 19. Jahrhundert gehört die Hochschule zu den zentralen Elementen der Bildung in den europäischen Staaten. Die jungen Nationalstaaten betrachteten Wissenschaft und Technik als zentrale Motoren des ökonomischen Fortschritts und der sozialen Kohärenz und die öffentlichen Universitäten als Basis dieses Prozesses. Demokratisierung und Etablierung der Wohlfahrtsstaaten in der zweiten Hälfte des 20. Jahrhunderts führten dann zu einer rapiden Expansion des Systems der Hochschulausbildung. In den 1950er und 1960er Jahren wurden zahlreiche neue Universitäten und Forschungsinstitutionen gegründet, und neue Campusbauten entstanden innerhalb und ausserhalb der Städte. Die Spannung zwischen der Idee der höheren Ausbildung als Privileg einer Elite und der Notwendigkeit, einen grossen Teil der Bevölkerung einzubeziehen – Stichwort Massenuniversität –, prägte die Diskussion in der Nachkriegszeit und war auch ein Aspekt der Studentenrevolten von 1968. Seit dem Millennium hat Europa abermals den Prozess der

Hochschulausbildung beschleunigt, diesmal im Sog einer Nivellierung nationaler Unterschiede im Rahmen der Bologna-Reformen. In einigen europäischen Ländern wie Irland verfügten 2013 mehr als die Hälfte der Bevölkerung über höhere Bildung, und auch der gesamteuropäische Durchschnitt liegt bei 40 Prozent.[239] Die Bologna-Erklärung vom 19. Juni 1999 hält dementsprechend fest:

> Inzwischen ist ein Europa des Wissens weitgehend anerkannt als unerlässliche Voraussetzung für gesellschaftliche und menschliche Entwicklung sowie als unverzichtbare Komponente der Festigung und Bereicherung der europäischen Bürgerschaft; dieses Europa des Wissens kann seinen Bürgern die notwendigen Kompetenzen für die Herausforderungen des neuen Jahrtausends ebenso vermitteln wie ein Bewusstsein für gemeinsame Werte und ein Gefühl der Zugehörigkeit zu einem gemeinsamen sozialen und kulturellen Raum.[240]

Die Etablierung eines gemeinsamen europäischen Hochschulraums schien unverzichtbar, wenn das Ziel erreicht werden sollte, «dass die europäischen Hochschulen weltweit ebenso attraktiv werden wie unsere außergewöhnlichen kulturellen und wissenschaftlichen Traditionen.»[241] Mit anderen Worten: Die Hochschulen sollten konkurrenzfähig gemacht werden gegenüber den nordamerikanischen Universitäten und der sich dynamisch entwickelnden Hochschullandschaft in Südostasien. Innerhalb eines Jahrzehnts sollten die europäischen Universitäten zu untereinander vergleichbaren Qualifikationen gelangen, zu einem aus zwei Zyklen – Undergraduate und Graduate – bestehenden Curriculum, zu einem Kreditpunktesystem, zur Förderung der Mobilität von Studierenden und Dozierenden, Forschern und akademischen Mitarbeitern und zu einheitlichen Standards der Qualitätssicherung.

Die Interpretationen der Bologna-Reform sind kontrovers. Die meisten Politiker begrüssen das Vorhaben, weil es verspricht, die europäische Einigung zu fördern und Forschung und Lehre einfacher verwaltbar zu machen. Und zweifellos hat der Bologna-Prozess die Abhängigkeit der Studierenden von ihren Professoren verringert und ihnen grössere Flexibilität und klarere Spielregeln verschafft. Studierende können ihr Studium besser planen, ihre Hochschule leichter wechseln und ihre

Leistungen in anderen europäischen Ländern und auch darüber hinaus problemloser anrechnen lassen. Während die Mehrheit der Studierenden zwar den wachsenden Zeit- und Leistungsdruck im Studium beklagt, die neue Flexibilität aber auch positiv wahrnimmt, sind die meisten Professoren skeptisch. Vor allem im deutschsprachigen Teil Europas mit seinen langen Traditionen föderalistischer und dezentral organisierter Bildung kritisieren nicht nur die Professoren und Angestellten des Mittelbaus, sondern auch ein wachsender Teil der Verwalter und Bildungspolitiker den Bologna-Prozess. Vielen gilt er als gescheitert. Der Bologna-Prozess hat die Arbeitsbelastung von Studierenden, Lehrenden und Verwaltenden und den Einfluss der Bürokratie auf die Curricula erhöht. Er hat die Autonomie der Hochschulen, Fakultäten und Lehrstühle verringert. Viele Beobachter behaupten, dass der Prozess sogar die Motivation und intellektuelle Neugier von Studierenden dämpfe. Weil die «Beschäftigungsfähigkeit», wie es von den Behörden genannt wird, also die möglichst nahtlosen Übergänge von der Hochschule zum Arbeitsmarkt, das zentrale Anliegen der Bologna-Konferenz 1999 war, werfen ihr heute viele Akademiker vor, Forschung und Lehre unter das Primat der Ökonomie gestellt zu haben. Anstatt die Studierenden für das Leben vorzubereiten, mache Bologna sie zu Punktesammlern im European Credit Transfer System (ECTS).

Das Projekt, einen vereinheitlichten europäischen Hochschulraum zu schaffen, trägt den Namen der Stadt, in der seine Eckpunkte verkündet wurden und die zugleich eine der ältesten Universitäten Europas besitzt. Doch was ist der räumliche Effekt der Transformation des Hochschulwesens und was ist die Rolle der Architektur in diesem Prozess? Gibt es eine Architektur, die «Bologna» darstellt? Während das Mantra der Urbanisierung die Ideologie des Fortschritts abgelöst hat und wir bei jeder Gelegenheit hören, dass die Verstädterung zunehme – «10% lived in cities in 1900, 50% is living in cities in 2007, 75% will be living in cities in 2050»[242] –, scheint die wachsende Akademisierung keinen Einfluss auf Architektur und Städtebau zu haben. Das von Richard Burdett und Deyan Sudjic herausgegebene, einflussreiche Buch *The Endless City* (2007) ist charakteristisch für den Trend in Architekturschulen, Behörden und Medien, die Stadt in den Fokus zu nehmen. Es enthält zahllose Daten zur Ökonomie, zur Dichte und Mobilität, aber das Thema Hochschule wird übergangen. Der Index verzeichnet nicht einmal das Wort «Universität», obwohl Hochschulen eine wichtige Rolle bei der Gentrifizierung spielen und zu den stärksten Magneten gehören, die junge Menschen in die Städte ziehen. Natürlich gibt es innerhalb der Architektur sporadische Diskussionen zu Themen wie dem städtischen Campus oder über ikonische Bauten von Forschungsinstituten, Bibliotheken oder Studentenwohnheimen.[243] Aber solche Projekte interessieren vor allem Spezialisten und stehen im Schatten von spektakulären Bauten für Stadien, Museen oder Konzerthallen und von breitenwirksameren Themen wie Ökologie, Gentrifizierung und Verdichtung.

Ich möchte behaupten, dass die Rolle der Architektur als räumliche und atmosphärische Organisation des Hochschulwesens ebenso zentral wie verdrängt ist. Möglicherweise schreckt die Tatsache, dass die Räume der Hochschulen in erster Linie funktionieren müssen, die ambitionierten Architekten ab, weil sie angesichts der Raumprogramme keinen Spielraum sehen. Die Räumlichkeit der Hörsäle und Bibliotheken, Zulassungsbüros und Fotokopierkojen, der Turnhallen und Fahrradständer, Cafeterien und Computerräume prägt den Alltag von Studierenden und ihren Lehrern. Die fortwährende Transformation, die für ihr Funktionieren nötig ist, die Anpassung an schwankende Studentenzahlen, die Umorganisation von Instituten und Lehrstühlen, die unaufhörliche Veränderung der Verwaltungsstrukturen – all das macht sie für die Architektur eigentlich gerade zu einer Herausforderung, aber offenbar auch wenig attraktiv. Anders als bei politischen Institutionen oder Firmen gibt es kaum Bedarf für repräsentative Bauten. Im Vergleich zu privaten Hochschulen, die gerne auf berühmte Architekten zurückgreifen, um Studierende auch durch die visuelle Qualität ihrer Räume anzuziehen, spielt die Vorstellung der «Marke» zwar auch im öffentlichen Hochschulwesen eine wachsende Rolle. So wird die unternehmerische Struktur der privaten nordamerikanischen Elitehochschulen inzwischen selbst von einigen der fast ausschliesslich durch Steuergelder getragenen Hochschulen im deutschen Sprachraum zum Vorbild genommen. Doch obwohl die Bologna-Reformen mit der Vergleichbarkeit der

Universitäten auch ihre Konkurrenz untereinander erhöht haben, ist für Corporate Identity und Fassade in der Regel immer noch wenig Geld übrig. Dies mag ein Grund sein für die Indifferenz der meisten Vertreter des Hochschulwesens gegenüber der Qualität der Campus-Architektur. Der andere Grund ist zweifellos ein politischer. Weil öffentliche Universitäten fast gänzlich von Steuergeldern finanziert sind, versuchen sie den Eindruck zu vermeiden, dass sie diese für repräsentative Aufgaben verwenden würden.

TRUCK IN THE CLASSROOM

Zwei Kräfte streiten miteinander in den Bologna-Reformen. Die Ökonomie zwingt die Subjekte unter die Bedingungen der immateriellen Arbeit, richtet sie auf die Anforderungen des Markts zu und strebt nach Standardisierung, Austauschbarkeit, Homogenisierung und letztlich: Profit. Währenddessen kämpft der Idealismus um die Emanzipation der Studierenden von der professoralen Hierarchie, um soziale und räumliche Mobilität, um gegenseitige Toleranz und Erfahrungen, um das Teilen von Wissen, um Einheit und um eine bessere Zukunft. In der «Sorbonne-Erklärung» von 1998, die der Bologna-Erklärung voranging, hielten die Bildungsminister von Frankreich, Deutschland, Italien und Grossbritannien fest:

> Der europäische Prozess ist in letzter Zeit um einige bedeutende Schritte vorangetrieben worden. So wichtig diese aber auch sein mag [sic!]: man sollte nicht vergessen, dass Europa nicht nur das Europa des Euro, der Banken und der Wirtschaft ist; es muss auch ein Europa des Wissens sein.[244]

Es ist genau der Konflikt zwischen diesen beiden Kräften, der innere Widerspruch der Bologna-Reform, der in der Architekturschule Nantes spürbar ist, einer Schule, dessen Baufortschritt von der Auslobung des Wettbewerbs 2002 bis zur Fertigstellung 2009 mehr oder weniger parallel zum Bologna-Prozess verläuft. Auf der Ebene der Begriffe sind Ökonomie und Idealismus im Widerspruch und polarisieren die Diskussion. Im Entwurf von Lacaton & Vassal hingegen werden sie in ihrem Zusammenhang räumlich erfahrbar.

Auch das fortwährende Infragestellen und die permanente Reform sind dem Bologna-Prozess ebenso wie dem Hochschulgebäude in Nantes eingeschrieben. Die Architekten untermalen dies indirekt in ihrer Beschreibung:

> On the initiative of the students, teachers or visitors, these spaces become the locus of possible appropriations, events and programming. At any one moment the adaptation of the school to new interventions and its reconversion is possible. Like a pedagogical tool, the project questions the program and the practices of the school as much as the norms, technologies and its own process of elaboration.[245]

Können wir mit dieser Parallelität so weit gehen, den Bau als Allegorie auf den Bologna-Prozess zu lesen? Die Lage auf der Île de Nantes hat den Effekt, dass die Hochschule wie aus dem Terrain vague, wie aus den Ruinen der Industrialisierung entstanden wirkt. Der Betonraster, der vor allem für Fabriken und Lagerhallen typisch ist, und die Verschränkung von verschiedenen Funktionen evozieren die Umnutzung von Industriebauten. Und tatsächlich hatte ich im ersten Moment den Eindruck, der Bau sei vielleicht das Resultat einer solchen Transformation eines schon existierenden Gebäudes. Doch sobald ich die Räume der Schule näher betrachtete, wurde mir klar, dass es weniger um den Dialog zwischen Altem und Neuem geht als vielmehr um eine Interaktion zwischen Architektur und Infrastruktur. Das Aufeinandertreffen einer höchst raffinierten Komposition von Räumen und Materialien mit der Robustheit von Infrastrukturbauten schafft eine Spannung, die sich nicht auflösen lässt. Es ist ein innerer Widerspruch, wenn man so will, wie er auch für die Bologna-Reform und andere Prozesse innerhalb der Europäischen Union typisch ist. So wie im Brutalismus mancher Gebäude der 1960er und 1970er Jahre, die den Programmen der Wohlfahrtsstaaten entsprungen waren, die Rohheit der militärischen Bauten des Kalten Kriegs nachhallt, so vernehmen wir in der Architekturhochschule von Nantes eine Resonanz der bürokratischen Räume in Brüssel oder Paris sowie der vielen EU-Investitionen in die Verkehrsinfrastruktur. Zu verstehen, dass Hochschule und (mit der Mobilität auch) Verkehr zusammenhängen, ist eine der Lektionen aus meinem Besuch der Architekturhochschule. Mehrere Transportcontainer auf unterschiedlichen Etagen, ein Wohnwagen in der Ausstellungshalle sowie ein Boot und ein Lastwagen in den ebenerdigen Werkstätten – das scheint charakteristisch für ein akademisches Selbstverständnis, das den Elfenbeinturm lange verlassen hat.

Am Ende bedeutet «Bologna», dass das Studieren billiger wird. Europa erhält mehr Studierende für weniger Geld, auf weniger Raum und in kürzerer Zeit als vor der Einführung der Hochschulreform. Die Architektur kann den politischen Rahmen nicht ändern. Aber sie kann die Bedingungen des Lehrens, Studierens und Bauens bewusst machen; sie muss sich weder gänzlich mit dem Auftraggeber noch mit dem von ihm formulierten Programm identifizieren. Die Architekturhochschule in Nantes beweist, dass die Architektur sich nicht der Ideologie der Austerität und der Kontrolle unterwerfen muss, sondern dass sie innerhalb der finanziellen und institutionellen Grenzen so agieren kann, dass sie uns mehr zu zeigen vermag, als die politischen Entscheidungsträger offen sagen. Es handelt sich deshalb nicht nur um einen der vielen Orte, wo zukünftige Architekten ausgebildet werden. Es ist auch ein Ort, wo die Autonomie der Architektur getestet wird.

ENDNOTEN

1 Edmund Burke, *A Philosophical Enquiry into the Origin of Our Ideas of the Sublime and Beautiful*, Oxford: Oxford University Press, 1990, S. 59 (Part Two, Section 5).
2 Karl Marx / Friedrich Engels, *Manifest der Kommunistischen Partei* (1848), Stuttgart: Reclam, 1969, S. 27.
3 Vgl. etwa Marshall Berman, *All that is Solid Melts Into Air. The Experience of Modernity*, London: Verso, 1983.
4 John Ruskin, *Moderne Maler*, Bd. 3: Von verschiedenen Dingen (1856), Kapitel XVI: «Über die moderne Landschaft», in: *Ausgewählte Werke in vollständiger Übersetzung*, aus dem Englischen von Hedwig Broda, Bd. 13, Leipzig: Diederichs, 1906, S. 313.
5 Vgl. Pseudo-Longinus, *Vom Erhabenen* [1.–3. Jh. n. Chr.], übers. von Otto Schönberger, Stuttgart: Reclam 1988; Immanuel Kant, *Kritik der Urteilskraft* [1790], Frankfurt a. M.: Suhrkamp, 1968; Jean-François Lyotard, *Die Analytik des Erhabenen. Kant-Lektionen*, aus dem Französischen von Christine Pries, München: Wilhelm Fink Verlag 1994.
6 Edmund Burke, *Vom Erhabenen und Schönen* (1756), Zweiter Teil: «Macht», aus dem Englischen von Friedrich Bassenge, Berlin: Aufbau-Verlag, 1956, S. 99.
7 Herman Melville, *Moby Dick*, aus dem Amerikanischen von Alice und Hans Seiffert, Berlin: Aufbau Taschenbuch Verlag, 2003 (Original: *Moby-Dick; or, The Whale*, New York, 1851), Kapitel 108: «Ahab und der Zimmermann», S. 546.
8 Ebd., Kapitel 42: «Weiß», S. 224.
9 Ebd., S. 226.
10 Ebd., S. 233–234.
11 Ebd., 234.

12 Ebd., Kapitel 68: «Die Speckdecke», S. 359.
13 Ebd.
14 Vgl. Rudolf Clausius, *Über die bewegende Kraft der Wärme und die Gesetze, welche sich daraus für die Wärmelehre selber ableiten lassen* (1850), hg. von Max Planck, Leipzig: Wilhelm Engelmann, 1898.
15 Melville, 2003 (wie ANM. 7), Kapitel 108: «Ahab und der Zimmermann», S. 543.
16 «holla! Beinah hätte ich das kleine polierte Schiefertäfelchen aus Walbein vergessen, auf dem er das Besteck ausrechnet.» Ebd., S. 547.
17 Ebd., S. 546.
18 Ebd., Kapitel 41: «Moby Dick», S. 218.
19 John McKean, *Lost Masterpieces. Joseph Paxton, Crystal Palace*, London: Phaidon, 1999, o.S.
20 Zitiert ebd., o.S.
21 Lothar Bucher, *Kulturhistorische Skizzen aus der Industrieausstellung aller Völker*, Frankfurt a. M.: Lizius, 1851, S. 10.
22 Ebd., S. 10 – 11.
23 Burke, 1956 (wie ANM. 6), Achter Teil: «Unendlichkeit», S. 110.
24 Zitiert in: McKean, 1999 (wie ANM. 19), o.S.
25 Richard Lucae, «Über die Macht des Raumes in der Baukunst», in: *Zeitschrift für Bauwesen*, Jg. 19, 1869, S. 294 – 306, hier: S. 303.
26 Ebd.
27 Vgl. Thomas Richards, *The Commodity Culture of Victorian England. Advertising and Spectacle, 1851 – 1914*, Stanford: Stanford University Press, 1990.
28 Mit der Bezeichnung des Crystal Palace als «glasbedecktes Vakuum» schliesst Semper sein Buch *Wissenschaft, Industrie und Kunst* (1852). Vgl. Sonja Hildebrand, «‹… großartigere Umgebungen› – Gottfried Semper in London», in: *Gottfried Semper, Architektur und Wissenschaft*, hg. von Winfried Nerdinger und Werner Oechslin, Ausst.-Kat. Architekturmuseum der TU München / Museum für Gestaltung Zürich, München: Prestel / Zürich: gta Verlag, 2003, S. 260 – 268.
29 Fjodor Dostojewski, *Aufzeichnungen aus dem Kellerloch*, aus dem Russischen von Swetlana Geier, Stuttgart: Reclam, 1984, S. 27.
30 Albert von Sachsen-Coburg und Gotha, Rede im Mansion House, 21. März 1849, publiziert in: Theodore Martin, *The Life of His Royal Highness the Prince Consort*, Bd. 2, New York: D. Appleton & Co, 1877, S. 201 – 208, online unter: www.napoleon.org/en/reading_room/articles/files/476777.asp#informations (abgerufen im Februar 2016).
31 Jeff Wall, «Dan Grahams Kammerspiel», in: ders., *Szenarien im Bildraum der Wirklichkeit. Essays und Interviews*, hg. von Gregor Stemmrich, Dresden: Verlag der Kunst, 1997, S. 89 – 187.
32 Ebd., S. 147.
33 Ebd., S. 148.
34 Ebd., S. 149.
35 Ebd., S. 155.
36 Ebd., S. 159.
37 Fred A. Bernstein, «Gene Summers: Modernist Architect, Dies at 83», in: *The New York Times*, 20. Dezember 2011.
38 Ebd.
39 Ebd.
40 Burke, 1956 (wie ANM. 6), Achter Teil: «Unendlichkeit», S. 113.
41 Guy Debord, *Die Gesellschaft des Spektakels*, aus dem Französischen von Jean-Jacques Raspaud, Berlin: Edition Tiamat, 1996, S. 27.
42 Michael Hardt / Antonio Negri, *Commonwealth. Das Ende des Eigentums*, aus dem Englischen von Thomas Atzert und Andreas Wirthensohn, Frankfurt a. M./

New York: Campus, 2010, S. 170.
43 Walter Benn Michaels, *The Gold Standard and the Logic of Naturalism*, Berkeley: University of California Press, 1987.
44 Anne Goldgar, *Tulipmania. Money, Honor, and Knowledge in the Dutch Golden Age*, Chicago: University of Chicago Press, 2007.
45 David Harvey, *The Condition of Postmodernity. An Enquiry into the Origins of Cultural Change*, Cambridge, Mass.: Blackwell, 1990, S. 298.
46 Jean-Paul Sartre, *Das Imaginäre. Phänomenologische Psychologie der Einbildungskraft*, aus dem Französischen von Hans Schöneberg, Reinbek: Rowohlt, 1994, S. 41.
47 Vgl. Georg Simmel, *Die Großstädte und das Geistesleben* (1903), Frankfurt a. M.: Suhrkamp, 2006, S. 5.
48 «Havoc Wrought in Morgan Offices», in: *New York Times*, 17. September 1920.
49 Ebd.
50 Rem Koolhaas, *Delirious New York. A Retroactive Manifesto for Manhattan*, New York: Monacelli Press, 1994, S. 13 (Neuaufl. von 1978).
51 Paul Strand, zitiert nach: Maria Morris Hambourg, «Introduction», in: *Paul Strand. Circa 1916*, Ausst.-Kat. The Metropolitan Museum of Art, New York, New York: Abrams, 1998, S. 28 – 29.
52 Vgl. Henri Lefebvre, *Die Revolution der Städte*, München: Paul List Verlag, 1972, S. 36, 41 (*La Révolution urbaine*, Paris: Gallimard, 1970).
53 Vgl. Juan A. Suarez, «City Space, Technology, Popular Culture. The Modernism of Paul Strand and Charles Sheeler's *Manhatta*», in: *Journal of American Studies*, 36, 1, 2002, S. 85 – 106.
54 Whitmans Gedicht *Manhatta* wurde zuerst 1860 publiziert und ist eine Hymne auf seine Heimatstadt. Vgl. Walt Whitman, *Leaves of Grass*, Boston: Thayer and Eldridge, 1860/61, S. 404 – 405.
55 Reyner Banham, «The New Brutalism», in: *The Architectural Review*, 118 (Dezember 1955), S. 354 – 361, wiederabgedruckt in: ders., *A Critic Writes. Essays by Reyner Banham*, Berkeley: University of California Press, 1996, S. 7 – 15, hier: S. 9.
56 Siegfried Kracauer, «Das Ornament der Masse», in: ders., *Das Ornament der Masse. Essays*, Frankfurt a. M.: Suhrkamp, 1977, S. 50 – 63, hier: S. 54.
57 Vgl. Harun Farocki, «Arbeiter verlassen die Fabrik», in: ders., *Nachdruck. Texte*, hg. von Susanne Gaensheimer und Nicolaus Schafhausen, Berlin: Vorwerk 8, 2001, S. 230 – 247.
58 Vgl. Edward Dimendberg, *Film Noir and the Spaces of Modernity*, Cambridge, Mass.: Harvard University Press, 2004.
59 Rosalind Krauss, «Sculpture in the Expanded Field», in: *October*, 8 (1979), S. 30 – 44, wiederabgedruckt in: dies., *The Originality of the Avant-Garde and Other Modernist Myths*, Cambridge, Mass.: MIT Press, 1985, S. 277 – 290.
60 Vgl. Marie Bouchard, «‹Un Monument au Travail›: The Projects of Meunier, Dalou, Rodin and Bouchard», in: *The Oxford Art Journal*, 4, 2, 1981, S. 28 – 35.
61 Vgl. Rainer Maria Rilke, *Auguste Rodin*, Leipzig: Insel Verlag, 1913.
62 Es ist Künstlern wie Armin Linke und Jan Kempenaers zu verdanken, dass sie wieder ins Blickfeld gerückt sind. Vgl. Jan Kempenaers, *Spomenik No. 1 - 26*, Amsterdam: Roma Publications, 2010; Armin Linke/Srdjan Jovanović Weiss, *Socialist Architecture. The Vanishing Act*, Zürich: Codex, 2012, S. 121 – 126.
63 Vgl. Christopher Long, «The

Origins and Context of Adolf Loos's ‹Ornament and Crime›», in: *Journal of the Society of Architectural Historians*, 68, 2, 2009, S. 200–223.
64 Adolf Loos, «Ornement et Crime», in: *Les Cahiers d'Aujourd'hui*, 5 (1913), S. 247–256.
65 Jürgen Wilke, «Finanz- und Wirtschaftskrisen in der deutschen Tagespresse. Ein historischer Rückblick», in: *Communicatio Socialis*, 44, 4, 2011, S. 462–484, hier: S. 473.
66 Adolf Loos, «Ornament und Verbrechen», in: ders., *Trotzdem. 1900–1930*, unveränderter Nachdruck der Erstausgabe 1931, hg. von Adolf Opel, Wien: Georg Prachner Verlag, 1988, S. 78–88, hier: S. 78.
67 Vgl. Otto Finsch, *Über Bekleidung, Schmuck und Tätowierung der Papuas der Südostküste von Neu-Guinea*, Wien: A. Holder, 1885.
68 Loos, 1988 (wie ANM. 66).
69 Ebd., S. 79.
70 Ebd., S. 81.
71 Ebd.
72 Ebd.
73 Ebd., S. 79.
74 Ebd., S. 86.
75 Ebd., S. 83.
76 Ebd., S. 84.
77 Hildebrand, 2003 (wie ANM. 28). Für Semper verband sich die Leere oder Formlosigkeit des Crystal Palace mit der ausbeuterischen Natur des Industriekapitalismus. Ändern konnte er sie nicht; während der Revolution im Mai 1849 hatte er in Dresden Barrikaden gebaut und musste danach nach London ins Exil fliehen. Statt politisch einzugreifen arbeitete er fortan daran, eine architektonische Praxis und Theorie zu definieren, welche die Logik des Industriekapitalismus versteht, ohne sich damit zu identifizieren.
78 Reyner Banham, BBC Radio 4, 5. November 1976, zitiert in: Cedric Price, *The Square Book*, Hoboken, New Jersey: John Wiley & Sons, 2003, S. 107.
79 Rem Koolhaas, zitiert in: *Fragen zur Architektur. 15 Architekten im Gespräch*, hg. von Marianne Brausch und Marc Emery, Basel: Birkhäuser, 1995, S. 104.
80 Loos, 1988 (wie ANM. 66), S. 83.
81 Ebd., S. 86.
82 Ebd., S. 78.
83 Ebd., S. 86.
84 Ebd., S. 88.
85 Ebd., S. 87.
86 Ebd., S. 81.
87 «Grown up with and at the Bauhaus.» Theodore Lux Feininger, «The Bauhaus. Evolution of an Idea», in: *Bauhaus and Bauhaus People. Personal Opinions and Recollections of Former Bauhaus Members and Their Contemporaries*, hg. von Eckhard Neumann, New York: Van Nostrand Reinhold, 1993, S. 183–196, hier: S. 183.
88 Theodore Lux Feininger, *Zwei Welten. Mein Künstlerleben zwischen Bauhaus und Amerika*, aus dem Englischen von Florian Bergmeier, Halle/Saale: Mitteldeutscher Verlag, 2006, S. 72–73.
89 Ebd., S. 73.
90 «[...] essentially a dancers' theater and as such, sufficient unto itself [...] it was also a ‹class›, a locale of learning.» Feininger, 1993 (wie ANM. 87), S. 193.
91 Feininger, 2006 (wie ANM. 88), S. 90.
92 Ebd.
93 Ebd., S. 74.
94 Vgl. Katherine C. Ware, «Fotografie am Bauhaus», in: *Bauhaus*, hg. von Jeannine Fiedler und Peter Feierabend, Köln: Könemann, 1999, S. 506–529.
95 Vgl. Jeannine Fiedler, «T. Lux Feininger: ‹Ich bin Maler und nicht Fotograf!›», in: *Fotografie am Bauhaus. Überblick über eine Periode der Fotografie im 20. Jahrhundert*, hg. von Jeannine Fiedler/

Bauhaus-Archiv, Berlin: Verlag Dirk Nishen, 1990, S. 45–48.

96 Gordon Matta-Clark, Notizkarte im Nachlass Gordon Matta-Clarks, zugänglich im Canadian Center for Architecture, Montreal. Zitiert nach: Thomas Crow, «Gordon Matta-Clark», in: *Gordon Matta-Clark*, hg. von Corinne Diserens, London: Phaidon, 2003, S. 7–132, hier: S. 102.

97 Tom Wolfe, *Mit dem Bauhaus leben. Die Diktatur des Rechtecks*, aus dem Amerikanischen von Harry Rowohlt, Königstein / Taunus: Athenäum, 1982, S. 54.

98 Feininger, 2006 (wie ANM. 88), S. 76.

99 Ebd., S. 110.

100 «Gordon Matta-Clark. Dilemmas, A Radio Interview with Liza Bear, WBAI-FM, New York, März 1976», abgedruckt in: Diserens, 2003 (wie ANM. 96), S. 175–180, hier: S. 176.

101 Vgl. *Gordon Matta-Clark. You Are the Measure*, hg. von Elisabeth Sussman, Ausst.-Kat. Whitney Museum of American Art, New York / Museum of Contemporary Art, Los Angeles/Museum of Contemporary Art, Chicago, New Haven / London: Yale University Press, 2007.

102 Die erste Monografie zu Matta-Clark von Pamela Lee, *Object to Be Destroyed. The Work of Gordon Matta-Clark*, Cambridge, Mass.: MIT Press, 2000, ist charakteristisch für den Zugang über Methoden der Kunstgeschichte und Sprachphilosophie. Seither ist das Thema der Architektur in den Vordergrund gerückt. Vgl. Stephen Walker, *Gordon Matta-Clark. Art, Architecture, and the Attack on Modernism*, London: I.B. Tauris, 2009; *Gordon Matta-Clark, Moment to Moment – Space*, hg. von Hubertus von Amelunxen / Angela Lammert / Philip Ursprung, Nürnberg: Verlag für Moderne Kunst, 2012.

103 «Gordon Matta-Clark. Interview with Donald Wall», undatiertes Manuskript (1976) im Nachlass Gordon Matta-Clarks, Canadian Center for Architecture, Montreal. Eine gekürzte Version, ohne dieses Zitat, ist publiziert als Donald Wall, «Gordon Matta-Clark's Building Dissections», in: *Arts Magazine*, März 1976, S. 74–79, wiederabgedruckt in: Diserens, 2003 (wie ANM. 96), S. 181–186.

104 Vgl. Oona Lochner, «Gordon Matta-Clark. Bewegliche Räume in Film und Architektur», Diplomarbeit, Universität Wien, 2010, S. 77–79.

105 Richard B. Juane, Jr., Brief an Gordon Matta-Clark, New York, 22. August 1972. Nachlass Gordon Matta-Clark, Canadian Center for Architecture, Montreal.

106 *Gordon Matta-Clark and Anarchitecture. A Detective Story*, kuratiert von Wendy Owens / Philip Ursprung / Mark Wigley, Graduate Center for Architecture, Planning and Preservation, Columbia University New York. Vgl. *Cutting Matta-Clark. The Anarchitecture Project*, hg. von James Graham, Zürich: Lars Müller Publishers / New York: GSAPP Books, 2017.

107 Vgl. Steffen Haug, «Excavations in Cities and Archives. Walter Benjamin and a Newspaper Photograph of a Foundation of the Bastille», in: Philip Ursprung, *Caruso St John. Almost Everything*, Barcelona: Poligrafa, 2008, S. 186–193.

108 Vgl. Philip Ursprung, «Anarchitecture. Gordon Matta-Clark and the Legacy of the 1970s», in: *Laurie Anderson, Trisha Brown, Gordon Matta-Clark. Pioneers of the Downtown Scene, New York 1970s*, Ausst.-Kat. Barbican Art Gallery, London, München: Prestel, 2011, S. 133–141.

109 Gordon Matta-Clark, Seite aus Notizbuch (ca. 1974), Nachlass Gordon Matta-Clark, Canadian Center for

Architecture, Montreal. Abbildung in: Sussman, 2007 (wie ANM. 101), S. 97.

110 Vgl. Kenneth Frampton / Alessandra Latour, «Notes on American Architectural Education», in: *Lotus International*, 27, 1980, S. 5–41.

111 Charles Jencks, *The Language of Post-Modern Architecture*, New York: Rizzoli, 1977.

112 Henri Lefebvre, *The Production of Space,* Oxford: Blackwell, 1991, S. 11 (*La Production de l'espace,* Paris: Anthropos, 1974).

113 Vgl. Colin Rowe / Robert Slutzky, *Transparenz*, mit einem Kommentar von Bernhard Hoesli, Basel: Birkhäuser, 1968.

114 Vgl. Philip Ursprung, «Blinde Flecken der 1970er Jahre. Gordon Matta-Clarks Window Blow-Out», in: *Reibungspunkte. Ordnung und Umbruch in Architektur und Kunst*, hg. von Hanns Hubach / Barbara von Orelli-Messerli / Tadej Tassini, Petersberg: Michael Imhof Verlag, 2008, S. 293–300.

115 «Gordon Matta-Clark. Interview with Donald Wall», 1976 (wie ANM. 103), o. S.

116 Zum Verhältnis zwischen Matta-Clark und seinem Vater Roberto Matta vgl. *Transmission. The Art of Matta and Gordon Matta-Clark*, hg. von Betti-Sue Hertz, Ausst.-Kat. San Diego Museum of Art, San Diego, 2006.

117 «Gordon Matta-Clark. Interview with Donald Wall», 1976 (wie ANM. 103), o. S.

118 Vgl. die Beschreibung von Trumps Plan, ein Gleisfeld entlang des Hudson in 30 000 Wohnungen zu verwandeln, die vom Bundesstaat New York und der Stadt New York finanziert werden sollten, erläutert bei Anonym, «Don Trump's Real Estate Formula», in: *Business Week*, 26. Mai 1975, S. 70.

119 Jean-François Lyotard, *Libidinöse Ökonomie*, aus dem Französischen von Gabriele Ricke und Ronald Vouillé, Zürich: Diaphanes, 2007 (*Économie libidinale*, Paris: Éditions de Minuit, 1974).

120 Vgl. Lefebvre, 1991, (wie ANM. 112) S. 54.

121 Dan Graham, «Gordon Matta-Clark», als gekürzte Version auf Französisch zuerst erschienen in: *Art Press*, 20, 1983; später in ergänzter Form in: Dan Graham, *Rock my Religion. Writings and Art Projects 1965–1990*, hg. von Brian Wallis, Cambridge, Mass.: MIT Press, 1993, S. 194–205, hier: S. 203–204.

122 Gordon Matta-Clark, undatierte Karteikarte, Nachlass Gordon Matta-Clark, Canadian Center for Architecture, Montreal.

123 Donald Wall, «Gordon Matta-Clark's Building Dissections. An Interview by Donald Wall», in: Diserens, 2003 (wie ANM. 96), S. 181–186, hier: S. 182.

124 Gordon Matta-Clark, undatierte Karteikarte, Nachlass Gordon Matta-Clark, Canadian Center for Architecture, Montreal.

125 Vgl. Lee, 2000 (wie ANM. 102).

126 Walter Benjamin, «Denkbilder» (darin: «Der destruktive Charakter»), in: ders., *Gesammelte Schriften*, Bd. IV, 1, Werkausgabe, Frankfurt a. M.: Suhrkamp, 1980, S. 396–398 (zuerst erschienen in: *Frankfurter Zeitung*, Jg. 76, 863/864, 12. November 1931).

127 Sanford Kwinter, «Challenge Match for the ‹Information› Age. Maxwell's Demons and Eisenman's Conventions», in: *A+U. Architecture and Urbanism*, 276, 3, 1993, S. 146–147, hier: S. 147.

128 Greg Lynn, «Architectural Curvilinearity. The Folded, the Pliant and the Supple», in: *Folding in Architecture. Architectural Design*, Chichester, Sussex / Hoboken, New Jersey: Wiley-Academy,

2004, S. 24 – 31, hier: S. 24. Vgl. auch Alicia Imperiale, *New Flatness. Surface Tension in Digital Architecture*, Basel: Birkhäuser, 2000.

129 Lynn, 2004 (wie ANM. 128), S. 25.

130 Ebd., S. 29.

131 «It is better to assume that moving goods is essentially costless than to assume that moving goods is an important component of the production process.» Zitiert nach: Marc Levinson, *The Box. How the Shipping Container Made the World Smaller and the World Economy Bigger*, Princeton, New Jersey: Princeton University Press, 2006, S. 8.

132 Vgl. Luc Boltanski / Ève Chiapello, *Der neue Geist des Kapitalismus*, aus dem Französischen von Michael Tillmann, Konstanz: UVK Verlagsgesellschaft, 2003, S. 22 – 24 (*Le Nouvel esprit du capitalisme*, Paris: Gallimard, 1999).

133 Ebd., S. 21 – 22.

134 Keller Easterling, *Enduring Innocence. Global Architecture and Its Political Masquerades*, Cambridge, Mass.: MIT Press, 2005.

135 Robert Somol, «Dummy Text, or: The Diagrammatic Basis of Contemporary Architecture», in: Peter Eisenman, *Diagram Diaries*, New York: Universe, 1999, S. 6 – 25.

136 Dan Wood, «Almost Famous. The Story of Universal HQ and All That Could've Been», in: *Content*, Ausst.-Kat. Rotterdam NAI, Köln, 2004, S. 124 – 125, hier: S. 125.

137 Rem Koolhaas, «A Brief History of OMA», in: Ebd., S. 44 – 51, hier: S. 44.

138 Peter Eisenman, *Re:Working Peter Eisenman*, Berlin: Ernst & Sohn, 1993, S. 167.

139 Peter Eisenman, Interview (Columbus Convention Center), in: *A+U Architecture and Urbanism*, 276, 3, 1993, S. 124 – 125, hier: S. 124.

140 Ebd., S. 125.

141 Elwin Robison, «Eisenman's Chip-Board Fantasy. The Greater Columbus Convention Center», in: *Architronic* (1994), o. S., online unter: http://corbu2.caed.kent.edu/architronic/v3n1/v3n1.05.html (abgerufen im November 2015).

142 Fredric Jameson, *Postmodernism; or, The Cultural Logic of Late Capitalism*, Durham, NC: Duke University Press, 1991, S. 43.

143 Ebd.

144 Ebd., S. 44.

145 Michael Hardt / Antonio Negri, *Empire. Die neue Weltordnung*, aus dem Englischen von Thomas Atzert und Andreas Wirthensohn, Frankfurt a. M.: Campus Verlag, 2002, S. 13 (*Empire*, Cambridge, Mass. / London: Harvard University Press, 2000).

146 Ebd., S. 11.

147 Ebd., S. 13.

148 Das Haus bei der holländischen Stadt Naarden wurde in Auftrag gegeben von einem Ehepaar, das zu Hause arbeitet. Arbeit und Wohnen, Büro und Privatraum verschmelzen in einer endlosen Schleife miteinander.

149 Vergleiche das Diagramm in: Eisenman, 1999 (wie ANM. 135), S. 328 – 239.

150 Manfredo Tafuri, *Architecture and Utopia, Design and Capitalist Development*, Cambridge, Mass.: The MIT Press, 1976, S. 15 (*Progetto e utopia*, Bari: Laterza, 1973).

151 Luis Fernandez-Galiano, «Code X in Three Movement», in: *Code X. The City of Culture of Galicia*, hg. von Cynthia C. Davidson, New York: Monacelli Press, 2005, S. 11 – 17, hier: S. 17.

152 Peter Eisenman, «Coded Rewritings. The Processes of Santiago», in: Ebd., S. 27 – 35, hier: S. 33.

153 Levinson, 2006 (wie ANM.131), S.1.
154 Ebd., S.7.
155 Fredric Jameson, «Aronoff and Ideology», in: *Blurred Zones. Investigations of the Interstitial. Eisenman Architects, 1988 - 1998*, hg. von Peter Eisenman, New York: Monacelli Press, 2003, S.60 - 68, hier: S.61.
156 Zitiert nach: Marie Jahoda / Paul F. Lazarsfeld / Hans Zeisel, *Die Arbeitslosen von Marienthal. Ein soziographischer Versuch über die Wirkung langandauernder Arbeitslosigkeit*, Frankfurt a. M.: Suhrkamp, 1975, S.84 (Original: Leipzig 1933).
157 Dieses Zitat ist einer der Leitsätze, mit denen der Autor, damals Personalvorstand der Volkswagen AG, die Leser, und d. h. die Arbeiter, zu mehr Eigenverantwortung angesichts eines sich rasch verändernden Arbeitsmarkts ermuntern wollte. Peter Hartz, *Job Revolution. Wie wir neue Arbeitsplätze gewinnen können*, Frankfurt a. M.: Frankfurter Allgemeine Buch, 2001, S.65.
158 «Ce qui m'intéresse c'est d'être accepté par le système.» Absalon à ARC, Musée d'Art Moderne, Paris, 24. Februar 1993, Begegnung zwischen Absalon, Xavier Veilhan, Dominique Gonzales-Foerster, Jean-Jacques Rullier und Pierre Leguillon, moderiert von Catherine Francblin, Transkription von Cédric Vanail. Unveröffentlichtes Manuskript, Übersetzung von Philip Ursprung.
159 Alain Ehrenberg, *Das erschöpfte Selbst. Depression und Gesellschaft in der Gegenwart*, aus dem Französischen von Manuela Lenzen und Martin Klaus, Frankfurt a. M.: Suhrkamp, 2008, S.15 (*La Fatigue d'être soi - dépression et société*, Paris: Odile Jacob, 1998).
160 Christine Ross, *The Aesthetics of Disengagement. Contemporary Art and Depression*, Minneapolis: University of Minnesota Press, 2006, S.15.
161 Vgl. Philippe Vergne, «Absalon. The Man without a Home Is a Potential Criminal», in: *Absalon, Cells, Models and Drawings*, hg. von Elsa Weiner Longhauser, Ausst.-Kat. The Galleries at Moore, Moore College of Art and Design, Philadelphia, 1999, S.2 - 7, hier: S.2.
162 Ehrenberg, 2008 (wie ANM.159), S.247.
163 Ebd.
164 Ebd., S.283.
165 Jahoda / Lazarsfeld / Zeisel, 1975 (wie ANM.156), S.83.
166 Ebd., S.84 - 85.
167 Ehrenberg, 2008 (wie ANM.159), S.19.
168 Ebd.
169 Ebd., S.19 - 20.
170 Ebd., S.20.
171 Vgl. Maurizio Lazzarato, «Immaterielle Arbeit. Gesellschaftliche Tätigkeit unter den Bedingungen des Postfordismus», in: Toni Negri / Maurizio Lazzarato / Paolo Virno, *Umherschweifende Produzenten. Immaterielle Arbeit und Subversion*, hg. von Thomas Atzert, Berlin: ID Verlag, 1998, S.39 - 52.
172 Vgl. Bernard Marcadé, «Absalon's Monadology», in: *Absalon*, Ausst.-Kat. Tel Aviv Museum of Art, 1992, o. S.
173 Vgl. Idit Porat, «Body-Space Habitas», in: *Absalon*, Ausst.-Kat. Tel Aviv Museum of Art, 1995, o. S.
174 «Ces maisons vont conditionner ma vie, toujours dans ce désir [...] de le densifier, de le rendre plus juste, plus précis.» Absalon, Vortrag, École Nationale Supérieure des Beaux-Arts, Paris, 4. Mai 1993. Transkription von Cédric Venail, unveröffentlichtes Manuskript.
175 «Je le fais complètement avec la structure, complètement avec le système. Ce qui m'intéresse c'est d'être accepté par le système. Par exemple pour

la maison que je construis pour Paris on est obligé de voter une loi pour que cette maison puisse exister, CAD, ce n'est pas une sculpture, ce n'est pas une architecture, et donc c'est un vrai problème, ça n'existe pas dans les papiers et donc on sera obligé de voter une loi et c'est exactement la chose qui m'intéresse, que le système m'inclut à l'intérieur, m'accepte, de ne pas vivre ma proposition comme un marginal.» Absalon à ARC, 1993 (wie ANM. 158).

176 «C'est la maison la moins sentimentale, la plus froide à mes yeux, et c'est tout à fait mon sentiment par rapport à cet endroit.» Absalon, Vortrag, École Nationale Supérieure des Beaux-Arts, 1993 (wie ANM. 174).

177 Ebd.: «La maison pour Francfort [...] est faite comme un tour de surveillance, entre la tour de surveillance et un bunker, c'est tout à fait mon sentiment par rapport à l'Allemagne.»

178 «Je participe complètement à la vie, je suis moins égoiste que beaucoup d'autres personnes. [...] Je m'expose énormément.» Absalon à ARC, 1993 (wie ANM. 158).

179 «[...] la rue, complètement la rue, je voudrais surtout éviter le côté jardin, maison de plaisance, c'est pas ça ce qui m'intéresse. Ce qui m'intéresse c'est réellement la confrontation entre ce qu'il y a autour et ma vie.» Absalon, Vortrag, École Nationale Supérieure des Beaux-Arts, 1993 (wie ANM. 174).

180 «Je voudrais avoir ma vraie place dans le social, je ne voudrais pas faire ma maison comme un marginal, je veux être accepté par le social.» Ebd. Übersetzung von Philip Ursprung.

181 Ebd.

182 Lefebvre, 1991 (wie ANM. 112), S. 54. Übersetzung von Philip Ursprung.

183 Ebd.

184 Darauf hat bereits Harun Farocki hingewiesen. Vgl. Farocki, «Arbeiter verlassen die Fabrik», 2001 (wie ANM. 57).

185 Erich John, «Formgestaltung», in: *VIII. Kunstausstellung der Deutschen Demokratischen Republik, Dresden 1977/78*, hg. vom Ministerium für Kultur, Verband Bildender Künstler der Deutschen Demokratischen Republik, 1977, S. 93–94, hier: S. 94.

186 Susan Reid, «‹Our kitchen is just as good›. Soviet Responses to The American National Exhibition in Moscow, 1959», in: *Cold War Modern. Design 1945–1970*, hg. von David Crowley und Jane Pavitt, London: Victoria and Albert Publishing, 2008, S. 154–160.

187 Heinz Hirdina, *Gestalten für die Serie. Design in der DDR, 1949–1985*, Dresden: VEB Verlag der Kunst, 1988.

188 Clauss Dietel, «Referat», VII. Kongress des Verbandes Bildender Künstler der Deutschen Demokratischen Republik, Karl-Marx-Stadt, 1974, Bd. 1, S. 102 ff., zitiert nach: Hirdina, 1988 (wie ANM. 187), S. 216.

189 John, 1977 (wie ANM. 185), S. 93.

190 Günter Höhne, «Die Besten für den Westen. DDR-Design trifft auf Kunden drüben», in: ders., *Die geteilte Form. Deutsch-deutsche Designaffären 1949–1989*, Köln: Fackelträger, 2009, S. 190–201.

191 John Kenneth Galbraith, *Gesellschaft im Überfluss*, München: Droemer/Knaur, 1959.

192 Sauerbruch Hutton, «Schlossplatz, Berlin», in: *Sauerbruch Hutton, Archive*, Baden: Lars Müller Publishers, 2006, S. 172–173, hier: S. 172.

193 Vgl. David Freedberg, *The Power of Images. Studies in the History and Theory of Response*, Chicago: University of Chicago Press, 1989; Georges Didi-Huberman, *Devant l'image. Question posée aux fins*

d'une histoire de l'art, Paris: Éditions de Minuit, 1990; Norman Bryson (Hg.), *Visual Culture. Images and Interpretation*, Hanover, N.H.: University Press of New England/Wesleyan University Press, 1994; W.J.T. Mitchell, *Iconology. Image, Text, Ideology*, Chicago: University of Chicago Press, 1986; W.J.T. Mitchell, *Picture Theory. Essays on Verbal and Visual Representation*, Chicago: University of Chicago Press, 1994; Gottfried Boehm (Hg.), *Was ist ein Bild?*, München: Wilhelm Fink Verlag, 1995; Christa Maar/Hubert Burda (Hg.), *Iconic Turn. Die neue Macht der Bilder*, Köln: DuMont, 2004.

194 Henri Bergson, *Materie und Gedächtnis. Eine Abhandlung über die Beziehung zwischen Körper und Geist*, darin: «Vorwort zur 7. Auflage», übersetzt von Julius Frankenberger, Hamburg: Meiner, 1991, S. I (*Matière et Mémoire*, Paris, 1896).

195 Ebd., S. 1.

196 Sartre, 1994 (wie ANM. 46), S. 41.

197 Kevin Lynch, *The Image of the City*, Cambridge: The Technology Press/Harvard University Press, 1960, S. 10.

198 Vgl. «‹Architektur ist eine angewandte Kunst›, Matthias Sauerbruch und Louisa Hutton erläutern ihr Verständnis vom Bauen», in: *Neue Zürcher Zeitung*, 17. März 2012.

199 Vgl. Hans Danuser, *In Vivo. 93 Fotografien*, Ausst. Kat. Aargauer Kunsthaus Aarau, 1989.

200 Vgl. «Domestico/Antidomestico», in: *Ottagono*, 97, 1990, sowie in: «Pendenzen. Neuere Architektur in der Deutschen Schweiz», in: *Du. Die Zeitschrift für Kunst und Kultur*, 5, 1992; Martin Steinmann, «Peter e Annalisa Zumthor: Cappella a Sogn Benedetg, Svizzera», in: Domus, 710 (November 1989), S. 44–53.

201 Vgl. Christof Kübler, «Grenzverschiebung und Interaktion. Der Fotograf Hans Danuser, der Architekt Peter Zumthor und der Schriftsteller Reto Hänny», in: *Georges-Bloch-Jahrbuch des Kunstgeschichtlichen Seminars der Universität Zürich*, Zürich, 1995, S. 163–183.

202 *Architektur von Herzog & de Meuron, fotografiert von Margherita Krischanitz, Balthasar Burkhard, Hannah Villiger und Thomas Ruff, mit einem Text von Theodora Vischer*, hg. vom Bundesamt für Kultur, Baden: Lars Müller Publishers, 1991.

203 Vgl. *Pictures of Architecture, Architecture of Pictures (A Conversation between Jacques Herzog and Jeff Wall, Moderated by Philip Ursprung)*, Wien: Springer, 2004.

204 Hans Danuser, *Drei Fotoserien*, Ausst.-Kat. Bündner Kunstmuseum Chur, 1985.

205 Vgl. Hansjürg Gredig/Walter Willi, *Unter Strom. Wasserkraftwerke und Elektrifizierung in Graubünden 1879–2000*, hg. vom Verein für Bündner Kulturforschung, Chur: Verlag Bündner Monatsblatt, 2006, S. 326.

206 Vgl. *La Greina. Das Hochtal zwischen Sumvitg und Blenio*, hg. von Schweizerische Greina-Stiftung (SGS), Chur: Verlag Bündner Monatsblatt, 1997.

207 Die Aufnahmen im Inneren und auf dem Kühlturm des Atomkraftwerks bildeten den Auftakt des Zyklus. Laut Danuser entstanden sie 1979 in Gösgen. Hans Danuser, Gespräch mit Philip Ursprung, 11. Juni 2008.

208 Walter Benjamin, «Das Passagen-Werk», in: ders., *Gesammelte Schriften*, Bd. V.2, hg. von Rolf Tiedemann, Frankfurt a. M.: Suhrkamp, 1982, S. 1030.

209 Laura Almarcegui, *Guide to Al Khan. An Empty Village in the City of Sharjah*, Sharjah Biennial 8: Still Life, Art, Ecology and the Politics of Change, 2007; dies., *Guide to the Wastelands of the Lea Valley. 12 Empty Spaces Await the 2012 Olympics*, London: Barbican Art Gallery, 2009;

dies., *Guide to the Wastelands of the River Tevere, 12 Empty Spaces Await the 2020 Rome Olympics*, Rome: Fondazione Pastificio Cerere, 2011.
210 Robert Smithson, «Fahrt zu den Monumenten von Passaic, New Jersey», in: ders., *Gesammelte Schriften*, hg. von Eva Schmidt und Kai Vöckler, Köln: Verlag der Buchhandlung Walther König, 2000, S. 97–102, hier: S. 100 («The Monuments of Passaic. Has Passaic Replaced Rome as the Eternal City?», in: *Artforum*, VI, 4, 1967).
211 Ignasi de Solà-Morales Rubió, «Terrain vague», in: *Anyplace*, hg. von Cynthia E. Davidson, Cambridge, Mass.: MIT Press, 1995, S. 118–123.
212 Ebd., S. 120.
213 Ebd., S. 122.
214 Karl Marx, *Ökonomisch-philosophische Manuskripte aus dem Jahre 1844*, «Grundrente», XVIII.
215 Ebd.
216 «17: Khalifa bin Dafous Al-Suwaldi House, Rashid bin Homaid Al-Suwaldi House», in: Almarcegui, 2007 (wie ANM. 209), o. S.
217 «1: Old Ford Locks, Towing Path, Greenway Path, Stratford», in: Almarcegui, 2009 (wie ANM. 209), o. S.
218 Walter Benjamin, «Der Flaneur», in: *Das Passagen-Werk*, Bd. 1, [M5, 6], hg. von Rolf Tiedemann, Frankfurt a. M.: Suhrkamp, 1982, S. 537–538.
219 Dem Kurator Octavio Zaya zufolge handelte es sich um 255 m³ Ziegel und Mörtel, 152 m³ Zement und Beton, 150 m³ Kies, 1 m³ Dachziegel, 49 m³ Holz, 15 m³ Sand, 2 m³ Glas und 1 m³ Stahl. Vgl. Octavio Zaya, «Lara Almarcegui, Diggin my Way out to Possibility», in: *Lara Almarcegui*, hg. von dems., Ausst.-Kat. Spanish Pavilion at the 55th International Art Exhibition la Biennale di Venezia, Ministerio de Asuntos Exteriores y de Cooperación, Madrid, 2013, S. 17–20, hier: S. 18.
220 Allan Kaprow, «Notes on the Creation of a Total Art», in: *Allan Kaprow. An Exhibition*, Ausst.-Kat. The Hansa Gallery, New York, 1959, wiederabgedruckt leicht verändert als: Allan Kaprow, «Notes on the Creation of a Total Art», in: ders., *Essays on the Blurring of Art and Life*, hg. von Jeff Kelley, Berkeley: University of California Press, 1993, S. 10–12, hier: S. 12.
221 Vgl. etwa Nicolas Bourriaud, *Relational Aesthetics*, Dijon: Les Presses du Réel, 1998; Claire Bishop, *Participation*, Cambridge: MIT Press, 2006; Hans Ulrich Gumbrecht, *The Production of Presence*, Stanford: Stanford University Press, 2004.
222 Allan Kaprow, *Echo-Logy*, New York: D'Arc Press, 1975, o. S.
223 Ebd.
224 Vgl. u. a. Marina Vishmidt und Melanie Gilligan (Hg.), *Immaterial Labour. Work, Research and Art,* London: Black Dog, 2003; «Life at Work», *Texte zur Kunst*, 79, 2010.
225 David Harvey, *The Condition of Postmodernity. An Enquiry into the Origins of Cultural Change*, Malden, Mass. / Oxford: Blackwell, 1990, S. 298.
226 Vgl. Peggy Phelan, *Unmarked. The Politics of Performance*, London: Routledge, 1993; Erika Fischer-Lichte, *Ästhetik des Performativen*, Frankfurt a. M.: Suhrkamp, 2004; Amelia Jones / Adrian Heathfield (Hg.), *Perform, Repeat, Record. Live Art in History*, Bristol: Intellect, 2012.
227 Bis heute ist einer der am häufigsten zitierten Texte in der Kunstgeschichtsschreibung ein Text von Michael Fried aus dem Jahr 1967, der sich der Frage der Objekthaftigkeit annimmt. Vgl. Michael Fried, «Kunst und Objekthaftigkeit», in: *Minimal Art. Eine kritische Retrospektive*,

hg. von Gregor Stemmrich, Dresden: Verlag der Kunst, 1995. S. 334–374 (zuerst erschienen in: *Artforum*, Juni 1967).

228 William Carlos Williams, *Paterson*, München: Hanser, 1998, S. 15 (Original auf Amerikanisch, New York, 1963).

229 Vgl. etwa «Kein neuer ‹New Deal›. Ein E-Mail-Austausch über aktuelle Formen von Subjektivierung, über Politiken und kulturelle Praxis in der Krise zwischen Kerstin Stakemeier, Maurizio Lazzarato und Sarah Rifky», in: *Texte zur Kunst*, 91: «Globalismus», 2013; Kerstin Stakemeier / Susanne Witzgall (Hg.), *Fragile Identitäten*, Berlin: Diaphanes, 2015.

230 Lazzarato, 1998 (wie ANM. 171), S. 39–52, hier: S. 39–40.

231 Ebd., S. 57–58.

232 Allan Kaprow, «Non-Theatrical Performance», in: ders., 1993 (wie ANM. 220), S. 163–180, hier: S. 177.

233 Kaprow, 1975 (wie ANM. 222), o. S.

234 Maurizio Lazzarato, «Verwertung und Kommunikation. Der Zyklus der immateriellen Produktion», in: Negri / Lazzarato / Virno, 1998 (wie ANM. 171), S. 53–65, hier: S. 62.

235 Vgl. Philip Ursprung, «Performative Kunstgeschichte», in: *Kunstgeschichte und Gegenwartskunst. Vom Nutzen und Nachteil der Zeitgenossenschaft*, hg. von Verena Krieger, Wien: Böhlau, 2008, S. 213–226.

236 Vgl. hierzu vor allem Amelia Jones / Andrew Stephenson (Hg.), *Performing the Body / Performing the Text*, London / New York: Routledge, 1999.

237 Jacques Derrida, «Economimesis», in: *Diacritics*, 11, 2, 1981, S. 2–25 (zuerst erschienen in: Jacques Derrida et al., *Mimesis des articulations*, Paris: Aubier-Flammarion, 1975).

238 Nathalie Janson, «Lacaton & Vassal Architects. Sustainable Space Makers», in: *University Building in France. Nantes School of Architecture*, Zürich: Lafarge Holcim Foundation for Sustainable Construction, 2011, S. 22–69, hier: S. 26.

239 Daten der OECD, online unter: data.oecd.org/eduatt/population-with-tertiary-education.htm (abgerufen im November 2015).

240 «Der Europäische Hochschulraum. Gemeinsame Erklärung der Europäischen Bildungsminister», 19. Juni 1999, Bologna, online unter: www.ehea.info/Uploads/Documents/1999_Bologna_Declaration_German.pdf (abgerufen im November 2015).

241 Ebd.

242 Zitat vom Cover von: *The Endless City. Urban Age Project by the London School of Economics and Deutsche Bank's Alfred Herrhausen Society*, hg. von Richard Burdett und Deyan Sudjic, London: Phaidon, 2007. Das Buch ist sowohl im Hinblick auf die Rhetorik als auch auf die Gestaltung ein Echo von OMAs *S, M, L, XL* (1995).

243 Vgl. Alexander den Heijer / George Tzovlas (Hg.), *The European Campus. Heritage and Challenges*, TU Delft, 2014.

244 Claude Allegre / Luigi Berlinguer / Tessa Blackstone / Jürgen Rüttgers, «Sorbonne-Erklärung. Gemeinsame Erklärung zur Harmonisierung der Architektur der europäischen Hochschulausbildung» («Sorbonne Joint Declaration on harmonisation of the architecture of the European higher education system»), Paris, Sorbonne, 25. Mai 1998.

245 Website von Lacaton & Vassal, online unter: www.lacatonvassal.com/index.php?idp=55# (abgerufen im Februar 2015). Vgl. auch die Website des Bologna-Prozesses, online unter: www.ehea.info (abgerufen im Februar 2015).

TEXT-NACHWEIS

S.12 CRYSTAL PALACE UND MOBY DICK
Erstmals veröffentlicht in diesem Buch.

S.32 WALL STREET
«Bilder des Kapitalismus. Paul Strands Blick auf die Wall Street», in: *BildÖkonomie. Haushalten mit Sichtbarkeiten*, hg. von Emmanuel Alloa / Francesca Falk, Paderborn: Wilhelm Fink Verlag, 2013, S. 55 - 72.

S.46 TATLINS TURM UND DIE DARSTELLUNG DER ARBEIT
«Tatlins Turm und die Darstellung der Arbeit», in: *Tatlin. Neue Kunst für eine neue Welt, Internationales Symposium*, hg. vom Museum Tinguely, Basel, Ostfildern: Hatje Cantz, 2013, S. 54 - 57.

S.56 ARBEITEN MIT «ORNAMENT UND VERBRECHEN»
«Arbeiten mit ‹Ornament und Verbrechen›», in: *Adolf Loos. Our Contemporary / Adolf Loos. Unser Zeitgenosse / Adolf Loos. Nosso Contemporâneo*, hg. von Yehuda Safran, Graduate Center for Architecture, Planning and Preservation, Columbia University, New York, 2012, S. 153 - 157.

S.68 KUNST ALS LEBENSSTIL: THEODORE LUX FEININGERS FOTOGRAFIEN DER BAUHÄUSLER
«Art as Lifestyle. Theodore Lux Feininger's Photographs of the Bauhäuslers», in: *Bauhaus. Art as Life*, hg. von der Barbican Art Gallery, London: Koenig Books, 2012, S. 148 - 150.

S.80 GORDON MATTA-CLARK UND DIE GRENZEN DER ARCHITEKTUR
«Gordon Matta-Clark und die Grenzen der Architektur», in: *Nach Feierabend. Zürcher Jahrbuch für Wissensgeschichte*, 5 («Nicht-Wissen»), 2009, S. 101 - 113.

S.96 VERWERFUNGSLINIEN: PETER EISENMAN UND DIE RÄUME DER GLOBALISIERUNG
«Verwerfungslinien der globalisierten Welt. Peter Eisenmans Greater Columbus Convention Center (1993)», in: *Topologie. Falten, Knoten, Netze, Stülpungen in Kunst und Theorie*, hg. von Wolfram Pichler / Ralph Ubl, Wien: Turia + Kant, 2009, S. 405 - 426.

S.116 IN/HUMANE OBERFLÄCHEN: ABSALON UND DIE RÄUME DER DEPRESSION
«Design des In / humanen. Absalon und die Räume der Depression», in: *Absalon*, hg. von Susanne Pfeffer, Ausst.-Kat. KW Institute for Contemporary Art, Berlin, Köln: Verlag der Buchhandlung Walther König, 2011, S. 273 - 285.

S.130 AUF DER SUCHE NACH DEM SOZIALISTISCHEN RAUM
«Auf der Suche nach dem sozialistischen Raum», in: *Doppelte Ökonomien. Vom Lesen eines Fotoarchivs aus der DDR, 1967 - 1990*, hg. von Doreen Mende / Estelle Blaschke / Armin Linke, Leipzig: Spector Books, 2013, S. 51 - 65.

S.146 BILDER IN BEWEGUNG: SAUERBRUCH HUTTON
«Images on the move. Sauerbruch Hutton and the two Germanies», in: *2G. International Architecture Magazine*, 52 («Sauerbruch Hutton»), 2009, S. 16 - 23.

S.158 HANS DANUSER UND PETER ZUMTHOR: EINE REVISION
«Die Visualisierung des Unsichtbaren. Hans Danuser und Peter Zumthor: eine Revision», in: *Zumthor sehen. Bilder von Hans Danuser*, hg. von Hans Danuser / Köbi Gantenbein / Philip Ursprung, Zürich: Edition Hochparterre bei Scheidegger & Spiess, 2009, S. 61 - 78.

S.172 TERRAIN VAGUE: AUF DEN SPUREN VON LARA ALMARCEGUI
«Beyond the Terrain Vague. Following Lara Almarcegui», in: *Lara Almarcegui*, hg. von Octavio Zaya, Ausst. Kat. Spanish Pavilion at the 55th International Art Exhibition la Biennale di Venezia, Ministerio de Asuntos Exteriores y de Cooperación, Madrid, 2013, S. 49–53.

S.184 «ECHO-LOGY»: ARBEITEN MIT ALLAN KAPROW
«‹Echo-Logy›. Arbeiten mit Allan Kaprow», in: *Die Kunst der Rezeption*, hg. von Marc Caduff/Stefanie Heine/Michael Steiner, Bielefeld: Aisthesis Verlag, 2015, S. 97–109.

S.200 JENSEITS VON BOLOGNA: LACATON & VASSALS HOCHSCHULE FÜR ARCHITEKTUR IN NANTES
«Out of Bologna. Lacaton Vassal's Nantes School of Architecture», in: *E-flux Journal*, 64 («Architecture as Intangible Infrastructure»), 2015, online unter: www.e-flux.com/journal/out-of-bologna-lacaton-vassals-nantes-school-of-architecture (abgerufen im November 2015).

ABBILDUNGS-NACHWEIS

COVER Gene Summers fonds, Collection Canadian Centre for Architecture, Montreal, Gift of Gene Summers
S.12 Fox Photos, Hulton Archive, Getty Images
S.31 Foto: Philip Ursprung
S.32/45 Fotos: © Aperture Foundation Inc., Paul Strand Archive
S.46 Unbekannter Fotograf, Archiv A. Rodtschenko und V. Stepanova, Russisches Staatsarchiv für Literatur und Kunst, Moskau
S.55 Foto: © Armin Linke
S.56 Aus: Otto Finsch, «Über Bekleidung, Schmuck und Tätowierung der Papuas der Südostküste von Neu-Guinea», in: *Mitteilungen der Anthropologischen Gesellschaft in Wien*, 15. Bd., Wien, 1885, S. 28
S.67 Aus: *Das Andere. Ein Blatt zur Einfuehrung abendlaendischer Kultur in Oesterreich*, geschrieben von Adolf Loos, Wien, 15. Oktober 1903
S.68 Bauhaus-Archiv Berlin, © Estate of T. Lux Feininger
S.77 Getty Research Institute, Los Angeles, © Estate of T. Lux Feininger
S.80 Unbekannter Fotograf, Estate of Gordon Matta-Clark. Courtesy of the Estate of Gordon Matta-Clark and David Zwirner, New York
S.95 Estate of Gordon Matta-Clark, Candian Centre for Architecture, Montreal, Foto: Mark Wigley und Philip Ursprung
S.96 Foto: D. G. Olshavsky/ARTOG
S.115 Foto: Alexander Georges
S.116 Courtesy of the artist, © The Estate of Absalon
S.129 Foto: Villa Arson/Jean Brasille
S.130 Archiv Mende, Zürchau und Gruppe Produzieren, Berlin, 2016
S.143 Archiv Mende, Zürchau und Gruppe Produzieren, Berlin, 2016
S.146 Foto: © Anette Kisling
S.157 Foto: © Jan Bitter
S.158/171 Fotos: © Hans Danuser
S.172 Foto: Philip Ursprung
S.183 Foto: Sonja Flury
S.184 Activity sponsored by Merriewold West Gallery, Courtesy of Allan Kaprow Estate and Hauser&Wirth, Fotos: Lizbeth Marano
S.199 Foto: Berit Seidel
S.200 Foto: © Philippe Ruault
S.213 Foto: © Lacaton & Vassal

NAMENS-REGISTER

REDAKTION UND LEKTORAT
Oona Lochner

KORREKTORAT
Sandra Rumiz

GRAFISCHES KONZEPT, SATZ UND GESTALTUNG
Adeline Mollard und
Marco Walser, Elektrosmog, Zürich

GESAMTHERSTELLUNG
DZA Druckerei zu Altenburg GmbH

SCHRIFT
Baskerville, Regular
Storm Type foundry

PAPIER
Munken Lynx Rough

ABBILDUNG COVER
Gene Summers und Mies van der Rohe mit einem 1:1 Modell der Hülle des Seagram Building, New York, 1955, Fotograf unbekannt

gta Verlag, ETH Zürich
Institut für Geschichte und Theorie der Architektur
8093 Zürich, Schweiz
www.verlag.gta.arch.ethz.ch

Bibliografische Information der Deutschen Nationalbibliothek
Die Deutsche Nationalbibliothek verzeichnet diese Publikation in der Deutschen Nationalbibliografie; detaillierte bibliografische Daten sind im Internet über http://dnb.dnb.de abrufbar.

ISBN 978-3-85676-366-4

ETH zürich